黎川

古村

尧晓孙　余雪琴◎主编

中国文史出版社

《黎川古村》编委会

顾　问：郑锦锋　　万国辉

主　任：尧晓孙

副主任：李有华　　余雪琴　　冯　莉

　　　　江林远　　许　瑶

成　员：简　嘉　　肖　晖　　徐美良

　　　　汤茶花　　付敏琦　　王华根

主　编：尧晓孙

副主编：余雪琴

编　委：肖　晖　　丁　艳　　王建明

　　　　赵士忠　　史梦诗　　江建华

　　　　黎搏浪　　杨金根　　邓少洲

序

习近平总书记多次强调，绿水青山就是金山银山，要望得见山，看得见水，记得住乡愁。

黎川位于赣闽交界地带，自古就是崇文尚德、耕读传家之地。境内河流密布，水陆交通上通府城，下达闽地，历史上为八闽通往中原的重要通道之一。自宋以来，交通的优势造就了边界商贾的繁荣，也吸引了众多南迁的世家望族定居于此，因此形成了众多的古镇、古村，聚族而居的古村落星罗棋布。

深厚的人文积累和优越的地理生态环境，让黎川传统的农耕文明和村落文化保持着相对完整的状态。2016年11月，华山镇洲湖村入选第四批中国传统村落名录；2019年6月，中田乡中田村、樟溪乡中洲村入选第五批中国传统村落名录；2023年3月，洵口镇洵口村、厚村乡三源村、潭溪乡三都村、社苹乡社苹村入选第六批中国传统村落名录。在黎川，还有更多的古村深藏在崇山峻岭中，保持着原生态，丰富的历史文化遗存和源远流长的文化传承，至今仍在产生着深远的影响。

传统古村落是人类长期适应自然、利用自然条件的见证，承载着人们生产生活的点点滴滴，是一个地方宝贵的文化资源。统计资料显示，目前全国有六批中国传统村落共计8171个，其中江西省463个，抚州市135个，黎川县7个。这些传统村落建村时间较长，保留了较多古建筑，建筑环境、建筑风貌、村落选址未有大的变动，具有独特的民俗民风，虽年代久远，至今仍有村民居住。

"望得见山，看得见水，记得住乡愁"这样的愿景，不仅仅是好山好水，乡愁之中更应有文化的繁荣与发展。农村文化的根脉需要传承，记忆需要留续。因此，编撰《黎川古村》一书，讲好黎川故事，传承历史文明，让更多的村落散发出迷人的魅力，让更多的人看见这些璀璨的明珠，很有必要。

长期以来，黎川县政协注重挖掘地方历史文化，坚持把文史工作放在政协工作大局中找位置、创品牌、树形象，履职尽责，服务中心大局。以史为鉴、传承文明，较好地发挥了人民政协在服务大局中的重要作用。

本书编撰着重真实性、资料性和可读性并重，以黎川 7 个中国传统村落为重点，兼顾省级传统村落和其他历史文化古村，充分发掘古村的历史文化内涵，从村庄概况、古建遗存、历史人物、风景名胜、非物质文化遗产、逸闻趣事、红色文化等各个方面着手，文字与图片相结合，力求做到重点突出、内容精彩、生动有趣，成为一本黎川古村落的百科全书。

是为序。

尧晓孙

2024 年 8 月

目 录

国家级传统村落

古宅泉氤洲湖村　　　　　　001

钟灵贤达中田村　　　　　　011

诗礼传家中洲村　　　　　　048

三朝直臣洵口村　　　　　　069

武夷福山社苹村　　　　　　084

理学传芳三都村　　　　　　095

洛社高风三源村　　　　　　109

省级传统村落

千年同安沙下村　　　　　　116

其他历史文化古村

圣裔贤溪孔洲村　　　　　　127

弘文世家炉油村　　　　　　140

Contents

孝善仁里梅源村　　148

文风素盛河塘村　　154

石溪汤汤石陂村　　163

赤溪风月篁竹村　　179

名关古驿飞源村　　191

仙台清淑龙安村　　198

邵武襟喉极高村　　203

积德之家中站村　　207

赣闽通衢资福村　　212

北廪凝苍点山村　　220

山水如画皮边村　　225

瑞溪彩云五通村　　230

星火燎原湖坊村　　235

魅力独具德胜村　　242

东岩世家沙溪村　　249

商贾交会五福街　　256

唐相开基郑家山　　260

澜溪高远长兰山　　266

云雾村庄百家畲　　270

状元故里芙蓉洲　　273

附　记　　277

古宅泉氤洲湖村

村庄概况

华山镇洲湖村位于黎川东北部，与福建省光泽县华桥乡牛田村接壤，由风扫隘（牛田隘）通往福建。明清时区属新城县东兴乡三十六都，1949 前属厚村乡，1949 年后属洲湖乡。1959 年，设洲湖大队。1984 年，启用行政村名。

早在宋代，此地叫周壶。南宋吴曾《能改斋漫录》："建昌军南城悲猿驿东十里曰周壶，进士许公岳家其间。"后逐渐演绎成周湖、洲湖。正德《新城县志》卷一载："温泉，在县东八十里，地名周湖，有石池，水常温暖，作硫黄气，浴之可愈疮疥。"

传说洲湖原名石门寨，自唐代便有人居住。原住民陈姓是石门寨大姓，至明代后陈姓败落。因石门寨地形似舟，四面环山，中间是湖丘冷浆地，周围是沙洲，故借地取名"舟湖"。清康熙年间，黄氏家族为避三藩之乱，迁入此地，并建造了船屋群。后黄氏将"舟湖"改名为"洲湖"。黄氏家族的繁荣昌盛一直

风扫隘图

持续到民国时期，与此同时，邹、彭、熊、吴等姓氏也相继迁入。村中最突出的人文特色是清代遗留下来的船屋古建筑群，镶嵌在群山环抱的村中心。

洲湖是第二次国内革命战争时期第四、第五次反"围剿"的主战场之一。1933 年 8 月到 1934 年，萧劲光、毛泽民等同志率红军部队从洄口经厚村三源去福建光泽牛田村准备攻打金溪浒湾，往返于千年古道，部队驻洲湖村历时两年之久。

这里风光旖旎，温泉氤氲，民风淳朴，古驿道直通闽西北，为两地往来的重要交通要地。2006 年 5 月，洲湖村风景区被抚州市委确定为全市第二批爱国主义教育基地；2008 年，被评为全市十大旅游美景之首；2009 年，获全省首批"江南小镇"称号；2010 年，被评为国家 AAA 级旅游景区；2011 年，被评为省级生态村；2012 年，被省政府评为省级历史文化名村；2014 年，被省政府评为省级风景名胜区、被江西省农业厅评为省级休闲农业示范点；2015 年，被农业部办公厅评为 2015 年中国最美休闲乡村（历史古村）、被国家旅游局评为中国乡村旅游模范村、被江西省旅游景区质量等级评定委员会评为江西省乡村旅游 4A 级景区。

2016 年 11 月，洲湖村入选第四批中国传统村落名录。2018 年，洲湖村闽赣省财政部旧址被列入第六批江西省文物保护单位。

古建遗存

洲 湖 船 屋

这幢巨大的古宅设计科学，建筑工艺精良，在排涝、防火、防盗等方面考虑充分，成为江西东部民居建筑的典范。在洲湖村里流传着一个美丽的传说——说的是有一位叫黄徽柔的年轻人，他勤劳节俭，精明能干，靠贩皮油起家，积累了一些资本，在此后的二三十年里，逐渐成为四方闻名的富商大贾。为了显示黄家的富贵，他请来风水先生相中了洲湖盆地的"肚脐眼"这块宝地，花 20 万两银子建起了这座豪华气派、风格独特的大宅院。黄徽柔当时被敕封为"奉政大夫"，故而宅名叫"大夫第"。又因为它有三进、九栋、十八厅、三十六天井、七十二地漏、一百零八间，故大家又

洲湖船屋

喊作"一百零八间"。因俯瞰外形酷似巨大的船甲板，"洲湖书屋"逐渐传扬，成为旅游景区。

黄东溪公祠

黄氏迁居洲湖的历史并不久远，他们的徽及公于清康熙十三年（1674）由本县资福始迁洲湖，为洲湖黄氏始迁祖。由于时间不长，洲湖黄氏把本支作为资福黄氏的分支，所以没有在本地新建家庙，只是设立了两座享祠。一是廷升公祠。廷升公是始迁祖徽及公之父，徽及公带着父亲的神位迁居洲湖的，故廷升公祠是洲湖黄氏总祠；一是东溪公祠。东溪公是资福黄氏第十六世孙，徽及公之孙，东溪公一脉是洲湖黄氏的最大分支，人口和财势都更强旺，所以单独设立了享祠。廷升公祠早年倒塌，今人便将东溪公祠当作洲湖黄氏家庙。

东溪公祠是典型的本地庙堂建筑，保存基本完好。整体结构坐北朝南，为三进式大屋。院内卵石铺路，墙上绘有白底黑纹的各种吉祥图案，有佛家

黄东溪公祠

的万字符、寿字符、牡丹花、绶带等传统图纹。门厅大门上书"黄东溪公祠",门厅内侧东西两边分设两室。在寝堂后墙上有墨线描绘的巨幅"双龙争鼎"图,而官厅两边与天井间隔墙上各开设一扇对称的圆形舵式花窗,花窗木构成"八箭穿心"图案,别具一格。

公祠由洲湖黄氏第五世孙黄恭修建于清道光年间。新城县令唐先霖有赠写的《貤赠奉直大夫黄公东溪公祠记》:"溯洲湖之黄,系出双井,派衍资福,其祖徽及公避耿逆之乱,遂家焉,再传东溪公,以勤劳起家,力行孝友敦善不倦,其后子孙繁衍,家道日兴,因念其祖之贤,既建祠,由徽及公祀廷升公,又特建东溪祠焉。先霖既得周览堂庑,喜基地,规模整肃,足以妥神休而介景福。"

历史人物

黄　恭

黄恭(1750—1826),字徽柔,号敬庄,资福黄氏第十八代后裔,洲湖黄氏第五代孙,东溪公之孙,生于乾隆十五年(1750),卒于道光六年(1826)。生有二子:黄亦槐、黄骥。他生性淳朴,读书不局限于科举业。

先辈以务农为业，至黄恭开始经营商贾，往来于福建，财力雄厚。他乐善好施，饥荒年买谷平粜，施粥赈济周边灾民。一生中遇到五次大饥荒都赈济不断，名列清代县志人物卷《善士》。嘉庆中，援例捐授布政使司理问加二级，赀赠其祖父东溪公奉直大夫，诰赠其父占魁公奉直大夫。

黄 兆 藻

黄兆藻（1878—1936），字慨予，自号"适其适斋主人"。清光绪二十七年（1901）参加省城乡试，得中举人，拣选知县。适逢清廷废除科举制，他无缘继续赴考，便在家乡办学授徒和潜心写作。其为文，推崇和倾向桐城古文派，推究体要，热衷于正统，以继承和弘扬家乡鲁九皋、陈用光等先贤的遗风轨迹，绝非那些涂饰、剽窃、揣摩时好者可比。他文采横溢，所向报刊投寄之稿件，均被采纳刊用，为主笔所赏识。后离乡赴省城南昌谋职，曾任江西《民国日报》（当时省政府机关报）副刊编辑。又应聘担任省立南昌第二中学（全省名校）教导主任兼国文教师。因工作繁重，积劳成疾，不幸病逝于南昌。著有《适其适斋文集》五卷（现存江西省图书馆）、《慨予诗文钞》二卷、《不堪煮斋随笔》一卷等。《桐城文学渊源考》列其简介。事又载《适其适斋文集》《莨楚斋续书目》《续补碑传集作者记略》《临川文化名人研究指要》等书籍。

风景名胜

暖 水 温 泉

洲湖村的暖水温泉自古有名，位列古黎川十二景之第十一位。洲湖温泉常年水温在 60 摄氏度左右，水中含有大量对人体有益的矿物质。洲湖的百姓上自老者，下至孩童，都把这里当成了养生的天堂。去洲湖泡温泉也成为周边群众的一大乐事。

洲湖温泉

逸闻趣事

洲 湖 来 历

相传很久以前，在黎川县东北角的深山丛林中有一个叫作石门寨的地方，群山环绕，树木茂盛，小河蜿蜒。村中有一条石板路通往福建光泽。不知什么时候起，陈姓举族迁入，在这里安居乐业，过着自由自在的生活。明朝后期，社会动荡，石门寨成了武夷山区一带土匪和流民打家劫舍的天堂，石门寨的名声越来越大，终于招致明政府军队的围剿，死难者数不胜数。经过那次兵难之后，石门寨的人所剩无几。清朝康熙年间，本县资福黄氏家族其中一支为避三藩之乱，迁入此地，到清朝中期，黄家家道中兴，读书仕宦，日渐强大。为了避讳前朝的那场劫难，又因为石门寨地形似小舟，四面环山，中间是"湖丘"冷浆地，周围是沙洲，于是借地取名"舟湖"，后改为洲湖。

陈孚恩题匾

在洲湖"大夫第"第三进寝堂的门楣上，悬挂着一块匾额，上书："慈云介福"四字；眉题"诰封安人黄母汪太安人七秩荣庆"，落款为"诰授光禄大夫军机大臣刑部尚书陈孚恩题"。在《洲湖黄氏族谱》中，第五代以前的"汪"姓配偶只有一人，即候台公（黄道，号候台）妻、五福国学生汪尊献公女，生于乾隆四十四年（1779）十二月十九，寿八十而卒。其育有三子，长子黄启人为候补卫千总、诰封奉直大夫，匾额中的"黄母汪太安人"就是启人之母汪氏。

陈孚恩题匾

陈孚恩，黎川中田人，陈希曾之子，道光五年拔贡。因受到大学士穆彰阿赏识，陈孚恩从太仆寺少卿、通政司副使、太仆寺卿，一路升到大理寺卿、左副都御史，兼署顺天府尹、工部侍郎。道光二十七年（1847）五月，调任兵部侍郎，参与军机大臣议事。道光二十七年（1847）十一月转任刑部右侍郎；道光二十九年（1849）调工部左侍郎、迁刑部尚书。道光三十年（1850）正月，陈孚恩因与怡亲王载垣等在刚即位的文宗皇帝面前争论郊坛配位事，被斥为"乖谬"，降三级留用。"孚恩寻以母老，乞养回籍。允之"。

在家乡侍亲的时候，陈孚恩因为没有带家眷，母亲又病重，需要人照顾，于是就纳了洲湖黄家的一个年轻女子做小妾。这块寿匾就是当时黄氏的祖母七十大寿陈孚恩所赠。"慈云介福"意思是慈祥的老祖母会给大家带来众多的福气。

据陈氏家谱载，陈孚恩妾黄氏生于道光十四年（1834）五月初三，同治五年（1866）正月二十二，伊犁城陷与陈孚恩及亲人一并殉难，后奉旨旌邮诰赠恭人。陈孚恩书法宗董其昌、王文治等，他的书法写得风流婀娜，秀韵天成，字迹圆润流畅，有王羲之、董其昌的神韵。这块牌匾是其难得一见的书法艺术珍品。

交椅石探秘

交椅石位于千年古道丰早村小组段左侧，外形酷似一把椅子，椅子靠背处刻有密密麻麻的文字，传说石椅内藏有一把真金交椅，如谁能念出椅上文字，交椅石自动张开，便可取出金交椅。当地百姓听说石椅内藏有金交椅，又苦于不识字，就拿来石匠工具凿，可任凭如何千锤百炼，交椅石均毫发无损。有一天，一位秀才路过此石，看到石上刻有文字，便顺口逐字念出，只见石上最后一字处石头徐徐裂开，每念出一字，裂缝渐深，读到最后一字时秀才茫然，左顾右盼，就是不知何字，只因一字之差，石椅停止开裂，金交椅至今还藏在椅内。

石 棺 传 说

石棺位于洲湖村丰早村小组境内一条多年无人行走的古道旁，长约6米，高约1米，呈长方形，石块两头为斜片形略高，酷似木棺的两侧盖板，中间部分棱角分明，下部为棺底，故称"石棺"。据当地老人介绍，相传很久以前，该村一大户人家父亲过世，下葬的棺材木料都是上千年的铁杉树，由于有权有势，威逼当地人用铁索悬空挂棺，把其父亲葬于山穴之间，将来子孙必代代科甲联芳。这户人家平时为人奸猾，天地不容，棺木刚放下一个时辰，暴雨铺天盖地，随即棺木从悬崖上坠落，滚到山脚下，大户人家闻讯赶来，棺木已成为现在一块酷似木棺的大石头。

红色故地

彭德怀、萧劲光、毛泽民旧居

彭德怀、萧劲光、毛泽民旧居位于洲湖村下陈村小组交围厅上厅正房。1933年1月下旬，红军准备攻打金溪浒湾，行军至洲湖时天色已晚，彭德怀命令部队扎营在下陈村小组黄东溪公祠和交围厅一带。彭德怀、萧劲光、毛泽民等几位首长居住在交围厅上厅正房，军团其他首长住在交围厅下厅正房。国民党得知红军主要指挥官扎营洲湖后，立即派飞机进行轰炸，大片民房被炸毁，枪炮着陆点离首长住房仅相差数米，厅堂的中门被扫射得千疮百孔，留下的道道弹迹至今清晰可见，但指挥官们毫发无损。

房内简单朴素，仅有一张床，一张四方桌和几张凳子，都是当时借用当地群众的家具。交围厅的墙上到处都写着"欢迎贫苦工农回家，打土豪分田地；消灭地主资产阶级，实行土地革命"等慷慨激昂的红军标语。该故居旧址现保存面积约 300 平方米，并成为红色旅游景点之一。

红 军 驿 道

红军驿道位于洲湖村丰早村小组。

1931 年 5 月 31 日，红军以红三军团为主力，向建宁城发起猛烈进攻并攻克建宁城。6 月 6 日，红三军团分两部分别由军团长彭德怀、政委滕代远率领解放了黎川。

1932 年 10 月，在周恩来、朱德的率领下，红一方面军占领黎川、建宁，19 日再克建宁、资溪、金溪。

1933 年 10 月 6 日，红军以红三军团军团长彭德怀、红五军团军团长董振堂、红七军团政委萧劲光为指挥在洵口向敌人发起了战斗，并取得胜利。

从 1931 年 5 月至 1933 年 10 月的两年多时间，周恩来、朱德、彭德怀、萧劲光、毛泽民等同志率红军部队攻打金溪浒湾，往返于该古道。

红军驿道东起洲湖村丰早村小组水口山，西至福建光泽县华桥乡牛田村后龙山，路面宽约 1 米，全长 10 余公里，全部用石块铺路、砌台阶，蜿蜒曲折于崇山峻岭之中，驿道两侧有原始生态杂木林近两万亩（其中洲湖风景区境内有 1.2 万亩），茫茫林海、苍翠欲滴，林中有奇峰怪石，云遮雾绕，山上珍稀树种众多，山泉清凉甘甜，景色优美宜人。现该古道保持原状，并成为红色旅游景点之一。

红 军 墓 碑

红军墓碑位于洲湖村丰早村小组。在第四次反"围剿"的斗争中，广大村民参加洲湖农协会和游击队，积极配合红军作战，有效阻击了国民党军队的"围剿"，受到红军部队的肯定。红军撤离后，洲湖农协会成员仍然英勇不屈，进行艰苦卓绝的斗争，一批优秀人物对党和人民的事业无限忠诚，为红军革命事业挺身而出，舍生忘死。据介绍，洲湖农协会在第四次反"围剿"中，牺牲的烈士有7人，他们分别是山东佬、邹厚有、官大告、董长孙、王金红、鲍加禄、黄梨孙。为纪念这批革命英烈，颂扬老一辈革命家的丰功伟绩，激励后人继承和发扬光荣的革命传统，当时农协会建立了红军革命烈士墓。1953年5月，由村出资重建并立碑。

红 军 桥

红军桥位于洲湖村丰早村小组旁。

1934年，毛泽民同志率红军部队撤退时，为阻止国民党军队的追击，把六板石桥炸毁，许多被毁断的石条至今躺于河内、桥旁。1949年后，先是用木头搭便桥便于村民通行，后用钢筋水泥现浇简易桥面，建成现桥。

红军桥是全古道跨度最长的石板桥，全长约6.4米，由6条3.2米长的石板双排铺设而成。

钟灵贤达中田村

村庄概况

中田乡中田村位于黎川县西北部，距县城 15 公里，名称由来始因周围数小村落环绕，居中为田，故名"中田"。因黎川西部的西川河（龙安河）穿村而过，明代又称"中溪"，至清初逐渐发展为镇市，随之称为"中溪镇"（钟溪镇），又称"钟田镇"。清代乾隆时期，中田科举兴盛，取"钟灵毓秀，贤才辈出"之意，"钟贤镇"的名字逐渐被广泛使用。明清时期属新城县旌善乡十六都，1949 年后均属中田乡。1959 年，设中田大队。1984 年，启用行政村名，为中田乡政府驻地。

中田村背靠逶迤的大山嵊和栖灵峰，面朝西川龙安河，田园沃野，水路交通发达。

市镇经济的发展和繁荣促进了科举的兴盛。明清时期，中田的陈、鲁家族声名鹊起，成为簪缨世德之家。两家世代联姻，互结秦晋之好。良好的家风，严谨的祖训，造就了两家人灿若群星的名贤。百年间，无论是经商、济世、文学、参政，双星辉映，让龙安河下游的中田声名大噪，影响深远。素有"科举、官宦、文学、书法、教育、慈善"之乡的美誉。从宋代至清代同治年间，黎川共有进士 196 名，其中清代 86 名，而中田陈、鲁两家就有 26 名。七品以上的官员不胜枚举，陈观、陈用光、陈希曾等三位，均官至侍郎；陈希曾之子陈孚恩，历任礼、兵、刑、户、吏五部尚书，并被封为军机大臣，赏"头品顶戴，紫禁城骑马"，御赐"清正廉明"匾额。不

中田村

仅宦途，在文学上两家也成就卓著，为海内外闻名的"文献世族"，其中鲁九皋、陈用光等均为桐城古文派中新城学派的领军人物。陈德卿作为清嘉庆年间的女诗人，"通经史，亦善书画"，人称"闺中王（维）孟（浩然）"，在清代文坛上也有着不凡的地位。

2017 年，中田村入选江西省首批省级传统村落名录。2019 年 6 月，中田村入选第五批中国传统村落名录。

鲁氏荣光

鲁氏自宋代由安徽亳州迁居江西的南丰，到鲁佐文时期，由南丰迁居新城（今黎川县）中田。明末开始，鲁氏一族开始在科举上崭露头角。清朝时期，中田鲁氏一门共出 19 名进士，占全县清代进士总数的 1/5，仅康乾时期进士就有 12 位，七品以上官员 52 人。长期以来，鲁氏文风鼎盛，人才辈出。鲁瑗，鲁氏 14 代孙，清代文学家，进士，官至通政司通使。鲁九皋，鲁氏 17 世孙，进士，清代文学家，创建"广仁庄"，倡导江西新城文学，善教书育人，陈用光、陈希祖、陈希曾等皆其得意弟子，生平列传《清史稿》。鲁琪光，鲁氏18代孙，清代书法家，文章广为传诵，生平列载《中国美术家人名辞典》。时至现代，钟贤鲁氏仍不乏出类拔萃的人物。鲁易，中共党员，红军早期将领，曾任黄埔军校政治部副主任，是周恩来的得力助手。鲁之翰，抗日期间组织"中华全国音乐界抗敌协会"，曾担任当时中央广播电台首席提琴师。鲁之俊，是中国中医研究院的主要创建人、首任院长，是世界针灸学会主席，中华医学会副会长。

除以上代表性人物外，鲁氏家族人才不胜枚举。正如鲁佐文公家庙门上刻写的横额所称"光前""裕后"，中田鲁氏家族的昌盛文明为黎川历史增添了荣耀。

陈氏贤才

陈氏在清代顺治、康熙年间由县城迁居中田。开基祖陈世爵到中田后，弃儒学经商道，其独子陈道于乾隆十三年（1748）考中进士，后成为清代著名的理学家。之后陈氏家族渐盛，人丁兴旺，陈观、陈希祖、陈希曾、陈用光、陈兰祥、陈椿冠先后考中进士，有"一门七进士、九乡榜"之盛况。陈观、陈用光、陈希曾等三位，均官至朝廷侍郎；陈希曾之子陈孚恩，历任礼、兵、刑、户、吏五部尚书，并被封为军机大臣。除了宦途，陈氏家族在文学上也成就卓著，为海内外闻名的"文献世族"，其中陈用光、陈兰祥等均为桐城古文派中新城学派的领军人物。近代陈广敷、陈学受、陈瀚一、陈病树均为知名学者。在当代，陈氏后人在各个领域都有着不凡的成就。陈本端（1906—1991），著名的道路工程专家、教育家，先后任上海交通大学教授、同济大学教授。其间编著出版了《道路材料实验》《道路工程中的冻渗问题》等著（译）作。1944年，为了满足战争物资的运输需要，抗战公路"二十四道拐"急需改造，陈本端在测量、改造中作出了杰出贡献。陈在嘉，从事心内科工作40余年，是我国著名的心内科疾病专家，尤其擅长冠心病治疗。在心肌梗死及心绞痛的发病、病理生理、预防及治疗等方面具有独到的见解。先后获科技成果奖十余项。

鲁佐文公家庙

　　鲁氏家族自鲁佐文公于宋末由南丰迁居中田，子嗣繁衍，终成黎川邑望。鲁氏十分注重教化，订立有严格的家规族训。鲁氏的发达，得益于家风正家规严，更受益于他们对子嗣的教化。自明代至民国，鲁氏家族一直很重视办教育。民国初期创办的鲁氏光裕小学，就是黎川最早的学校之一。

　　鲁佐文公家庙位于中田村腹地，创建于明嘉靖五年（1526）。鲁佐文公乃中田鲁氏始迁祖，家庙主祀之，故又称鲁佐文公祠。家庙历经多次重建修缮。创建之初，因家族并无大显贵者，祠宇并不宏大，规制也较低等，堪称鄙陋。明代晚期以后，家族显达者渐多，到清初，鲁氏声名鹊起，达

鲁佐文公家庙

官显贵光宗耀祖，家庙也随之扩建增制，品位提升，俨然大家风范。清咸丰十一年（1861）春，太平军入侵新城，家庙遭毁，化为灰烬。据鲁琪光《芝友公七修宗谱原序》载："先是，粤寇蔓延建郡，属境无完土，而吾祠实毁于咸丰十一年（1861）春。"同治五年（1866）重建，两年后竣工。光绪二十九年（1903）再次重修，迄今保存完好，且具有较高历史价值、文物价值和旅游价值。

鲁佐文公家庙具有典型的明清时期江南宗祠建筑风格。坐北朝南，整庙占地约3000平方米。建筑为二进式砖木结构，规模宏大。门厅外为宽大的花岗条石铺砌的大院，约有上千平方米，庭院正南为高大的照壁，照壁左右两侧各设一大门，东门额书"奉先"，西门额书"裕后"字样。门厅前院东西两侧各设蹲坐石狮，一雌一雄，石狮含基石高约1.4米，东狮前脚踏球铃，西狮脚抱幼狮，形态生动。中大门两边竖立一对抱鼓石，抱鼓石包括门枕石、鼓基石和石鼓三部分，整高约2米，长约1.5米，厚0.3米，为青色材石。两鼓面雕刻牡丹祥云图，象征富贵吉祥，鼓体上端原雕有石兽遭损坏。该抱鼓石材质好，规制高档，雕刻精美，全县仅有，20世纪80年代就作为代表性古建入选《黎川县建筑志》。神座安放始迁祖鲁佐文公及各支祖神位。家庙近年做过修缮，内部结构有所改变。由于家谱中没有家庙画图，家庙原本的具体细节不得而知。

陈 氏 家 庙

中田陈氏是黎川的名门望族，兴起于清初，后代出现了许多杰出人物、成为黎川清代最负盛名的大家族。

中田原无"陈氏家庙"，仅有始迁祖立轩（陈世爵）公祠庙。据陈用光《立轩府君庙制议》，"立轩府君之建庙于南源岭，自世父恕堂（陈守诚）府君始，盖立轩府君始迁居于中田，而受世父加级貤赠为资政大夫，是为第一世。凝斋府君亦受貤赠，为第二世。世父殁，祔庙为第三世"。可见，立轩公祠原为陈守诚所立，位于中田南源岭，主祀一世祖陈世爵，祔祀二世祖陈凝斋（陈道）、三世祖陈守诚。陈氏子孙每年按时按规斋宿庙中，肃将祀事。祠庙正寝东西分设夹室，正寝主祀长房子孙，夹室配祀次房子孙。后东西夹室分别改建为崇德祠、报功祠，代替夹室功用。

据家谱记载，原新城启贤陈氏家庙始建于清乾隆十年（1745），位于"城头"，具体位置在今日峰镇十里村聚龙湾上游河边，家庙于民国时遭兵燹焚毁。中田陈氏脉系新城县启贤陈氏华夫公支下，其先祖并祀于新城启贤陈氏家庙，历代先祖功德均彰显于此。据清光绪丁酉五修《新城陈氏家谱》之《祀事志》载，原陈氏家庙为三进式大庙，规模宏大，品级高。家庙主体建筑分牌楼、门楼、官厅和寝堂四部分。牌楼门额"世登科甲"，牌楼过后是门楼，门楼前院立仪戟四杆。门楼翘檐兽首，恢宏整肃，设左中右三门，中大门额书"陈氏家庙"，东西两端设福神祠、土地祠。门楼与官厅之间有大院，登三阶而上官厅。官厅宏伟，堂堂正正。由于陈氏先人代有高官，最高达一品官阶，功勋高绝，其家庙形制等级很高，故其官厅又分设主厅及东西厢厅，这是陈氏家庙高于其他家族家庙的区别。官厅中楹柱挂满祖先功德，体现该家族丰厚的历史底蕴。主厅前柱竖挂"严肃""整齐"匾，正梁挂陈希曾的"探花及第"竖匾，这是黎川历史上唯一的一块探花匾，主厅两边横梁分挂"巡抚""学政"大块横匾。东西厢厅同样牌匾满梁，东厅有"叔侄御史""叔侄兄弟翰林""大枢密"诸匾，西厅有"钦点兄弟主政""父子兄弟叔侄侍郎""六部尚书"等牌匾。官厅东西两边分别建有祭器室、庖厨室。官厅之后是寝堂，寝堂亦设三级台阶，额匾"启贤"，以示本族族名，其结构与官厅相似，分正堂、左昭、右穆三室。正堂宽大，设正寝及东西夹室；左昭室廊道挂"文魁""祖孙叔侄兄弟进士"匾；右穆室挂"武魁""西蜀文宗"匾。家庙中含金量极高的功德牌匾反映了中田陈氏先贤的显赫历史。

中田新陈氏家庙始建于 2011 年，占地长 61 米，宽 30 米，总面积逾 1800 平方米。目前已建成牌楼、门厅和庙堂。牌楼设于家庙外围西墙，向西开门，额名"世登科甲"，楼前新置麒麟两座，威武雄霸。门楼南开，呈喇叭状，分设左中右三扇进门，中大门额书"陈氏家庙"，大门前分置石狮两座，是原立轩公祠现存唯一老物件。据传，这对石狮是陈希曾做四川学政时诸生合赠，大老远从四川水运而来。石狮材质为高档青豆石，雕刻精美，做工讲究，古朴苍劲，是一对非常珍贵的石雕作品。新家庙庙堂占地面积约 200 平方米，高 9 米，堂悬"承先启后""源远流长"匾额。大堂巨木新檐，雕龙绘凤，力追古制。堂前陈设新城启贤陈氏先祖神位，堂壁张挂历代名贤画像及其简历，彰显陈氏显赫历史。

钟 贤 桥

　　钟贤石拱桥，俗称钟贤石桥，五孔六墩，位于曾家湾张王庙前左侧，连接中田村与河东村的饶家岭、松排村小组，为古时进入县城的重要通道。据当地人口口相传，此桥本为高、刘、郑、宁、鲁、陈、危、王八大姓氏捐钱共建，但由于只有六个石礅，故好心没要危、王二姓出资参与。

中田河

　　中田村，历史上曾称过中溪、钟溪、钟田、钟贤。村人聚族而居，滨水而繁衍。史料记载，唐天启年间这里就形成了人烟繁荣的村落，距今已有1100多年的历史。

　　中田原有一个码头，叫永济码头。码头有一座桥叫永济桥，两岸桥基为砌石，桥体为木架结构，明代为鲁氏首建。但木桥易腐，经常需要更换，且随着中田集市的发达，来往人员增多，木桥可能危及行人安全，考虑到这些因素，乾隆二十九年（1764），陈守诚想在中田河道上建一座牢固的石桥。第二年，还没有付诸实践，陈守诚不幸去世，二弟陈守诒接下摊子，联合陈氏族人共同兴建，于乾隆三十四年（1769）建成。

第二年，陈守诒作传记：一是说"两岸居民环川而处，衡宇相望，鸡犬之声相闻，士于学，商贾于市，农于野，百工之于士农商贾之家，往来奔会，自旦达暮，无时休息，非桥不足以济，而桥非石不足以垂久而不敝"，人来人往，车来车往，晃悠悠的木桥已不足敷用，非石桥不可了；二是建造石桥之时，哥哥陈守诚曾相商于"长老贤士大夫"，但没提集资之事，虽花费白银上万两，估计多为陈家所出。三是聘请了石匠卢自南，以及建造总管李条南。要知，此桥距今已过250年，没有高超的技艺是难以挺屹至今的。四是说鲁德庵与陈世爵当年只搭建了木桥，而此次才改为石桥。五是县志提到鲁贵周捐田护桥的事迹，"桥阶数级，须高砌，里人鲁贵周捐田护桥"。其家谱也证实了这一说法。

道光九年（1829），中田陈兰祥（1775—1831）中进士后，回到家乡，出资重修石拱桥，并于桥中央建亭，两旁砌石栏。咸丰六七年间，太平军进驻中田，此桥的石栏堕入水中，瓮石渐次崩裂。同治九年（1870），陈谦恩独力修治。

中田诸姓对此桥是非常关心的。比如鲁奎元少孤，依赖母亲抚养成人，后来随亲戚往福建经商，慢慢才有所起色。回归老家的20多年中，热心公益事业，"故凡里中仓储、团练、育婴、桥梁诸义举，莫不推公总其成"。又比如鲁树林（鲁培元之父），"弥留之际，犹以地方石桥乃闽赣交通锁钥，嘱其后人应继志修复为怀，夙愿未偿，竟赍志以殁"。

据今人讲，1949年前，过石桥入中田，迎面高矗一华第，即陈氏中宪第，此外还有玉带门。由中宪第沿河往上游走，则为鲁氏的世科第，面积很大；再上则为云谷公祠，惜已残垣断壁，不复往年观瞻。云谷公祠与世科第、中宪第之间有一条小道至码头（通往里圩），河对岸叫松（穷）柴大屋，即河东村所辖之地。二十世纪五六十年代，此处仍簇拥大樟树、大枫树，荫翳蔽空，人栖息，牛卧眠，景致优美，故事衍生。

鲁 氏 义 仓

义仓位于中田村中南部，坐东北朝西南，是以赈灾救助为目的的民间储备。义仓作为一种独特的建筑类型，较为罕见，已被列入县级文物保护单位。该建筑作为鲁氏祠堂的附属建筑，建筑平面布局为不规则的几何形状。

建筑入口从西南侧门楼进入，面对尺度开阔的天井，建筑整体布局北宽南窄，顺应地形平面较为规整。北侧的正厅规整分布，南侧为用以存储粮食的厢房。西立面以入口门楼为中轴沿两边顺应街道的古墙，另一侧与东面的鲁氏祠堂共用一堵中间高起的马头墙。外墙面采用青砖砌成，灰瓦屋面。

入口门楼门额上书"鲁氏义仓"四个大字，苍劲有力。屋顶型式为单坡。正厅面阔 3 间，进深 5 柱。梁架做工考究，为穿斗式。

正厅的木构架虽然没有精美雕刻，但透露出古朴的气息。正厅地面采用青砖铺设，柱础石分别由木石块组成。值得关注的是，粮仓的排水设计，其建筑是天井院式布局，采取四周高、中间低的结构，巧妙地将雨水汇于中间的天井院，屋檐落水则直接滴到环绕天井四周的水槽内向院外排去，避免雨水四散，造成积水、渗水或渗蚀墙体。仓院场地四周高、中间低，水可以很快集中排出墙外。

燮堂公祠

燮堂公祠位于中田村南部，坐西北朝东南，是纪念鲁鼎梅（字燮堂）的祠堂。祠堂格局完整，风貌完好，被列入县级文物保护单位。

该建筑平面布局呈中轴对称，中轴线上依次分布享堂和寝堂两大主体建筑，在寝堂东侧附属用房顺应地势。建筑入口从东南侧门楼进入，建筑整体布局规整，平面主体保存完好。东立面为高低起伏的马头墙，西侧面则随着享堂厢房以及寝堂的高度变化而变化，错落有致。清水砖墙，灰瓦屋面。入口门厅左右对称，门额上写"燮堂公祠"4 个大字，苍劲有力。寝堂面阔 3 间，进深 5 柱。梁架做工考究，为穿斗式。后檐墙上设精美的石神龛，神龛上放有祖先的牌位。屋顶为硬山顶，山墙随着享堂厢房以及寝堂的高度变化而变化，高低错落。天井两侧为厢房，后被改造成仓库使用。享堂的木构架均施雕刻，纱帽翅、牛腿及瓜柱根部的柱墩上均有精美的木雕。檐口下的牛腿，木雕精致，保存完整。

金 马 银 台

金马银台为陈世爵和陈道故居，位于中田村东南部，坐西北朝东南，

金马银台

建于清初，为三进式建筑群，面积约2000平方米。该建筑平面布局呈中轴对称，中轴线上依次分布门厅、前厅和后厅。屋顶型式为硬山顶，前坡短，后坡长，内设假屋顶，形成入口空间。建筑南面入口为八字门坊，八字墙左右不对称，左长右短。入口上方有四根八边形门簪及匾额题刻"金马银台"。通过入口为门厅，穿过第一个天井为前厅，穿过第二个天井为后厅。建筑平面较为规整。东西立面为中间高起的马头墙，西面马头墙与爕堂公祠的附属用房相连接，东面与新建建筑相接。前厅面阔3间，进深7柱，前后檐柱上均以插栱承托挑手木挑出，前后檐挑出较远。梁架做工考究。前厅为整座民居中等级最高的空间，为屋主人提供了公共活动的场地。后厅面阔3间，进深7柱，后檐墙上设精美的木神龛，神龛上放有祖先的牌位。屋顶为硬山顶，两侧为马头山墙。厢房两个天井两侧均设为厢房，后被改造成仓库使用。厅内明间的木构架均施雕刻，纱帽翅、下山虎及瓜柱根部的柱墩上均有精美的木雕。各厅檐下均设有插栱承托挑手木，出檐较远。

中 翰 第

中翰第位于中田村东南部，坐西北朝东南，是清代书法家陈希曾、五部尚书陈孚恩故居，规模宏大，保存较好，被列入县级文物保护单位。

　　该建筑整体布局严谨，平面布局呈中轴对称，东路、中路、西路，三路并联，占地面积约 1500 平方米。中路主体建筑布局为五开间三进式，中轴线上依次分布门厅、前厅、中厅、后厅。除中轴线的 3 个天井外，沿两侧山墙设虎眼天井，共有 7 个天井。整座建筑的主入口从庭院东侧门坊进入。进入门坊后庭院为开阔的前院。院内条石满铺。西侧立面沿古巷棋路坑，北立面则与爨堂公祠和金马银台相邻。外墙用灰砖砌制，灰瓦屋面，尽显历史沧桑。

中翰第

　　庭院入口门楼气势恢宏，由高约四米的红石搭建而成，门额上写着"中翰第"。门厅内的木构架均施雕刻，窗户和门以及瓜柱根部的柱墩上均有精美的木雕。第二层设跑马廊，各个房间相互串通，在民宅中实为罕见。

中　宪　第

　　中宪第位于中田村中部、坐西北朝东南，是中宪大夫鲁时化为父亲所建的官厅建筑，等级高于普通民居。因屋顶上有 8 个角，也被村民称为"八角楼"。保存完好，被列入县级文物保护单位。

该建筑大体上坐北朝南，中路是主体建筑，东路是附属建筑，西路为书院。平面以天井为组织单元，轴线明确，中轴线上布置门厅、前厅、中厅和后厅。除中轴线上的 3 个天井外，一、三两进两侧，正房与厢房之间设有 5 个虎眼天井，一定程度上解决了砖墙围护空间内采光通风的基本问题。

入口为八字牌坊门，门额上方的匾额镌刻"中宪第" 3 个大字，表明屋主人被诰封中宪大夫，彰显了其身份地位。匾额下方设 4 个圆形门簪，是官宦人家中等级的标志。

堂内和天井内界面的构架上木雕精美丰富，尤其是前厅梁架上的透雕雕花，手法细腻精湛，雕刻内容栩栩如生，还原了浓郁的田园雅趣，折射出屋主人高雅的精神趣味。前厅梁架处处雕梁画栋，檩下替木、梁头、斗拱下的角背、瓜柱根部无不施精美雕刻，其中以植物花卉图案居多，有向日葵、卷草纹、缠枝莲等纹样。

世 科 第

世科第位于中田村中部，坐北朝南，是著名外科学家和针灸学家、中国中医研究院的主要创建人、新中国中医科研和中西医结合事业奠基人鲁之俊故居。格局完整，保存完好，被列入县级文物保护单位。

该建筑平面布局呈中轴东西对称，沿中轴线从南至北依次是前门、院落、中门、前厅、中厅、后厅，并在前厅、中厅、后厅之间设有左右厢房。由于年代久远，建筑已经部分坍塌，前门院落处右侧部分也拆除新建了房屋。建筑基本以方形围绕庭院和天井布置。建筑正立面为大门，两侧为附属房屋及新建房屋。建筑外墙面为土色，瓦面为灰黑色。建筑入口处为八字门楼，两侧写有对联：人寿年丰；国恩家庆。入口门楼外采用白灰饰面。入口门楼之后便是一个较大的院落，宽 6.3 米，深 6.5 米。中门位于院落之后，上有题字"世科第"。

前厅、中厅及后厅均面阔 3 间，进深 5 柱，梁架采用穿斗式结构。屋面型式为硬山顶，两坡长度相等。后厅后檐墙上设有石神龛，神龛上放有祖先的牌位。中厅左侧部分已经坍塌。各厅之间设有天井，天井两侧设有厢房。院落两侧厢房与前厅前侧厢房连接。柱根部设有精美的柱础石，其尺寸、样式不尽相同。前门院落内设有石椅，栽有一棵枣树。前厅的各个门框都刻有精美的木质小鱼，离地约 1.5 米的高度，每侧各一只。

世科第

大 夫 第

大夫第位于中田村西部，坐北朝南，是一座三进的天井式民居。建筑精美，保存完好，被列入县级文物保护单位。

该建筑平面布局呈中轴对称，中轴线上依次分布门厅、前厅、中厅和后厅四大部分。建筑入口为建筑南面的八字门坊，进入后经过前厅，前厅为开阔狭长形的庭院，穿过前厅为第一进天井，再穿过中厅为狭长的第二进天井。建筑整体布局前窄后宽，平面不尽规整。西路为附属用房，保存良好。东面马头墙与其他民居相连接。

各厅明间的木构架均施雕刻，纱帽翅、月梁两端及瓜柱根部的柱墩上均有精美的木雕。前厅入口檐下有墨绘图案，绘有亭台楼阁和鹿、马等图案，线条流畅，技法细腻，具有很高的艺术价值。各厅挑手木下均施以斗拱，中厅前檐柱上和童柱上方承枋，枋上承以一斗三升拱架，体现出福建民居的特色。

熊　厅

熊厅位于中田村中西部，坐西北朝东南，为革命烈士鲁易旧居。鲁易为土地革命时期红三军的著名将领、烈士，第一次国共合作时期担任黄埔军校政治部副主任。熊厅保存完好，被列入县级文物保护单位。

该建筑平面布局呈中轴对称，中轴线上依次分布门厅、天井、前厅、天井和后厅。建筑入口从东南面的门楼进入，穿过门厅后，依次到达正厅、后厅。建筑整体布局为三开间两进式，平面较为规整。东立面、北立面墙面不是垂直相接，由多边拼接，建筑外形大体为正方形。西立面为高耸的马头墙。外墙面被刷成白色，部分脱落的青砖裸露，灰瓦屋面。入口门楼为八字形，石质门槛，左右翼墙从大门两侧向外斜出约 2 米。前厅面阔三间，进深五柱，构架为穿斗式木构架形式，五柱九檩，柱子间由四层穿枋连系，四穿枋与前后大金童柱、前后小金童柱相接处安有莲花样式的底座，并在两端安有下山虎。后厅面阔三间，木构架为穿斗式木构架形式，五柱九檩，柱子间由四层穿枋连系，都为板式穿枋。

檐枋的两端、伸出的挑手木、三穿梁两端的下山虎上均有精美雕刻。栋梁复檩与柱交界处设丁头拱。童柱上立有屏门，体现了福建地区的民居特色。

步　月　厅

步月厅位于中田村西南部，坐东北朝西南，是一座清代民居，风貌古朴，保存完好，至今仍有人居住。

该建筑平面布局呈中轴对称，整体布局为前有庭院，中轴线上依次分布入口前厅、天井、后厅，后厅后设有半天井。建筑入口从西南面的门坊进入，前为庭院，庭院后为前厅。建筑整体布局为三开间一进半式，平面规整，院落的西侧设有陪屋。西立面有耸起的马头山墙，北立面是一块整体高出两侧厢房屋面的照壁，东立面的山墙随建筑屋面高低变化，错落有致。外墙面被刷成白色，部分脱落后青砖裸露，灰瓦屋面。入口门楼设在西南面，拱门，门楼上的匾额上书"步月"二字，左侧的小字落款字迹不清。前厅面阔三开间，青石铺地，屋顶形式为人字型硬山顶，后金柱间建有檐枋，起拉接作用。后厅面阔三开间，进深五柱，屋顶形式为人字型硬山顶。建筑北立面上的照壁，颇具特色。

幽 栖 寺

位于中田村西北大山嵊半山腰的栖灵山中，始建于唐光启二年（886）年，原名栖灵院，北宋治平元年改称"幽栖寺"。明末清初文学家涂西曾隐居此处多年。县邑文人留有众多诗文记载。

幽栖古寺

张 王 庙

　　张王庙位于中田村东北部、坐西朝东，为该村较历史为悠久的庙宇。规模宏大，保存完好，被列入县级文物保护单位。

　　该建筑平面布局呈平面矩形，对称稳重且整饬严谨。中轴线上依次分布山门和正殿两大主体建筑。前殿正殿的建筑两侧分别为中间高起的马头墙和弧形马头墙。外墙面用石砖砌成，灰瓦屋面。山门面阔3间，进深5柱，正贴梁架为插梁式，边贴为穿斗式。屋顶形式为硬山顶，山墙做成弧形。前殿为山门所在，空间开敞。正殿面阔3间，进深4柱。梁架做工考究，梁架为抬梁式。正殿为安置佛像的空间，供人们参拜。屋顶为硬山顶，两侧为马头山墙。前殿的木构架均施雕刻，形式多样，精美绝伦。

历史人物

鲁 论

　　鲁论（1588—1672），字孔壁，号西麓。明代知名学者。明天启元年（1621）拔贡以后，任安徽颖州府（今安徽阜阳市）同知。当时，正值寇盗作乱，他倾力修缮城池，置备器械，训练乡勇，加强防卫，百姓赖以安居乐业。后曾暂代天长、霍邱二县县令，再升迁福建海防同知、福州府同知等。不久，因时局动荡，弃官归家隐居。

　　鲁论熟谙兵法，家居期间，常与人谈论抵御敌寇之策略。晚年喜好著书立说。他的著作，多抒发自己对明代末期时事的看法。常对朝廷制度、政策发表自己的主见，认为"取士"必定要重视"制科之经义"，"举荐"不足以"得人"。宁河刘毓珍为鲁论所著《仕学全书》（又称《闻见录》）作序，称该书"实为（宋）嘉定后下迄元明四百二十三年间所必不可少之书也"。又云："此书正救民良策"。所著有《四书通义》《周易卦义》《医约》《钓叟诗文集》《仕学全书》等诗及古文数十卷。其中《四书通义》29卷及《仕学全书》35卷，已编入《四库全书总目》。《江西通志》对其生平作了介绍。《明代三千遗民诗咏》及《江西诗征》载有其记事资料。康熙十一年（1672）病故于家乡，享年85岁。

鲁 瑗

鲁瑗，字建玉，号留耕，清代知名文学家。清康熙十七年（1678）乡试中举，康熙二十四年（1685）成进士，选庶吉士，授翰林院检讨。历官国子监司业、翰林院侍讲、太常寺少卿、通政司通使等职。康熙三十二年（1693），奉派主持山西省乡试时，所选录的前五名举人，后来全都陆续考中了进士，当时人们称他为"得士"[①]。他学识渊博，口才出众，诲人不倦，曾两度担任国子监司业，每次聚集诸生员讲学论文，总是循循善诱，口若悬河。他平生光明磊落，胸无城府，亦不疾言厉色，别人自然也不敢私下算计他。不久后晋升翰林院侍讲，掌春坊，转调任太常寺少卿，再提任右通政司通政使。

鲁瑗告老还乡后，家居闭门谢客，督教子孙攻读诗书，几个孩儿后来都成名于时。他曾主教于省城豫章书院，学者们称他为"西村先生"。逝世时年七十有八。生前著述甚丰，其主要著作有《砚贻堂诗钞》《西村文集》等。其生平介绍已载入《中国人名大辞典》及《江西通志》。

鲁 朝 聘

鲁朝聘（1675—1751），字竹溪。为县生员，应试科考均未中，遵山西交纳马匹例规，捐得县令职，委派在贵州都匀任知县，后代理独山州知州，提升八寨理苗同知，再升都匀郡太守。奉召觐见皇帝，得到褒奖和赏赐。任职期满时，经吏部考察备案并决议，提升为按察副使。后以年老退职归。

鲁朝聘为官精明豁达，富有胆略。清雍正六年（1728），朝廷决议清理整顿苗族聚居区域，委派张中丞和广泗率兵进剿叛乱苗民，因八寨为咽喉要地，分兵三路而入。当时鲁朝聘正代理管辖独山，中丞熟知其才干，便命他统领州属地方部队趋右路抵达关口，苗兵据险抵抗。朝聘亲临前线，冒着箭矢、滚石，挥师疾进，攻破了交归、羊甲等寨，斩敌20余首级，苗

---

① 得士：善于挖掘得到人才的意思。

军锐气受重挫，派头目到中丞营帐恳求宽待，表示愿意接受招安。待张中丞认为此处已平定，移师丹江，但屡攻不克时，八寨苗族首领便又乘机叛乱。朝聘留守九门寨，腹背受敌，形势危急。他一面善意安抚苗族群众，使他们没有理由叛逆，一面妥善筹措粮草弹药等军用物资，保障部队供给，加强防卫，中丞统帅的大军再次平定了八寨。中丞奏请朝廷，在当地建城堡，立水陆防卫营垒，以鲁朝聘为八寨理苗同知，总管军政建设事务，历三载告成。他又创设义学，请教师教习苗民子弟，使千百年愚昧落后的苗区，从此接受文明教化。

雍正十三年（1735），古州几处苗寨煽动叛乱，八寨苗民闻风响应，聚众闹事，自夏至冬，数十次攻城不下。城中守军八百，半数是从别处调来的，形势危急万分。鲁朝聘与前来巡视的郡守亲自率领士卒，坚守该城，每决战时，则分兵一半出东门交锋，另一半由西门绕出敌后夹击，又多设旗帜插于各处，以显示多股援兵前来助战。苗军不知虚实，常常收兵撤退以保存实力。时间长了，苗军考虑到实在攻城不下，只得散去。

次年，张中丞又统率大兵来剿，叛乱的苗寨才被平定，于是又在这里设屯垦卫戍部队，将苗寨中绝户之田收为屯田。鲁朝聘将这八寨分为十屯，规划举措得当，很见成效。

鲁朝聘在贵定为官时，当地少数民族土司肖来凤纵使家仆抢劫杀人。知府葛某宽容其罪，朝聘请葛同到城隍庙，开庭大声审讯，依律法将该犯处斩，葛某说情为减缓，他毫不妥协。在独山主政时，狱中有个死囚犯曾显德，武艺高强，力大无比。他感到鲁大人通情达理，私下对人说："监狱怎么关得住我？但是鲁大人在位，我不连累他。"果然，朝聘调离后，该犯越狱逃跑了。

鲁朝聘在贵州为官20多年，所到之处，政绩显著，而在八寨时所建功劳更加突出，乾隆十六年（1751），他因病辞世，享年77岁。

鲁 鼎 梅

鲁鼎梅（1708—1771），字调元，号爕堂。清乾隆元年（1736）中乡举，乾隆七年（1742）成进士。初授任福建泉州德化知县。此期间，他精简政务，重视发展实业。当时德化的水田只种一季稻谷，自冬至春皆闲旷。他发现后，连续三年谕告全县人民，利用闲田，添种大小麦及油菜，并提出有力的奖惩措施，成效显著。他特别热心振兴文化教育事业，创建书院，广集当地生员受学于其中，强化训练，使踊跃参加省里乡试者越来越多，全县学风大振。他对德化的律典以及修筑城垣、桥梁等事业，都采取了有力的措施，取得了一定成效，深受人民的爱戴和上司褒扬。

他两次被派往主持福建全省考试，所录取者后来皆成为名士。根据他的德行、才干和政绩，上级调他去台湾任职。乾隆十四年（1749），调任台湾府台湾县知县，管辖约今台湾南部之嘉义县、嘉义市、台南县、市全境及高雄县部分区域，面积约4500平方公里，也是清廷统治时期台湾岛之汉人集中地所在。到任后，他详慎处理繁多的讼狱积案，使社风日正。随后，奉命担任鹿耳门同知。莅任后，他精心调解属地中较粗野原始与稍趋进化的少数民族居民之间、混杂聚居的主籍客籍之间的关系，促进他们和谐相安。因此，他的才能、人品和政声更加彰显。

以母老告养归乡后，鲁鼎梅仿学朱熹储粮放粮之法，在家乡购置田产，设置义仓，施行助学救困赈饥和修桥铺路等公益事业。后来，他的晚辈鲁九皋接替和扩展了这些事业，对家乡发展发挥了重要作用。

陈 世 爵

陈世爵（1682—1752），字浣修，号立轩。清代巨商、慈善家、著名理学家兼文学家陈道之父。陈世爵祖父陈一翰，明末隐居于大溪山中，故其父陈以汧性格孤僻，只一味埋头读书，不善于从事生产和经营，因此，家业逐渐衰落，作为县学生员，三十来年，以设馆授徒维持生活，十分贫困，并将几个儿子，分成几个地方居住。世爵定居在新城县之西乡钟贤里。起初，他所拥有和掌控的产业，极其微薄。但凭着诚信为人的品质和干练才能，使得人人敬服。他所经营的生意，广及江苏、湖北、福建、浙江、河北、山东、河南、山西等地，贸易数额动辄千万金，只要世爵一句话，便可成章定局。不多年，他的资产便富甲乡里。但他绝非只顾自己发家致富不承担社会责任的守财奴。乾隆七年（1742），家乡受灾闹饥荒，他花费巨资从省城南昌购买了6000余石粮食，用船载回家乡，命其子陈道以平价卖给灾民。赖此以活命者，不计其数。

他孝敬父母长辈，友爱兄弟同仁，关心宗族乡亲。朋友有难总是不吝帮助。家境宽裕后，几个弟弟家靠他分给的财产维持生活。他对待堂侄们像自己亲生儿子一样，关爱有加。《新城县志》《建昌府志》及《江西通志》均载有其生平介绍。

陈 道

陈道（1707—1760），字绍洙，号凝斋。清代著名理学家。

他秉承家风，自幼品质端重，白天从塾师受习学业，晚上则随父亲诵读《小学近思录》，孜孜不倦。年岁稍长，即辅佐父亲治理家业及施行善事。稍有闲暇，总是手不释卷，朗朗诵读至深夜。肄业于国子监后，又师事广昌黄永年，钻研宋儒理学，还兼攻水利农田、军政边防等多方面书籍。清乾隆九年（1744），乡试中举；乾隆十三年，又考中了进士。但却以家中父母年迈体衰、又无同胞兄弟为由，拒绝谒选当官。后来诏举明经，也被他婉辞，只安心在家恪尽孝道，侍奉双亲。他在家乡，仍然埋头读书，勤奋写作，同时也积极辅佐父亲，兴办地方教育和慈善事业。他曾设立义田两千亩，以使"读书有赡，鳏寡孤独废疾有养，婚丧有助"。又捐助白银2000两，为盱江书院讲学费；还倡建黎川书院，并在此掌教多年。他根据实情需要，还经常操办造桥建亭、施棺舍药之类有利于乡里百姓之事。遇灾荒年景，他奉父命运粮平粜，编户计口以救饥，并劝说或强制某些乘机囤粮闭粜的富户，开仓放粮，参与赈济。

陈道一生，为人严毅清苦，"自少至老未一日怠惰"。他治学，以力行为主。他的文章，多为讲学书稿，有些还是八股文，文风醇古淡泊，真意盎然。特别值得人们尊崇和赞誉的是陈道先生的治家之道。他对儿孙家人的管教极严，督促甚紧。要求他们勤奋攻书，严谨治学，诚信为人，宽容处世。一言一行，都必须以仁、义、礼、智、信为衡量标准；事事处处，都讲究遵循家风，有益乡里，惠及百姓，福泽久远。尤其是对担任官职的儿孙辈，导引管束更加严格精心，认为他们的品格、素质、才能、习性的优劣，不仅是他们个人和家族是非成败的小事，而是直接关乎国计民生之兴亡祸福的大事，丝毫不能偏颇闪失。

正是由于陈道身体力行，在家庭中树立崇高的威信，以及他对家风推行的严谨执着，其所传承的优良传统也得以延续和弘扬。据史料统计，他的嫡传子孙按五代计算，就有 7 人考中进士，担任五品以上官员 20 来名，7 人有著作传世。知县以上官员更是难以统计。还有几代多位孙辈，虽未出任重要官职或成为知名学者、作家，但却在家乡毕生从事公益慈善事业或兴办教育事业，造福乡里甚至外地，蜚声遐迩，名载史册。

陈道去世后，学生鲁九皋将其文稿收集整理，编成《凝斋遗集》八卷，刊印后被四库馆采列于书目中（即入《四库全书》总目）。他的生平已载入《中国人名大辞典》和《中国文学家大辞典》。

鲁 九 皋

鲁九皋（1732—1794），原名仕骥，字絜非，一字洁騑，号乐庐，因其书斋额文为"山木居士"，故远近学者称其为"山木先生"，为清代著名文学家。

清乾隆三十年（1765）拔贡，乾隆三十五年中恩科乡举，次年成进士。后居家奉养双亲达十余年，才出任山西夏县知县。在任职期间，他廉洁谦和，关心百姓疾苦，尽量松缓徭役赋税，减轻百姓负担，严禁贪污腐化，惩恶扬善，施行惠政，且事必躬亲，以积劳成疾，卒于任所，终年 63 岁。

他出身书香之家，为父母中年后所生。14 岁时母亲去世，父亲更加宠爱怜惜他，对他的学习也不甚苛求。但他生性奇伟聪慧，卓尔不凡。18 岁时，曾附籍郡学，为弟子员。曾受业于同乡籍著名理学家、文学家陈道。不但继承了恩师的理学、文学渊源，而且接受了其经世济用、造福乡里的经济思想。建宁著名学者朱仕琇先生治古文，名闻海内，当时正离开政界，改归教授生员。鲁九皋徒步前往建宁拜谒，向朱氏求教古文作法，而且每年都将自己所写文章呈请审阅指点。当时正处于桐城派古文风靡天下之时，九皋与桐城派古文代表人物姚鼐交往甚密，受影响颇深，在桐城派所倡导的古文运动中，发挥了推波助澜的作用。姚鼐非常看重鲁九皋的文章风格，并写有《复鲁九皋书》一函，阐明自己所提倡的观点和对鲁九皋的肯定。

家居期间，他常想到家乡和族中尚多贫困者，遂倾力扛起其师陈道所倡办的公益事业梁橼，继续广设义田，以资救助和赈济。他还为陈守诒创办的"广仁庄"义仓，制定了详尽明晰的"条规"，躬亲施行，形成有章可循、经久不衰的制度。自己财力不足，便利用自己的威望，致书在外地为官的族人集资兴办，并选荐更多办事公正而能力强的族人具体经营，此举数十年来延续开展，影响深远。

所著有《山木居士集》12卷、《周易读本》4卷、《山木居士外集》4卷、《翠岩杂稿》3卷等。《清史·列传》《国朝耆献类征》《国朝先正事略》《国朝诗人征略》《清史稿》《清代七百名人传》《清儒学案》及《中国人名大辞典》《中国文学家大辞典》等书均载有其生平介绍。

鲁 鸿

鲁鸿（1722—1789），字怀远，号厚畲。清乾隆二十八年（1763）进士，曾先后担任河南沈丘、荥泽、孟县等地知县。

鲁鸿从小勤奋读书，钦慕古人贤德行迹，立志仿效于实践。任职期间，十分尊重当地长者，特别谨慎挑选那些清正守法、德高望重的前辈，以礼待之，褒扬奖励。他待人以忠信，所以事情办好了，又不增加百姓负担。下情上达，上级官府也乐于接受。沈丘与江南阜阳交界，邻县之间盗贼多相互掩蔽藏匿，难以捕获，鲁鸿诚恳地相邀两县协同捉拿，使多年逍遥法外的盗贼都一一擒获归案。沈丘过去有民间私自买卖制造火药的硝矿之弊，往往造成危害，他竭力请求上级批准，予以取缔。在孟县，他还查禁了以"水官"为号扰掠百姓的无赖团伙，故当官军平定金川时，部队从该境通过，亦未发生喧哗捣乱之事。上级官府更加觉察到鲁鸿的治理才能，故不久后他被晋升为府郡同知。

退职归里后，他热心家乡文教事业，劝谕后进，家乡父老无不夸赞。所著有《周官塾训》《四礼通俗》，以促进当地民风社俗。又著《春秋意测》3卷、《厚畲初稿》《厚畲诗稿》等，其诗入选《晚晴簃诗汇》《江西诗征》，生平事载《江西通志》《续补碑传集作者纪略》。

鲁 缤

鲁缤（1768—1817），字宾之，号静生。少年时秉承其父亲厚畲先生（鲁鸿）之学风，又师事堂兄、文学家鲁九皋，受古文法，雄杰于文辞。继而仰慕朱仕琇、姚鼐两先生之为古文学。壮年后，更专志遵循姚氏之说，"蹑虚无、测深杳，迎虚以就实"，虽较之过去所取之梁代萧统《文选》及唐代柳宗元者，气稍松弛，而其意欲压抑，以趋于成。惜志未竟而身先逝。

鲁缤于乾隆五十七年（1792）乡试中举后多次参加礼部会试均未中，于是不打算再去应试，想留在家乡奉养双亲教育子侄，且更便于撰写文章。嘉庆二十一年（1816）冬天，其母邓宜人坚意催促他再次进京应试，才不得不启程北上，于次年春应礼部会试后，名登进士榜，可惜在参加殿试前，接母亲去世噩耗，立即赶回家乡奔丧。随后与胞兄鲁绘同时办理将母亲附葬于父亲墓旁时，两兄弟突然病倒，其兄上午去世，他也于半夜时分寿终。

鲁缤生前所撰有《鲁宾之文钞》一卷，虽辑文仅38篇，却尽皆俊杰廉悍，义卓词美，曲折横厉，颇有逼似唐代著名文学家柳宗元之风格。《桐城文学渊源考》《山木居士集》《太乙舟诗文集》等书均有其相关事迹介绍。

陈 用 光

陈用光（1768—1835），字硕士，一字实思。清代文学家。

他出身于书香世家。祖父陈道，父亲陈守诒。他少年时代从学于舅父鲁九皋。嘉庆五年（1800）乡试中举，次年成进士，改庶吉士，授编修。道光二年（1822）提升司业，历任中允侍讲庶子、翰林院侍讲学士、詹事府詹事、内阁学士兼礼部左侍郎、代理户部右侍郎、礼部左侍郎；还曾先后担任过日讲起居注官、文渊阁直阁事、国史馆纂修总纂、文颖馆明鉴总纂，乡、会试同考官，河南乡试正考官，江南乡试正考官，提督福建学政、浙江学政、壬辰科会试复试阅卷大臣、武科会试总裁等职。

陈用光担任编修工作前后10年。在此期间，曾以当时著名文学家姚鼐、翁方纲为老师，常向他们请教。由于他虚心好学，出言有识，论断精审，颇受姚、翁器重。同时，他还与文学家梅曾亮、管同等为友，与他们谈古论今，赋诗撰文相应答，时而废寝忘食。

陈用光为人正直，为官清廉。他不愿趋炎附势，大凡达官贵人邀约赴会，他总是借各种理由推辞谢绝。他的俸禄收入，有寒士告困必慷慨赠予，有百姓告贫则毅然周济。因此，他虽然居官30多年，而家无余产。他还曾为老师姚鼐、鲁九皋设置祭田，人们赞他为尊师典范。他十分爱惜人才，认真选拔人才。道光五年（1825），他担任江南主考官，上元考生管同应试，得中举人，陈用光高兴极了，说："吾今乃得管生，不虚此行！"另一上元籍考生梅曾亮，也是他亲手选拔的。后来这二人都成了驰名一时的文学家，而且都成了这位恩师的挚友。

他为人谦和，虽任高官，亦平易近人，从不与人争风求宠，也不与人苟同排异。清代乾隆、嘉庆年间，天下谈起写文章，都推崇桐城派古文，而当时新城也是最盛行之域。陈用光既得姚鼐之点化，又曾从于舅舅鲁九皋，故写文章兼取两家之法，并融贯于诗书仁义。陈用光主张兼综汉宋之学，提倡以"适用"为本。他对当时学术界空疏鄙俚、各执一见、脱离实际、无关世用的风气十分不满，并对此多次提出过严肃批评。

陈用光一生著作不甚丰富，已刊行的作品仅《太乙舟文集》8卷、《太乙舟诗集》13卷和《衲被录》等。深受新城与桐城两地古文传统熏陶的陈用光，对于桐城古文在江西的传播，无疑起着至关重要的作用。

他的生平介绍，分别载入《清史稿》《清史·列传》《国朝耆献类征》《碑传集》《清儒学案》《中国文学家大辞典》等书籍。

陈 希 祖

陈希祖（1765—1820），字敦一，又字稚孙，号玉方、玉香、玉芳，清代著名书法家。

曾祖陈道，祖父陈守诚，父亲陈元。陈元年仅三十即逝，时希祖年方十一，希祖与弟被托付予舅公鲁九皋培养。陈希祖勤奋好学，聪颖过人，且多才多艺，并善抚琴。他读书专注执着，爱思考，从不泛泛而学。他兴趣广泛，对古文、诗艺及天文、算法、水利、河渠等自然学科都很有研究，并能洞悉其原理。

陈希祖学业有成，仕途悠悠。乾隆五十一年（1786）成举人，乾隆五十五年中进士。科举后，陈希祖被委以刑部主事。因是嫡长曾孙，他回中田为曾祖母杨太夫人守孝，至乾隆六十年方任实职。嘉庆元年（1796），他把母亲黄夫人接到京城，与时任编修的弟弟希曾一起奉养。陈希祖在刑部供职长达20年，依例当擢升至郎中。因希曾调任刑部侍郎，按回避制，希祖改任户部员外郎，再迁吏部郎中。嘉庆二十五年，陈希祖补任浙江道监察御史。

陈希祖性格恬淡，恪尽职守。曾经主持过河南的乡试，所录取的儒生大多是知名人士。刑部司职期间，一直埋头于清理积存旧案，即使后来升任为主官，也还是亲力亲为，常把容易处理的事让给同僚。到下属部门理事办案，官吏不敢隐瞒欺骗。在审核百姓案件时，慎之又慎，以贫民活命为念，常秉烛篝夜理案，几易其稿，大有宋名吏欧阳崇公治案之风，所经狱讼多有冤情平反。

陈希祖书法

陈希祖一生最大成就不在政绩，而是书法。他学习历代名家技艺，但学古不泥古，得其意而忘其形，集诸家之大成，博采众长而自成一体。嘉庆十七年以后，书名大成，誉满京城，一时登门求书者络绎不绝，学习临摹者趋之若鹜。他的笔法尤近乎董其昌晚期神韵，深得董书之精髓。在清代董派中，他与张照、刘墉齐名，三者领导清代嘉庆书坛，成鼎立之势。陈希祖一生创作了大量书法作品，至今还有墨宝传世，成为收藏者的争购对象。

嘉庆二十五年（1820），陈希祖提任浙江道监察御史，回家养病，途中应友人所请，作书数十幅而并无倦容，不料行至杭州时一病不起，死于苏公祠。事迹先后载于《清史稿》《国朝耆献类征》《中国人名大辞典》《中国美术家人名辞典》等名典。1923年，上海有正书局还石印了陈希祖一册《陈玉方小楷墨迹》。

陈 希 曾

陈希曾（1766—1816），字集正，号雪香。少年时，他与胞兄希祖从学鲁九皋。清乾隆五十四年（1789），赴省城乡试，得中解元；乾隆五十八年，赴京殿试，高中探花。初授翰林院编修。后历任云南乡试副考官、贵州乡试主考官、历任会试同考官、提督山西学政、署吏部左侍郎、刑部右侍郎等职。其间，还充任过云南、贵州、江南、顺天等省乡试正、副考官和殿试读卷官，并提督四川、山西、江苏等省学政。他主持文柄，执掌文事铨选大权。对下属、对士子严格要求，严禁舞弊，奖励才干。因此，"士畏其严而仍乐其宽"。他在选拔人才时，以经取士，得到不少有用人才。在工部、户部任职时，他对人员的任用、选拔和钱财监督审查工作，都十分谨慎。担任侍郎后，虽位居二品，却仍然虚怀若谷，使部属得以人尽其言。陈希曾对各种掌故十分娴熟。在任国史馆副总裁期间，将本朝大臣的政绩，翔实记录，誊录副本，时时览阅，作为自己的借鉴。他还将编入《四库总目》的江西籍人士的著作编集成册，予以珍藏。所撰有《奉使集》一卷。嘉庆二十一年（1816），陈希曾病卒于工部右侍郎任上。

《中国人名大辞典》中称陈希曾"工为文，娴掌故，有治事才"。清代《国史·列传》《国朝耆献类征》及《续碑传集》等典籍均为其列传。

陈 兰 祥

陈兰祥（1775—1831），字伯芝，太守陈守诒之孙。他从小聪颖出众，读书作文以优异崭露头角。并能谨遵家教，收敛英锐之气，淳朴厚道。侍奉祖父能恭敬顺从，使其忘却衰老。能老成持重，通情达理，经营祖辈所立之祭田、学田、广仁庄及各乡义仓，都兢兢业业，按既定法规行事，并加以增进发展，充分利用高祖支下所倡捐之义田，赡奉鳏寡孤独，赈济灾荒。并为家乡社会主持公道，调解纠纷，使人感其言行德性与威望，听从信服。因而，陈兰祥是陈道思想最忠实的实践者。

陈兰祥于45岁时才考中举人，道光九年（1829）成进士，改翰林院庶吉士，惜未及赴任而卒，终年57岁。著有《晚萃斋文集》。生前工于书法，为翰苑奇才。据《江西通志》载，作为新城古文学派始祖陈道之忠实继承者，鲁九皋及陈兰祥等都堪称领军人物。

陈 孚 恩

陈孚恩（1802—1866），字少默，号子鹤，别号紫藿。陈希曾之子。陈孚恩秉承家学渊源，自幼聪慧机敏，能文善书。清道光五年（1825），经省学政从全省生员中择优选送参加朝廷每三年一次的朝政特考合格（又称"拔贡"）后，派往史部任七品小京官。因办事尽职而有才干，得以连连升迁。

道光十七年，奉调暂任兵部侍郎，参与军机大臣会议。不久，陈孚恩以军机大臣身份，奉旨赴山东巡视按察，弹劾了因犯"库款亏欠，捕务废弛"罪的巡抚崇恩，并暂代山东巡抚职。

陈孚恩回京后，调任刑部侍郎。道光帝还因他在山东任巡抚时，不接受公费招待，不花公费，予以嘉奖，特赏"头品顶戴，紫禁城骑马"，并御赐"清正廉臣"匾额。道光二十九年，他又奉旨赴山西，查办巡抚王兆琛贪婪案，据实禀报获准后，将王兆琛撤职查办，解京治罪。随后，陈孚恩调任工部任职，又转任刑部代理尚书、尚书。

咸丰帝登基后，因与怡亲王载垣素有矛盾，当着皇帝面前，与载垣争吵，被文宗斥为"乖谬"，将陈罢去相位，降三级留用。咸丰七年（1857），得到重新重用，命他以头品顶戴代理兵部侍郎、礼部尚书。不久，又正式任命他为兵部尚书。后又命他以兼代刑部尚书、户部尚书。咸丰十年（1860）调任史部尚书。

咸丰十一年，"祺祥政变"，陈孚恩也被作为载垣等人的心腹而遭"革职，永不叙用"。又因过去在讨论宣宗配位时的"乖谬"主见，和查抄肃顺家时搜获到有陈孚恩"暧昧不明语"的私信，被捕入狱，抄家，追缴回宣宗御赐的"清正廉臣"匾额，并遣送新疆戍边，将功折罪。

同治五年（1866）正月二十二，沙俄侵略军攻陷伊犁，守将明绪将军全家效忠自尽，陈孚恩及随来戍边的妾、子、媳、孙三代全部殉难。事后，清政府只予其家属抚恤，对其本人却不予追褒。

陈孚恩在纷繁政务之余，钟爱并擅长书法。他的书法传承大书法家董其昌，风格秀逸清润，闻名海内，与祁叔颖、赵光、许乃普合称"清四书家"。

他还曾多次奉懿旨陪慈禧太后写字，教习和商讨书法技艺。有时慈禧题写匾额，还让陈孚恩也写一遍，以便参照切磋。他的手迹，在京城、在家乡都广为流传。

《清史稿》《中国人名大辞典》《中国近代史词典》和《中国美术家人名辞典》都分别对他的生平作了介绍。

陈 德 卿

陈德卿，字雪兰。清嘉庆年间女诗人，探花陈希曾之妹。通经史，工诗词，亦善书画。有《静华馆稿》存世。在京师与杨蕊渊、李晨兰齐名。《国朝闺秀诗柳絮集》收录其诗数首。在诸多诗体中，陈德卿尤善五言诗。法式善《梧门诗话》对陈德卿的五言诗给予很高的评价，认为她的五言诗"极有标格"。陈文述《颐通堂集》中则有《题家雪兰女士德卿静华馆诗集》数首，对陈德卿的诗同样给予相当高的评价。认为其诗意境清远，超凡脱俗。如其一曰："诗境真应号静华，烟江寒水暮天霞。人间清气同秋色，尘外仙心托晚花。竟与王韦争五字，只容杨李说三家。"其二曰："不许纤尘近笔端，琼楼玉宇最高寒。清难一世惟余雪，淡尽群芳只有兰。闻道仙姿如立鹤，前身瑶岛定骖鸾。六朝金粉吾犹愧，未敢灯前比较看。"

此外，内阁学士、文学家陈用光的《太乙舟诗集》中亦有多首诗赠陈德卿，对侄女亦劝勉有加。

陈 广 敷

陈广敷（1805—1858），又名陈溥，字稻孙，号广敷，一号悛侯。翰林院庶吉士陈兰祥之第三子。清代文学家、理学家。他天姿超迈，才气宏放，性格豪爽。自少厌弃科举，仰慕豪杰勋业。幼时即随从名士俊杰离家出游，后乃潜心攻读宋五子书，辨析精微。进而折衷六经。其于诗、古文词，初试笔便十分精妙，仿佛老成作家。他游历京师五年，与宣城籍郎中、著名文学家梅曾亮往来，尽得桐城派古文义法，而仍不想以文章自我标榜。他先后游历福建、湖北、江苏、贵州、四川等省达20余年，学识更加平实，接近内涵。他论"性"，以孟子为宗，不兼及宋代诸儒"气质"之说；论《大学》，以修身为本，朱熹之"格致"，王阳明之"诚意"，凡以为修身而已。其为文，多理学与讲学之作，诗也多道学气。同乡学者杨希闵在《诗榷》《客中随记》《乡诗摭谭》中，都对其诗语言有较高评价。生前著述甚丰，有《陈广敷遗书》39种48卷，其中较重要的有《陈广敷先生诗文钞》《霞绮集》《诗说》《盱江丛稿》等。很多著作皆散佚。其存者有《性修论》《食事积微篇》《五事篇》。又编次《王阳明集》《陆子集》《朱子集》各一册（未付印）。县籍进士、太守饶拱辰认为，"此三册非朱、陆、阳明之书，乃溥自叙为学之要也"《诗经》有《陈风说》一卷，其评点诗、古文词10余种，皆能抓住要点，指明内蕴，使读者明白古人之用意所在，故得之者如获至宝。《江西通志》载其生平介绍。

陈 学 受

陈学受（1806—1865），又名学寿，字永之，号懿叔。清代文学家，附监生，曾与知名文学家梅曾亮、朱琦等人相友善，向他们学习古文，尽得桐城派古文义法、学务精淳。于是，他绝意功名进取，致力攻研《春秋》《尚书》，遍览古今解说，契合圣贤心意，对孟子所论，更有深刻的理解和认同。其宗旨在于以端正人心。但他能立论有独创见解，不依附仿效前人。他曾主讲于江西弋阳书院。其主要著述有《圈注春秋读本》若干卷、《春秋十种》30卷、《陈艺（懿）叔集》等。事载：《新城县志》《养晦堂诗文集》《乡诗摭谭》等籍。

陈 灏 一

陈灏一（1892—1953），又作甘簃，字藻青，号睇向斋主人、颍川生、旁观客。民国时期著名学者。1925年，入张学良幕，参与机要。1932年11月，陈灏一在上海创办《青鹤》杂志，与近世名家章太炎、夏敬观、杨云史、叶恭绰、陈三立、袁克文、吴湖帆、钱基博、章士钊、于右任、溥心畬等皆有往来。1937年后，隐居北平。1948年，随国民党高级官员魏道明举家迁至台湾，曾任台湾省政府秘书。1953年去世。其主要著作有《睇向斋秘录》《睇向斋逞臆谈》《睇向斋谈往》《睇向斋随笔》《睇向斋闻见录》《新语林》《怀远录》《历史人物观》《甘簃诗文集》《辛亥和议之秘史》等，1998年，大陆收集整理出版了其生前的文章集，名为《甘簃随笔》。

鲁 易

鲁易（1900—1932），原名其昌，字蕙孙，号绳武。土地革命时期红三军的著名将领、烈士。幼随父旅居湖南常德，曾考入日本东京的明治大学，后又到法国巴黎勤工俭学，与李立三、赵世炎等发起成立劳动学会，不久因参与学生运动被遣返回国。

1921年冬，陈公培接受中共中央派往海南岛开展工作的任务后，鲁易跟随其来到琼州（今海口市），在省立第六师范学校以教书掩护地下工作。1922年上半年，鲁易和陈公培、罗汉等人又在海口创建了社会主义青年团琼崖分团，在琼崖学联和琼崖青年互助社中积极开展活动。1922年秋，经陈公培介绍加入中国共产党。1923年底，离开海南后，他先在中共两广区委工作，后经周恩来推荐调至黄埔军校任政治部秘书，后升任政治部副主任。

"中山舰事件"后，鲁易被中共组织委派到苏联东方大学学习，1928年，回国后任中共中央秘书。1931年，任湘鄂西革命军事委员会政治部主任，9月，任红三军政治部主任。1932年3月，任红三军第七师政治委员。9月，在湘鄂西革命根据地反"围剿"中不幸被俘，10月4日，在沔阳仙桃镇英勇就义，年仅32岁。

鲁 之 俊

鲁之俊（1911—1999），著名西医外科专家和中医针灸学家，抗日战争时期到延安，任军委卫生部副部长。

1928年，考入北平陆军军医学校（国防医学院前身）医科，1933年毕业。1939年初，与家人陆续辗转到达延安。同年11月，他加入中国共产党，参加八路军。

鲁之俊到延安后深感我军严重缺乏专业医务人员，提出到八路军卫校（后改为中国医科大学）主授外科学，并先后被任命为八路军总医院医务主任、白求恩国际和平医院院长兼外科主任，并在该院开设针灸专科。后任延安中国医科大学教授、中央军委卫生部副部长、晋冀鲁豫军区卫生部第一副部长。

抗日战争期间，鲁之俊既在医大教书，又在医院看病，是西医外科专家，还承担了党和军队部分领导同志的医疗保健任务。1945年6月，在《解放日报》上发表《针灸治疗的初步研究》一文，就此，陕甘宁边区政府授予鲁之俊特等模范奖，以表彰他团结中医，为革命、为人民的健康而研究及推广针灸疗法，从而使人民军队及边区百姓对中医有了新的认识。

1947年后，刘邓大军挺进大别山，鲁之俊在二野推广针灸疗法，提高了部队的战斗力；三野、四野也推广针灸疗法，他编写的《针灸讲义》是每一个卫生员背包中的必备之物。

1949年后，鲁之俊历任西南军区卫生部副部长兼重庆市军管会卫生部部长，西南军政委员会卫生部副部长，西南行政委员会文化教育委员会副主任兼卫生局局长，卫生部中医研究院院长、名誉院长，中华医学会副会长，世界针灸联合会筹委会执行主席。当选为第三届全国人大代表。

1955年，鲁之俊主动请缨，筹建卫生部中医研究院。同年12月，中医研究院成立。这是我国最大的中医药研究机构，鲁之俊任第一任院长兼党委书记。

20世纪80年代，在我国政府与世界卫生组织的支持下，有40多个国家和地区的70多名团体会员组成的世界针灸学会联合会于1987年在北京成立。鲁之俊被全体执委一致推选为终身名誉主席。

主要著作有《新编针灸学》，为解放战争时期部队学习针灸的讲稿编成。鲁之俊考虑到当时边区的实际情况，编写了针灸学讲义，多次印刷，发给学员学习。该书包括针灸效能及其理由等11个部分。书中还有某纵队挺进中原时一万余人接受针灸治疗的统计，是当时一份鲜见的病案资料统计，客观反映出当时边区使用针灸治病的实际情况。讲义经过修改，在1950年正式出版，书名为《新编针灸学》。

乡村治理

广 仁 庄

清康熙、雍正帝多次下诏要求地方设立常平仓及社仓。中田陈、鲁二姓转化为自觉行为，积极响应号召，在地方上踊跃建造仓储。其过程经历了由社仓向义仓发展，再向广仁庄的嬗变与转型。

乾隆三十八年（1773），陈道置田 2000 石作为父亲陈世爵的祭田，在供奉祭祀之外的余谷，用来救济族中贫困者，使"读书有赡，鳏寡孤独废疾有养，婚丧有助"。这就是中田陈家首创的家族义仓，县志称之"陈氏义仓"。第二年，鲁氏肇修公、淡斋公、玉华公组织族人创建社仓于张王庙侧，得谷 600 多石，银子 80 余两。还在山西当官的鲁潢寄来银子 100 余两，让族人买谷 200 石充仓，村民后来匾鲁氏庙门曰"乡间食德"。

乾隆四十一年（1776），陈守诒有意将家中 3000 石救荒储谷推诸里中，特立一仓，于是与鲁九皋商量是否可行。鲁九皋大为赞同陈守诒的想法，并主动力劝"里中各姓输资为建仓费"。为此，"乡人相率捐谷，易金千余两"，共建一仓，名曰"广仁庄"。广仁庄初建之时，仅陈氏捐谷就达 4000 余石，另有租田 400 石用以仓库维修。

广仁庄颠覆了一般义仓或社仓的本意，其影响、辐射至远至广，是其他义仓、社仓所无法比拟的，是名副其实的"义"仓：其一，既有里民的单薄粮捐，更有大户、乡贤、士绅的大力支撑，形成以家族联盟为基础的社区性质的乡族义仓；其二，制定《广仁庄条规》，成立专门管理机构，以民选总理或大户推荐为主的自治形式，对管理人的任用、管理费用的支取、庄中积谷的日常管理、平粜的办法都有详细规定；其三，平粜与赈济功能强大，范围不再局限于一宗一族，一村一里，而是远及全乡，有较强的公共性质。

广仁庄不仅具平粜之用，而且成为中田公益事业的资金来源。广仁庄与常平仓、社仓的运作有了很大的不同，它完全由乡绅、宗族操作，有自己的条规、章程，乡绅们按实际情况对义仓进行经营，使义仓管理呈现出多样化的倾向。乡绅在经营时更强调的是"义""利"的结合，讲究的是实效，而对地方公益事业的资金投入，即"反映了当时公共福利和社会救济这些在基层社会控制中有着重要象征意义的责任，已从官府转移到士绅身上"。

因为广仁庄有自己的地域文化和特色，有创始人的慈善理念和公心，凝聚着管理人员的心血和智慧，因此赢得了绝大多数贫苦农民的拥护和爱戴，影响之远之深，可谓划时代的创举。道光年间，赣州知府王泉之《义田记》说："虔州鹭溪钟敬亭（钟崇俨）太守承懿命仿姑苏范氏、当胡陆氏、新城陈氏，置义田万亩，作赡族之举，并建义仓一所，储谷千石，作荒年减价平粜之需。……当胡陆氏,其义田之存否不可知。惟新城陈氏之广仁庄,至今弗替。"事实上,广仁庄义赈60多年,王泉之之时,广仁庄确实仍在蓬勃发展,故有"至今弗替"之说。

陈用光曾说:"(陈家)于乾隆乙未(1775)丙申(1776)间,出家谷四千二百五十石,分建义仓于各乡,而使鲁山木舅氏任其敛散事者。"在陈守诒的资助下,在广仁庄的带动下,当时新城县内许多地方筹资兴建义仓。至清末,黎川各地百姓仍建有不少义仓、社仓。

广仁庄的建立与条规的制定,系统化开创了江西民间救济和乡绅治政之先河,形成了黎川最具特色的乡土文化之一,处处体现出了先人的敏睿与智慧。

2016年,江西话剧院推出大型史诗级话剧《遥远的乡土》。剧中的"广仁庄",就是以中田广仁庄为重要文化元素。编剧以独特的眼光,通过对广仁庄的发掘提炼,采取"传统"与"现代"的手法,将这一具有地方特色的历史典故搬上舞台,表达了人们对现实社会的强烈关注和密切思考。戏里戏外,人们对已然远去的乡土人情和传统文化,表现出深情的叹惋和呼唤,并热切期盼中华优秀传统文化的回归。

家风家训

陈 氏 家 训

崇法尚德:厚道宜力行此,使其心日近仁厚,而浇薄之俗不得相染也。

克勤克俭:教训子孙士农工商惟勤惟俭,毋怠惰以自弃,毋骄傲以凌人,毋好赌博以荡家产,毋好事争讼以罹法纲,毋习奢侈以陨声名。

乐善好施:遇孤弱愚懦者矜之悯之,不可存轻薄倨傲之心。

礼孝友睦:宗族敬老尊贤有恩无怨,毋以卑抗尊、毋以长凌幼、毋以势吞贱。

尊师重教:尊师友师能开愚蒙而传以德义,敬之礼之唯恐不及。

廉洁奉公:日用物件,悉照民间平买,无贪小利,短折累民。或旧有官价陋规,须潜访明察,张告示,无为买办蒙蔽。食用须酌定章程,丰俭适中。他物宁可节省,无好侈靡。奢而不足,必致妄取于人。所得甚小,而所失甚大。

鲁留耕公家训十条

尊祖：凡春秋祭必尽其诚，遇寒食亲往扫墓。邱木者神所依也，私斩者罚，若盗葬先茔，恶同樀机，家法国法决所不恕。

孝亲：视善问安尽人可为，若名列绅衿尤贵大义，以为倡率，倘有忤逆，不肖，公集家庙微责，再犯革醮削谱名。

敬长：叔伯有定分，兄弟如手足，大义之乘，以小利骨肉之伤，由妇言君子之临财也，思让而祝一家乎，君子于小忿也甯宁忍，而况同气乎。

慈幼：凡谊属至戚，固当恩爱及之，况不幸有早孤者，教养婚娶必力为主持，俾成立，倘欺稚弱而占田园私财货，尚得谓有人心乎。至寡妇守节，君子富其美，利所有而逼之改适，禽兽也，锄强扶弱聚毋徇。

正家：凡齐家必本修身，惟身节克端斯伦理，不紊内外嫡庶，定勤俭孝友，家道昌矣。易曰妇子嘻嘻，失节也，明训具在可不戒哉。

睦族：敬老尊贤，情分所宜，吉凶庆吊不可缺。毋恃才傲物，毋盛气

留耕公家训

凌人，毋假公济私，毋责人恕己，倘有以智欺愚，以幼凌长，以富贵欺贫贱者，君子耻之，众论非之矣。

崇儒：四民首士，士抱宝学能文章，叩朝廷为之增彩，而况家庙乎。吾族文风日茂，贤俊方兴，凡属前辈遇佳弟子，当器重之，玉成之，而子弟之有志者，尚及时砥砺，毋见小而挫其锋。

息讼：吾族仁让传家，不宜兴讼，迩来彼此雀角，绅衿辄为劝解，族中固阴受其福矣。自今后绅衿遇事务必持正。凡我族众当念兴家难、破家易。毋因小失大，毋恃财结仇，毋枉费银钱，毋自残肢体，则保世滋大矣，有唆讼者鸣鼓攻之。

贻后：凡治家者，勤俭守己，居官者，廉洁持身，读书必着实用功，力耕须及时播种，为工卖务，术业精专，如赌博，酗酒，好斗逞凶，皆所当戒。至若为盗贼，为淫奔，查确即醮削谱名。

劝化：吾族生齿日繁良楛，异类子中有向善者，父兄奖励之，以期有成。若性近刚暴，行类邪柔者，父兄当委曲善教之，使归于正教，而不遂致作奸犯科，则有国家之法。

逸闻趣事

田 螺 献 胚

鲁佐文公墓位于中田村旁的河东村村口，水塘中间，有一座绿岛不足 5 平方米的坟冢。关于鲁氏家族发迹的历史还有一段与鲁佐文公墓相关的"田螺献胚"传说。

中田村口南面有一个小村落，叫河东，就是今天中田乡的河东村，村口有一条小路直通中田，位于小路两边，稻田纵横交错，水土肥沃，这个地方就叫田沱。鲁佐文公在中田村靠放养鸭子为生。他每天起早贪黑，准时放、定时喂、按时收。说来奇怪，别人家的鸭子只生一个鸭蛋，而鲁佐文喂养的鸭子却能生两个蛋。一次，鲁佐文认真观察了鸭子的进食情况，发现鸭子每天都能在水里啄食到很多田螺。后来鲁佐文养的鸭子越来越多了，生活也稳定下来了，日子也越过越好。有一天，鲁佐文留宿一位先生在自家过夜。

那晚，鲁佐文与母亲姜氏挑了一只肥鸭，杀好了炖给鲁先生吃。先生吃着美味，但发现鸭子最肥美的大腿肉、掌翅怎么没有，心生奇怪。半夜时分，先生半睡着，隐隐约约地看见姜氏打着油灯，在翻找他的包袱。先生心想："这家人心眼这样坏啊，我一个出门在外的人，又没有什么值钱的东西。"先生决定明早就离开。第二天先生离开，走到五里亭时发现包袱里两只肥大的鸭腿和翅膀被熏烤一新，还散发出淡淡的烟烤香味，先生才恍然大悟，错怪了这家人，于是返回了田沱，帮助他们选择风水宝地。

鲁佐文和姜氏不解，先生怎么又回来了，难道落下什么东西？"昨日在你家留宿，承蒙主人家款待。差点错怪你们。你们现所居住地域，名田沱，四面水土丰富，四面环山拥抱，此乃田螺穴，是块风水宝地。"先生说。佐文和母亲听后，大喜。先生临走时说："此地乃田螺献胚，死后头枕玉中山（现中田大山岭）、脚蹬石字碑（现河东笔架山）、世代亲朝衣。"鲁佐文公死后便葬在这块"田螺献胚"的宝地，自此人丁兴旺，人才辈出。

鲁兰枝一生清廉

鲁兰枝（1739—1815），字德馨，乾隆三十年（1765）江西乡试第四名举人，会试第82名进士，殿试三甲，授吏部考功司稽勋司主事，在山东、四川等多地任职，最后告假回乡。鲁兰枝忠厚老实，为官清廉，在乾隆时期是有名的清官，乾隆帝专门赐予他青铜宝剑和"直鉴大人"牌匾。他回到中田后，在棋路坑建了一幢低矮的木屋。因他在朝廷刚正不阿，得罪权贵，后被人诬告其回籍后"奢侈逸乐，深宫大院，奴仆成群"。嘉庆帝专程派人暗访鲁兰枝居所，证实无非是个"深居简出，低矮木屋，无公共通道"而已。嘉庆帝才恍然大悟，先皇所评大清官鲁兰枝果然名不虚传。

陈守诚救济小偷

话说有一年三十大年夜，南城硝石街头一做小本生意人，名叫黄茂生，因为喜好赌博，在年三十那天，将一年辛苦挣来的银两全部输光了，不敢回家，怕老婆责怪。听说钟贤陈家有钱，便想前往偷些回家交差。于是便趁人不注意躲到陈老爷的轿子里一起进了陈府，此轿为陈守诚公的轿子，其实陈公早就发现了，未道破而已。到了晚上，陈公故意来到书房，对着大梁处说道："梁上君子，你下来吧，我早就发现你了，有什么困难说与我听吧？"这个黄茂生只能下来跪在陈公面前将原委道明，并恳求陈公不要将其送官，他会改过的。陈公笑道："你既然有悔意，那我就给你指条生路吧，这里有 300 两银两，你借去做生意，从此将赌博陋习改掉了。今天是年三十，到我厅堂吃顿年夜饭吧。明早赶早回家去，就说赶路赶晚了，以免老婆怀疑。"就这样，黄茂生在陈家吃了年夜饭，第二天就拿了陈公给的 300 两银子赶回家去了。黄茂生从此改掉了赌博陋习，与老婆在硝石街上卖豆腐，不出几年便挣了些钱。黄茂生感激陈公当前的恩情，便拿了 500 两银两来谢陈公，对陈公说："当前您借我 300 两，我现在还您 500 两，以表我感激之情。"陈公道："我不要你还银两，只要你好生做人便可。"黄不好意思，又道："我家有一穴山，名叫九柏山，面积约 100 亩，我就将这穴山送您吧，不然我会寝食难安的。"陈公只好收下，并又付了黄茂生 300 两买山钱。守诚公过世后，便葬在了此穴山。并在墓边做了房子，房子周边买好了田，由守墓人耕种养家。据说黄茂生后来就留在山里帮守诚公守墓。

诗礼传家中洲村

村庄概况

　　樟溪乡中洲村，距县城 24 公里，位于黎川南部龙安河源头，与东港村、店上村紧密相连，三村紧邻，密不可分，形成樟溪乡村落核心区域。中洲村历史悠久，自南宋宝庆年间开始建村，以水路运输为主，后成为闽赣贸易往来的重要枢纽，人口不断集聚。

樟溪全景

黎川民间有"千村万村不如樟宏两村"的说法，"樟"说的就是樟溪。樟溪古称桃溪和樟村，毗邻福建建宁。明清时期属新城县德安乡五十一都。1949 年前属樟村乡。1958 年，成立樟村公社。1984 年 5 月，公社改乡时为樟村乡。1984 年 8 月，全国第一次地名资料普查登记，因为江西省内有四个乡名为"樟村"，除保留玉山县的樟村乡外，其他的三个都进行了更名，其中黎川的樟村乡取"樟村"和"桃溪"古称合为樟溪乡。

樟溪境内群山起伏，是秀美武夷山西麓的延伸部分，发源于南部山岭的里岭下溪和浒溪呈"丫"字形汇聚成樟溪河（龙安河上游），把整个村落分成东港村、中洲村和店上村三部分。特殊的地形造就了樟溪人口的特殊分布，80% 以上的人口都聚居在樟溪河沿岸。三村浑然一体，难分彼此。百姓出行靠桥联系，村内大小桥梁 10 座，大多数是石拱桥，可谓"两溪分三村，三村十桥联""人在村中走，如在画中游"。有"千户百厅十桥九庙三一祠"之说。目前保留较好的古厅、古巷、古桥、古庙、古祠有 30 余处。

2017 年 8 月，樟溪中洲村入选江西省首批省级传统村落名录；2019 年 6 月，入选第五批中国传统村落名录。

诗礼传家

明清县志记载："五十一都村二，樟村、桃溪。里岭，泰宁孔道。立有墟市，杨姓尤甚。"中洲村杨氏于南宋宝庆年间迁居此地，以东汉名臣杨震为始祖。族人恪守先人"教训子孙，居官者清白持身，读书者切磋用功，治家者勤俭守成，为农者及时播种，为工贾者，业术精专，斗秤均平，毋赌博好饮，毋恋色好事，毋私宰犯法，毋拳棒参商，毋男为盗贼、女为淫娼，有违训者，族长率众提省，令其改过自新，有不改者，家法施其"的家训和"清白吏子孙"的家规，经过近 800 年的繁衍生息，瓜瓞绵绵，人才辈出，培育出了明末著名学者杨思本，清代学者、诗人、著名年谱家杨希闵，清初学者、白鹿书院洞主杨日升等一批名士英杰。并以仗义疏财、乐善好施闻名于郡县。清代著名文学家、黎川中田人鲁九皋写道："吾邑杨氏自怀简公以种德积行发闻，其子孙以诗书礼乐世其家。盖杨氏自怀简公以来，其贤者类皆敦善行乐施与，世守家风不替。"

仅《新城县志》《黎川历代名人》收录杨氏人名多达七八十人，其中进士10人：杨日升、杨鉴、杨绂、杨鈖、杨以湲、杨元藻、杨腾达、杨以澄、杨元燮、杨元白。还有举人8人，武科1人。杨家宗祠至今保存"兄弟修职"和"父子明经"两块牌匾。为黎川有名的科举世家、官宦世家、文学世家、慈善世家。

古建遗存

德 元 厅

始建于明末清初，占地面积约10亩，房屋高7米左右，砖木结构。大院内为一进三厅，大门外有一院落，大门正对面，有一座7米高的照壁。宅院高墙深巷，条石垒砌，磨砖对缝，飞檐翘角。走进大院，可看到一块"清白世家"的石匾，横卧于门楣之上，气势凛然。相传这幢古宅为杨氏木材

清白世家

商建筑。杨氏非常注重读书育人，宅院内部共有两个书房，南面的书房用来做私塾，北面的书房是主人读书休息的地方。至今保存完好。

绣 花 楼

绣花楼位于桃溪河边，始建于清，为樟溪大户杨氏内眷居住之所。该楼坐北朝南，临溪而建，共有两层，一层为客厅，二楼为主人的小姐居住和绣花的地方，绣花楼即因此而得名。绣花楼除主楼外，两侧各有厢房二间，东西两端又各有一座朝西、朝东的附属建筑，连成一个四合庭院，四周被院墙包围，颇为雄伟壮观。至今整体结构仍然保存完好。

绣花楼

李 家 新 屋

李家新屋，为清末建筑，整体保存完整。其房屋四周的墙壁上都用朱漆书写了巨大的红军标语。虽然已过去了90多年，上面的字迹有些斑驳不清，但依然依稀可辨。据《黎川县志》记载："黎川县城失守（1933 年 9

月 28 日）前，中共黎川县委和县苏维埃政府分别迁驻樟村（现樟溪乡店上村李家新屋）、宏村。"

　　据当地老者介绍，这栋老屋当年的主人是当地赫赫有名的乡绅，家里雇用的长工有 10 多名。屋前是一条长长的走廊，大门是麻石砌成的圆拱门，上面镶嵌着一块长方形的红石，镌刻了"紫气东来"几个楷体大字，散发出浓浓的富贵气息。大门的正对面是一方巨大的照壁，中间有一个大大的"福"字。老屋里面是两层大厅，大梁和门窗都雕刻得十分精美，大厅神堂的对面建有一个楼阁，上面有一个古戏台，供主人办喜事时请戏班子唱戏用。天井的两边还建有绣花楼，是小姐休闲和看戏的地方。在老屋外大门的左侧，有一栋古色古香的别墅"尚友轩"，是主人会客交友的地方。老屋的后面还建了一排铺设了木地板的房屋，这里是李家的粮仓。与粮仓相连隔着一条走廊有几间两层的房屋，据说是李家的"学堂"，李家请私塾让儿孙在这里接受教育。

双 溪 廊 桥

　　"一出日头会仙峰，二江春水向东流。三村比美樟溪景，四季如春好繁荣。五街六巷路宽广，七铺八店生意隆。九曲盘山樟岩路，十桥横跨我乡中。廊桥红装好留客，时光展现夕阳红。"这首无名诗写的是中洲的双溪廊桥。

　　双溪廊桥位于中洲村中部，樟溪河上游支流里岭溪和浒溪在此交汇合流。始建于南宋，初为木桥，上有风雨廊，现为水泥桥墩木制廊桥。虽然屡遭毁坏和重建，但是廊桥还是保留了古老的风味，是黎川保存较完整的廊桥之一。在这座 40 多米长的廊桥两旁的红木板上用粉笔写满诗歌，但均未署名。"故土难忘古稀年，双溪桥下水涟涟。戏台洲上多少事，夕阳一半在桥边。""遥忆当年戏台洲，龙灯庙会满村游。青梅竹马今白首，双溪桥下水长流。""山外青山楼外楼，红装廊桥把客留。一水两溪三村定，东港西店南中洲。北通大千世界游，四方财源家乡求。八面风景樟溪备，错比我洲胜杭州……"这些书写在木板上的诗歌为本地文人所写，结合樟溪本地风光和风土人情，浅显易懂，反映了作者热爱家乡的感人情怀。

　　从廊桥上透视四周，清澈的溪流环绕着整个村庄，两岸杨柳依依，民居造型别致，青砖灰瓦，雕梁画栋，璧彩照人，一派"小桥、流水、人家"

双溪廊桥

的风光。双溪廊桥附近原有戏台洲，戏台洲上原有戏台，是过去村民主要休闲娱乐的场所，如今戏台洲只留下遗迹。但年岁大的村民还能讲述在第二次国内革命战争时期，毛泽东在戏台洲用浓重的湖南话发表演说的故事。因此廊桥也被称为红军桥。

廊桥将樟溪的店上、东港、中洲三村连接成一体。桥的两头是店铺，桥的两边设有两排坐凳。双溪廊桥除了作为交通枢纽外，更重要的是为居住在樟村的人们遮阳避雨，供人休憩、交流、聚会等。无论白天黑夜，你都可以看到许多人坐在桥边聊天，天南海北，无话不谈。该桥现在已然成为集老年人活动、文学长廊、新闻发布为一体的古镇社交中心。

杨 氏 家 庙

桃溪宗祠（杨氏家庙）是由杨氏孟愉公祠修复而成的。该宗祠建于清代，位于浒溪河畔，坐西朝东，呈长方形，占地600平方米，二进式两层民居，砖石地面，工艺水平较高。宗祠前有一外院，门上镶嵌着从老宗祠拆下来的"杨氏家庙"石匾，院内正门前置一对石狮，正门镶嵌着"桃溪宗祠"石匾，正厅悬挂"清白世家""兄弟修职"和"父子明经"三块横匾。正厅门柱上写着"桃溪祖功继序不忘垂福泽；弘农宗德佑启后人衍家声"的对联。

历史人物

杨 本 立

杨本立，桃溪杨氏八世祖，原名福八，字建成，生于明永乐年间，后以九十高寿而终。他一生勤勉忠厚，热心捐资赈灾、建桥修亭、救助贫困乡民等，渐渐成为一方有名的乡贤。明朝天顺年间，江西行省饶州府一带出现多次大饥荒，杨福八慷慨大义，捐米600石助饶州饥荒。地方官感其诚心，逐级上报朝廷，朝廷在福八家乡桃溪赐建一座"尚义坊"。坊柱两边刻联："义输千石粟；身披九重恩。"建昌府南城县盱江上有太平桥，初始为浮桥，为盱江东西两岸往来之所必经。始建于宋嘉祐五年（1053），宋嘉定十三年（1220）毁，元至元十九年（1282）又募建，改名为"太平桥"。因为是木构，时常损毁。明成化十七年（1481），江西按察佥事李辙又筹资重修。杨福八又捐了数千两银子。郡守感其忠厚，义薄云天，为他改名"本立"，取《论语·学而》中"君子务本，本立而道生"之意。自此，后人修谱均尊称杨福八为本立公。

杨 思 本

杨思本，字因之，号十学，生于明万历中晚期，约于1664年去世，明末清初学者及知名文学家。杨思本少年时代就崭露头角。精通诗艺和古文。清代诗人王士禛在《渔洋诗话》中写道："今日善学才调集者，无如江东宗元定久、建昌杨思本因之、太原赵瑾懿侯。"对杨思本的诗作给予高度评价。所著有《榴馆初函集选》12卷、《笔史》2卷，均被收入《四库全书》。《中国文学家大辞典》介绍了他的生平。

杨思本与汤显祖交往情深，汤显祖曾赠诗《汤玉茗九日送杨因之归新城》："芙蓉一面绕池开，病肺萧然客数杯。自正江南苦秋热，飞猿雨气座中来。送客将归一举觞，素衣云影护新霜。明年九日能相忆，两地争高华子岗。"

杨 日 升

杨日升，字东曦，号集虚，杨思本族孙。从小聪颖好学，宗朱熹，每日抄录《朱子语类》一篇，曰"修、齐、治、平具此矣"。顺治十一年（1654）举人，次年三甲132名进士。任南康府教授，捐俸修葺白鹿洞书院学舍。顺治十八年（1661）"当道延掌鹿洞课，日与诸生讲心性学，所甄拔皆名士"，后调任直隶东明县令，升中书，未到任而卒。著有《条议草》。与王渔阳交往甚密，得其赠诗《岁暮怀人绝句三十二首》第24："平生师友古人心，不似盱江风义深。闲向白莲寻旧社，门生篮舆过东林。"

杨 元 藻

杨元藻，字卓三，号洁庵，清雍正年间富阳知县杨大凤之子。乾隆三十六年（1771）中乡举，次年成进士。正是年轻力壮时，便被派往广东定安县（今海南省安定县）任知县。当时有多年为患的盗贼团伙，聚啸侵扰，百姓不得安生。元藻亲率兵勇剿捕其归案法办。儋南等沿海地域多为渔民，靠出海捕鱼维持生计，常有被海盗掳去又逃回来的，官兵将20多名逃归的人当作海盗抓起来送至官衙治罪。元藻道，他们既然逃跑回来，那就肯定不是海盗。如果我们将他们作海盗看待惩处他们，则既辜负了他们不愿入贼伙、一心从善的好心，也更加让海盗团伙扩大队伍。他将这些情况向上申报得到认可后，这20余人全部获释回家。因此，被海盗掳去而逃归的人越来越多。作为地方官，杨元藻十分重视与致力于振兴文教事业，培养大量人才。后来，他先后被提升为化州知州、连州知州和直隶州知州。后病逝于直隶州任上。

《江西通志》介绍其生平。

杨 炳

杨炳（1795—1861），字子萱，号蔚生，清嘉庆年间椽仕，文学家。三岁时父亲病逝。九岁时，其舅陈希祖侍御带他去京城就读。他读书勤奋颖慧，写文章力求仿先辈笔法。以太学生资格多次参加省里举人考试，均未被录取。嘉庆二十一年（1816），经考试选取至实录馆任誊录官，援例授予知县职，补用充云南河阳县知县。丁母忧孝服期满后，拣发浙江，补镇海县知县，以督办海运辛劳及功绩，被保荐提升为府郡同知。又因主持平湖钱粮收缴工作，圆满完成任务，被授以知府职升用。咸丰十年（1860），奉命任乍浦同知。咸丰十一年（1861）九月，太平军忠王李秀成率大军25万再次包围杭州。巡抚王有龄委任杨炳负责杭州城防守。杨炳家眷寓居永嘉，姜张氏随行侍候，守城清军与太平军苦战，无奈杭州外无援兵，内无粮草，苦守两个月之后，十一月二十八日，城陷，张氏饮药自尽，杨炳出城迎战被杀。

杨炳自幼喜欢诗词，稍长游名山大川，读万卷书，行万里路。宦海仕途，杨炳与妻子颠沛流离。登山感怀，望景抒情，偶有所感，便以诗抒发，托物言志。黄安涛在《惜味轩诗》跋中高度评价杨炳的诗词——"叙事则质直真挚，写怀则豪宕激昂，言情则缠绵丽密。所谓一唱三叹有遗言者也。江西自宾谷（曾燠）中丞兰雪（吴嵩梁）刺史外，近代诗人罕有比伦。"杨炳在浙江多地为官，除了诗稿，为我们留下了从政的实物遗迹——缙云仙都摩崖题记、"奉宪严禁丐匪逗留诈扰碑""奉宪勒碑""海不扬波碑"等。

所著有《子萱制义》《惜味轩诗》等。其生平介绍入载《江西通志》。

杨 希 闵

杨希闵(1808—1885)，字铁佣，号卧云。清代晚期著名学者，年谱学家。道光十七年（1837）拔贡，候选内阁中书。咸丰六年（1856），太平军攻克黎川、南城，杨希闵招募乡兵相抗，后来举家流落到福建邵武，再迁福州，被福建学政吴南池和布政使周开锡延聘。同治九年（1870），他东渡台湾，在海东书院主讲 11 年。以宋儒性理之学及经、易之书，启迪台湾士子，学风为之一新。

杨希闵在理学上崇尚程、朱，文章则有桐城派渊源，毕生埋头书卷，笔耕不辍。在邵武著有《乡诗摭谭》20 卷；在福州著有《榕音日课》10 卷；在台湾先后撰成《十五家年谱丛刊》。晚年编撰的《客中随记》，其中不乏大量珍贵文献资料。另有《痛饮词》《过存草》《覆瓿草》《遐憩山房诗》4 卷、《伤寒论百十三方解答》《金匮百七十五方解答》《旰客医谈》等，著述宏富，为江西近代所罕见。除上述著作外，杨希闵还著有诗词理论作品《诗榷》12 卷、《词轨》8 卷和《初录》6 卷。

杨 元 白

杨元白，改名重雅，曾寄居江西德兴县。清道光十九年（1839）乡试中举，道光二十一年（1841）成进士。初授翰林院检讨，后任四川顺庆府知府，升提刑按察司按察使，最后任甘肃按察使。

杨 堃

杨堃，字德轩，清例监，援例授知县职，分发广东，先后担任过该省之封川、英德、博罗等县知县。在任所，他严厉拒绝形形色色的贿赂，大力铲除横行霸道、仗势逞凶的恶劣团伙势力。博罗历来多盗贼，又正值年景不顺，灾荒连连，杨堃在切实做好救灾赈恤工作的同时，还捕获了数起大型盗窃案件头目。为此，知府专疏向朝廷保荐他。后被提升为知府职，原省补用，留在江西供差委调度。咸丰六年（1856）七月二十三，太平军石达开部将杨国宗率数万大军突至黎川。当时城内兵勇已于前几日悉数调往建昌府城，守城者仅有 100 人。杨堃因丁忧在家，协助黎川地方官府组织团练。太平军攻城，杨堃自觉责无旁贷，身先士卒，勇登南门守卫。太平军从东北入城，又赶赴东门，战死在东门环胜山下（今黎川县城东门排路第三小学山头一带）。他的妻子潘氏投井而死，女婿涂逢期同日战死。其生平介绍载《江西通志》《新城县志》忠义类篇，诗作入选《江西诗征》。

📝 **风景名胜**

桃 溪 八 景

　　樟溪风景秀美，明末文学家、黎川人余光令写有《桃溪可作古桃花源记》一文，将樟溪河两岸风光凝练为双溪水绿、夹岸桃红、中洲雁落、里岭云封、浒潭夜月、福寺晨钟、仙岩吐日、横嶂屏风，并称之可与古桃花源媲美。至今桃溪八景仍为百姓所口耳相传。

会仙峰与会仙寺

　　会仙峰，原名狮子山，海拔 1355 米，为黎川第四高峰。相传因麻姑仙子飞临此峰与过海路过此峰的八仙聚会而得这富有诗情画意之名，山势雄伟，峻峭险要，远望如一头雄狮昂首吼叫，故又名狮子峰。它耸立于群峰之中，直插云霄，有"势临武夷俯闽赣"之气势。山下林木郁郁葱葱，山上岩石嶙峋，而随处可见石缝中生长的台湾松姿态婆娑，秀色横溢。在千沟万壑之中的

会仙峰主峰

流水，形成各具风格的瀑布，有的三叠九曲，静静而过；有的吼声如雷，飞流直下。

会仙峰寺始建于何时，无史料记载，民间广为流传着这样一个故事：

宋朝年间，建昌军有一张姓恶霸，横行乡里，无恶不作。有一天他和三个家奴在狮子山下游荡，看到邱、王、郭三个屠夫从外乡结伴回家，个个包袱沉甸甸的，顿生谋财害命之心，喝令家奴上前抢劫。三个屠夫奋起反抗，把三个家奴打翻在地，并将持刀行凶的张恶霸送上了西天。屠夫们打死了张恶霸，心里非常害怕，急忙收拾包袱，进山避难。官府闻报派兵追捕，要将三个屠夫捉拿归案，斩首示众。

三个屠夫爬上狮子山，又累又饿，山上找不到任何食物充饥，连一滴泉水也找不到。山下官兵正在跟踪搜捕，但屠夫们宁可渴死、饿死，也不肯下山去送死。正当三个人奄奄一息躺在峰顶上等死时，突然祥云大开，一位银须老人乘坐狮子走来，解下腰间葫芦，用葫芦中的水把屠夫一个个救醒。问明缘由后，银须老人对三个屠夫说："此间周围200多里，久旱不雨，田地龟裂，禾苗枯黄，百姓盼雨心切，我今晚托梦山下百姓，说山上有三位神仙为百姓祈祷求雨，让他们速带供品上山。他们上山后，我叫东海龙王来此呼风降雨，解救万民。百姓得雨后，必定来此建寺庙，你们便有安身之地。"说着，银须老人即用脚往地下一顿，脚印深处，一股清泉从岩缝中涌出。三个屠夫惊讶不已，低头下拜，银须老人便乘坐神狮飘然而去。

第二天，山下四乡百姓带着供品上山，山上鞭炮齐鸣，天上乌云密布，刹那间大雨瓢泼而下。庄稼人久旱逢甘雨，百姓感激不尽，万众同心协力，在山顶建起一座铁瓦盖顶的寺庙。三个屠夫为了报答银须老人的救命之恩，就把这座寺庙称为会仙峰寺，随后人们把这座狮子山也改称为会仙峰了。

每年农历七月初一，为会仙峰寺传统的开山门日子。相传这一天，仙人便会降临此峰，帮人间除恶救善。所以每年此日，都会有闽赣边界几县数千群众来此游览、朝拜，非常热闹。

明代著名地理学家徐霞客曾于崇祯九年（1636）游览此山，在他的《江右游日记》中记载了这段经历："四下四上，又四里而登会仙绝顶，则东界大山俱出其下，无论箫曲、应感矣。"明代理学家、文学家邓元锡对会仙峰也有题咏。晚年时，他登上会仙峰惜别时，写道："谁凿青莲室，居然碧玉冠。石铛注云液，虹磴挂飞湍。白日天门近，清霄月殿寒。言归下山径，回首隔仙峦。"

会仙峰还是岩泉国家森林公园的主峰，为核心保护区，是珍稀动植物的乐土。科考人员在会仙峰上发现多种珍贵的动植物，如世界上濒临灭绝的古老树种、国家一级保护野生植物红豆杉等。

岩泉国家森林公园

岩泉国家森林公园地处武夷山中段，坐落于江西省黎川县岩泉育林场内，堪称武夷山上一颗璀璨的明珠。其东南部分别与福建省建宁、泰宁两县相连。1999年8月和2000年11月，该区申报省级自然保护区分别通过专家组考察论证和评审，2001年3月，经江西省人民政府批准，正式建立岩泉省级自然保护区，总面积为2460公顷，森林覆盖率高达98.6%，居江西省自然保护区国家森林公园之首。

保护区内群峰峻岭，奇石林立，风光旖旎，景色宜人。鬼斧神工造就的五大自然景观、人文景观令人拍手称绝。园内动植物资源极为丰富。共有木本植物107科、265属、661种，其中国家级保护树种29种，省级保护树种25种。共有动物707种，其中有国家一级、二级保护动物云豹、猕猴、蟒蛇等21种。负氧离子每立方厘米高达15万个。保护区内森林覆盖率达97.8%，动植物资源十分丰富。据专家考察报告资料表明：该区拥有高等植物2000余种，其中木本植物

香榧王

661 种，国家级、省级保护树种 54 种，并有大量的野生香榧群落；鸟类、兽类和两栖爬行动物 186 种，其中云豹、黑熊、猕猴、苏门羚、大猫、山猫等 28 种为国家级、省级保护动物；昆虫类动物 536 种，其中宽尾凤蝶、麝凤蝶、金裳凤蝶、鱼纹环蝶等十余种为稀有品种。特别珍贵的是，在这片亚热带森林中，有世界上濒临灭绝、国内也属罕见的成片野生古香榧群。据统计，这种国家二级保护树种在岩泉大大小小有 6448 棵，仅 400 年以上树龄的就有 1000 棵以上。国家一级保护树种南方红豆杉多达 2100 棵。

在岩泉腹地麦溪洲大山深处一块开阔密林中，矗立着一片古香榧群，疏疏密密 2000 多棵，树龄短的 400 年、500 年、600 年，长的 800 年、1000 年、1200 年，独树一帜的香榧王树龄已有 1500 年。

家风家训

桃溪祖家训

一、尊敬祖宗，春秋祭祀，必尽其诚，寒食祭扫，悉身登墓，毋私斩丘木，毋盗葬先茔。

二、孝顺父母，昏定晨省，心恭敬止，愉色婉容，慎终如始，毋犯五不孝，毋贻父母，辱务尽知以礼。

三、友爱兄弟，乳怀之情，如手于足，劳则同力，财不私蓄，毋因小愤，以防大义，毋听妇言，以间骨肉。

四、慈恤孤幼，惠爱之恩，如己子女，婚姻死丧，我为之助，毋欺彼雏弱，以占其田园，毋哄彼痴愚，以利其财贿。

五、宜我室家，闺门有章，内外各职，毋以外为妻，毋以孽夺嫡。

六、和睦族人，敬老尊贤，有恩无怨，吉凶庆吊，礼意周旋，毋以卑抗尊、以长凌幼，毋以恶欺善，毋以富贵而吞贫贱。

七、教训子孙，居官者清白持身，读书者切磋用功，治家者勤俭守成，为农者及时播种，为工贾者，业术精专，斗秤均平，毋赌博好饮，毋恋色好事，毋私宰犯法，毋拳棒参商，毋男为盗贼、女为淫娼，有违训者，族长率众提省，令其改过自新，有不改者，家法施其。

非遗传承

板 凳 龙

每到新年春节正月十三晚上，过年气氛还没散去，都还在欢度新春，享受家人团圆、天伦之乐时，人们就会渴盼五光十色、气昂雄伟、带"王"字的龙灯从高家塅龙王庙向村中款款而来。栩栩如生的真龙形象，艳丽光彩的皮笼，悠扬动听的唢呐曲调，欢乐喜庆的锣鼓音响，惊天震耳的爆竹烟花声，夹杂着大人小孩追逐舞灯队的欢笑声，把樟溪带入每年正月舞灯的不眠之夜。

龙灯由龙头与龙尾及中间灯板共同组成，共有十一节或九节，其中龙头龙颈与龙尾各一节，龙头是单独的，插在前一节的龙颈板上，龙头落地高约三米，头部直径近一米，各部位用篾梗捆扎固定，外部用各色彩纸糊粘而成，头部会显示耳朵、眼睛、龙鼻、龙嘴、龙唇、内含绣球等，通过工匠加工，形象逼真。龙头内部备有安插蜡烛的孔座若干个，舞灯时可同时插上几对大蜡烛，烛火透明，红光满面，随着人工摆动，微风一吹，形成晚间特有光效感应。龙颈和龙尾同时采用弓形状，贴有鳞片，龙尾挺拔，左右各书"风调雨顺，国泰民安"八个大字，象征和谐吉祥如意，中间龙灯板有九节，每节板上有皮笼若干个，皮笼五光十色，四方也同样书有吉祥"五谷丰登、六畜兴旺"等文字，每节灯板中间由舞灯杠杆连接而成，前后四十余米，每年在舞灯前一星期开始制作，新扎成的龙灯龙头颇有特色：顶插官花，王字威武，双目圆睁，两耳竖立，龙鼻高翘，口含龙珠，龙须飘飘。龙头与龙颈、灯板、龙尾连在一起，一条形似活龙真像就呈现在人们面前。

樟 溪 豆 腐

樟溪豆腐鲜、嫩、爽、滑，以口感纯正、豆香浓郁名冠黎川，素有"樟溪豆腐宏村酒"之美誉。樟溪豆腐有鲜明的特质：它选材精当，挑选颗粒饱满的大豆为原料；工艺独特，将大豆浸泡后蜕皮，采用人工传统石磨，研磨后过滤、煮沸、点卤、压榨，每道工序都有樟溪人的秘诀，尤其是点卤，将石膏烧制粉碎，既做到烘焙恰到火候，又做到比例科学；樟溪豆腐酿制采用武夷山岩泉天然矿泉水，泉水中富含人体所需要的矿物质。选材、工艺、水质构成樟溪豆腐的玉质天香，成为樟溪人待客居家的传统美食，为四方食客所青睐。

逸闻趣事

徐霞客游历樟溪

明崇祯九年（1636）11月初，明代大旅行家徐霞客游历了黎川，他从会仙峰下来之后，来到了樟溪，在他的《江右游日记》中留下了一段记载：

"初十日，由会仙峰西下，十里过溪，即应感西南来溪也。又五里为官公坳。又五里，下埠。应感溪自东而西，会仙南溪自南而北，俱会于下埠而北去（自下埠而上，悬崖瀑布，随处而是，亦俱会于下埠）。路由下埠南而西，逾一岭，五里为黄舍。又西南逾二岭，五里至章村，山始大开，始有聚落阛阓街市（有水自南而北，源自建宁县邱家岭，去章村南十五里，又五十五里始抵建宁云）。"

"章村"，应为"樟村"，徐霞客是外乡人，只知其音不知其字的缘故。聚落阛阓街市，就是人烟稠密，街市繁华，街巷星罗棋布。由此可见300多年前樟溪的繁华。

会仙峰和朱婆峰的传说

在黎川岩泉有一座峰头叫作狮子峰，俗名会仙峰。登临峰顶，可以看到距它20里外的福建境内的猪嬷峰，也叫朱婆峰。据说朱婆峰原先比狮子峰高三尺，可后来却反而矮了三尺。这到底是怎么回事呢？这里面还有一段故事呢。

猪嬷峰南面陡峭，北面倾斜。峰南面有座圣母庙。每遇山下时疫流行，老百姓都来朝庙，求神问药。一年，从朱仙镇上来了一位名叫朱婆的神女，住进了圣母庙。朱婆每日察看前来求医问药的善男信女，一个个都误认香灰、符水为良药，心下不安。她想，如果能把峰尖削去一截，移至北坡，不就可得一块平地，再在这块平地上栽种草药，用以济世救民岂不很好。不料神女的这一善念，竟被开山使者得知。在某一个明月高悬、繁星满天之夜，突然一阵闷雷，轰隆作响，一时天崩地裂，竟把好端端的一个峰尖，削掉了好几尺，陡坡也夷为平地了。

土地公公那天夜里正在庙里打坐养神，突然被那撼山巨响吓得跳起来，赶忙出去看，只见峰头断了一截，秃相毕露。心想：从古到今，我所镇辖的猪㑊峰都为群峰所共仰，今天哪路狂徒，竟敢太岁头上动土，让我这猪㑊峰反比狮子峰矮了三尺。可恼！土地公公掐指一算，得知此事乃是朱婆神女所为。于是连夜直奔天庭，来到玉帝面前告了那神女一状。

玉帝传讯神女，问清原委。觉得神女削峰为地，种药救民，乃一善举，加罪不得。乃朱笔一挥，状纸上批了 16 个大字："截峰种药，救世济民。山不在高，有仙为美。"土地公公听罢批语，哑口无言，败兴而归。回到猪㑊峰顶一看，哎呀，平整的北坡，全被开垦停当，青绿绿的药苗，已经长出地面，直气得土地公公两脚乱顿。想不到这一顿，竟然顿出一口深井来了。泉水冒出地面，顺涧而流。后人称为"顿脚泉"。这股泉水，对神女浇药倒是帮了个大忙。从此年年不愁干旱，草药长得十分好。有一年时疫流行，老百姓便自己上山采药，药到病除，时疫顿消。

若干年后，山下老百姓为了感谢朱婆的大恩大德，在圣母庙里加塑了神女金身。虽然猪㑊峰比原先矮了三尺，但它在老百姓眼里却高了三丈、五丈……

羊岫峰的石眼

隔岩泉三里路有座山叫羊岫峰，山顶上有座三仙庙，供着邱、王、郭三仙菩萨。相传庙后有一块大石壁，石壁上有三个小洞眼，第一个洞眼会出米，第二个会出油，第三个会出盐。来三仙庙朝拜的人很多，但是不管去多少人都不愁没饭吃。原来那三个小石洞出的米油盐，刚够去的人吃，人去得多就出得多，人去得少就出得少，没有一点剩余。有一日，守庙的斋公忽然想到，这个洞眼能出东西，我何不把它凿大一点，让它多出点，拿去卖钱。于是拿来锤凿，把三个洞凿大了许多。但自从他凿开后，就连一点东西都不出了。

现在那山的石壁上还能见到那几个洞眼。

杨居耀求师

杨居耀是樟溪迁至县城日峰山下人的一代名医。他一生中，医好不少疑难病症。据说他的高超医术，都是从一位神医那里学来的。

12岁时，他父亲死于时疫，为求生计，老母亲要他学门手艺，以养家糊口。杨居耀心想要不是时疫流行，我怎么可能做个冇爷仔，日子过得这般苦楚。于是回禀母亲，别的什么手艺都不想学，我要学行医，为老百姓消灾除病。母亲欣然应允。

不知杨居耀从哪里打听得这样一个消息：离县城70里外的会仙峰上，有个王半仙，医术高明，能起死回生，终日潜居在白石洞内，炼丹采药，没人求医，便不下山。

王半仙尽管有本事，但不愿意收授门徒。原因是，诸多的求师者中，难得几人被他看中。

一日，杨居耀拜辞老母，只身登上会仙峰顶寻师学艺。来到白石洞前，书童问明来意，便引他进见。

杨居耀进得洞来，抬头一看，只见石鼓凳上，坐着一个白须、白眉、白头发的老人，正闭目养神。心下暗想，莫不便是"尊师"，大步上前，纳头便拜。口称：弟子远道而来，求师父收下做个徒弟，将来好为世人祛疾除病，解难消灾。那王半仙听到有人来见，微微张开双眼，朝下一看，见此人敦厚壮实，举止文雅，颇有礼貌，心下自是几分满意，于是开口道："要我收你为徒，倒也不难，你能把我和石凳一起搬到洞外吗？"

杨居耀举目一看，只见那石鼓凳和洞门外的那个石凳一模一样，高约四尺，周围若三尺许，连人带石，至少有五六百斤。别说搬，只怕挪动一下，也要花费九牛二虎之力，于是眼珠子一转，计上心来。说：这倒不难。不过就怕外人见了，误以为我把师父赶出洞门，不好担待。依我看，不如师父先坐到洞口外边的石鼓凳上，让弟子从洞外搬到里边来。王半仙觉得在理，便依了他。起身来到洞外，正往石鼓凳上就座，那杨居耀便连忙双膝跪下说：

"我已将师父搬出洞外了。"王半仙心下一怔，才明白过来。只见一对梅花鹿从陡壁上直奔过来，在白石洞前，相互角斗，越斗越狠，难解难分。王半仙对杨居耀说："年轻人，你去做个和劝，把这畜生拉了开来。"杨居耀知道师父又在试他。便双手捂住嘴巴，学老虎叫，顿时空谷回声，威势慑人。梅花鹿一听，以为真是老虎来了，慌忙分头逃窜。

王半仙看到年轻人心计颇多，定然聪明，便下得座来，拍着杨的肩头说："年轻人，我答应收下你这个徒弟了。"杨居耀谢过师父。一学便是三年。后来硬是把王半仙的医术全部学到了手。一时声名大振，远近闻名。

红色故地

邱家隘战场遗址

1934年1月25日，敌军占领樟村后，即令第11师、第67师进攻邱家隘，第79师从樟村以东地区进攻寨头隘，第14师、第94师向溪口圩、西城桥游击为后援。26日，国民党第79师由樟村经社苹冈、平阳、杨家祠、孔家向寨头隘进攻，另以一部向里岭下前进以为策应。上午6时，寨头隘战斗打响。红15师一部居高临下，凭险据守，使正面之敌无法前进。敌遂兵分三路包围进攻红军阵地。红15师用猛烈的火力压制敌人的冲锋进攻，并与敌展开肉搏，打退了敌人的10余次冲锋。后敌派出一股侦察队绕到红军阵地后面袭击，与正面之敌前后夹击红军。经过3个小时的激战，红军撤到毛坊、黄坊一线，寨头隘被敌79师占领。

邱家隘战场遗址在樟溪乡上源村大坪村小组。

樟村兵站旧址

1933年，在樟村组建红军兵站，该兵站是当年中央红军在闽赣一带所建多个兵站中的重要兵站之一。在第五次反"围剿"时期，工农红军在樟村及周边地区进行革命活动，有大批的红军部队在该兵站集结、休整和转移，为红军进出闽北建宁、泰宁，江西南丰、南城一带作战的重要集散地，在当地及周边地区革命斗争史上，具有一定的标志性和代表性。1934年1月，陈伯钧从建宁到樟村时已晚，曾宿于樟村兵站。

樟村兵站遗址在樟溪乡中洲村久礼第、顺治厅、进士第、竹节第、新丰泰厅等。

红 军 标 语

标语内容：

白军弟兄们你们要得家里老母妻子有饭吃、有衣裳，只有拖枪来当红军

打倒出卖民族利益的国民党！

肃清一切反革命派！

红军是工人和农民的军队！

白军是土豪劣绅的军队！

——红军苏查宣

标语内容：

白军弟兄反对官长欺骗来打自家工农弟兄

中山花园红军标语

反对国民会议欺骗

红军苏查宣

德元厅红军标语

三朝直臣洵口村

村庄概况

洵口镇洵口村位于黎川县东北东川资福河的上游，古称洵溪。宋末，张氏由石门迁居，以洵溪与几条小溪在此汇合而得名。又因境内有通闽大道，建有茶亭供往来之人歇脚，俗称"茶亭"。明清时期属新城县东兴乡二十三都。1949年后，为茶亭乡政府驻地。1958年，设洵口大队。1984年，启用行政村名，为洵口镇政府所在地。

洵口历史悠久，战略位置重要。三国时期隶属吴国东兴县辖区，唐初，撤东兴并入南城县，改称东兴乡。由于地处江西通闽孔道，上通飞鸢，出杉关可入闽地；下连五福，可直达建昌郡城，历来被视为"闽赣咽喉"。古时东川可航行大小舟船，大船停驻五福街，小船最上可达石峡。石峡旧时繁盛成街，闽货汇集，船舶码头往来不绝。街市繁盛，店肆林立，生意兴隆，人民富庶，故旧称"洵溪市"。石峡街并设有港口汛，且"极高巡检司"亦迁于此，官府控制水陆两路交通。承水陆交通之利，洵溪商业贸易长盛不衰，街市繁荣。

洵口村现存明清古建筑9栋，主要有民居和祠堂，历史风貌保存较好的建筑有张氏家庙、张氏祠堂等。村落北部的刘上桥为古商道，是过去通向福建区域的道路，桥头的张来明宅上还遗留有革命时期的机枪口，展现了这条商道的沧桑历史。

洵口具有光荣的革命传统，第二次国内革命战争时期，著名的"洵口战役"在这里打响，许多老一辈无产阶级革命家曾在此从事革命活动。

2023 年 3 月，洵口村入选第六批中国传统村落名录。

古建遗存

张 氏 家 庙

张氏家庙坐落于洵口村腹地，保存完好，现为省级文物保护单位。家庙坐北朝南，砖木结构，一进三层式厅堂，东西附建配套功能用房，整体结构为复合建筑。进口大门上书"张氏家庙"门额，两侧小门上额分别镌刻"西台河岳""玉堂山斗"横匾，匾额四周镌刻寓意吉祥的浮雕，彰显着张氏祖先曾经显赫的地位。家庙大门刻门联曰：

洵水钟灵，一姓诗书礼乐；

枫山竞秀，满门黼黻冠裳。

张氏家庙 （朱天才 摄）

是联为明代理学家南城罗汝芳所撰。大门对面为一座高约三米、长十四五米的照壁。照壁墙间，凸嵌着四根华表式石柱，石柱浮雕腾龙祥云，煞是精美。照壁中正嵌横式石匾，其上镌书"建言召用"，其右上角题为"万历三十六年"字样，左边落款"为赐进士巡按山西监察御史起从湖广道监察御史升任应天府尹大理寺正卿工部右侍郎进赠本部尚书特赐祭奠臣张槚立"。据此可知，石匾是朝廷为祭奠明代工部右侍郎张槚进赠工部尚书而赐立的。

照　壁　（朱天才　摄）

洵口张氏本有两处家庙，一在县城东门，主祀该张氏元末时始迁新城先祖张蒙正（号石峰）；一在洵溪，主祀始迁洵溪先祖张彦贞。二庙均由张槚捐资所建。洵口家庙始建于明万历二十一年（1593），原本建在他处，清康熙三十七年（1698）移建至现址，此地原为阡陌之中，四周旷野。清嘉庆十七年（1812）改建家庙，规模形制依旧。咸丰六年（1856），县城张氏家庙毁于寇乱。咸丰八年，洵口家庙亦毁于寇。同治九年（1870），洵口家庙再次重建，到同治十一年方竣工，保存至今。

过去的家庙与现存格局基本一致，最大的变化还是家庙中的文化元素减少了。曾经的洵口张氏家庙是按照三品官员的等级建造的。进入家庙要从庙外东西两侧的牌坊门走进外院，两牌坊门均为长条大石架构，东门额书"百世传芳"，西门书"三朝直臣"。家庙外院百余平方米，院落之南为现存照壁，依然如故。照壁两端上方，曾有雕刻图纹的石牌与院墙横向勾连，组合成浑然一体的牌坊式卵石院落。照壁中，雕梁画栋，牌坊式石柱嵌入壁内，从现存遗迹上还能看到部分精美雕刻。"建言召用"石匾之上曾立有"纶音"竖匾，再之上有翘檐飞角以护墙体。院落中，东西两边各立一仪杆，杆悬旗帜，两旗上一书"翰林"，一书"尚书"。家庙正大门与现在一样，一大门两小门，大小门额之上各设两支门簪，共六簪，或以此彰显宗庙等级。

家庙结构与今天基本一样，一进三层，前为门厅，接着是内院，通过内院进入官厅。官厅东西两边设侧室，东"碑志所"，为存放碑刻、宗谱、书卷之地；西"宗器所"，为搁置祭祀用品、杂物之所。大厅中空，两侧设置钟鼓架。一大二小牌匾分挂大厅上梁之下，大匾居中，书"世承忠孝"，二小匾设于两侧，分书"秉泽钱塘""望重蓬瀛"。官厅立有多根木柱，各柱均挂对联。

献柱联曰：

恩光承北阙；理学绍南轩。

栋柱是一副长联：

弓正扩名宗，堂构相承，忠孝罔衍，稽历朝史策图书，赫赫煌煌，奇人杰士昭世泽；

瓜绵呈懿瑞，功德所立，兵燹何坠，看此日鼎新革故，雍雍肃肃，考钟伐鼓荐馨香。

这副对联有个传说。相传，洵口家庙咸丰八年（1858）毁于寇乱后，一直无力重修。两年后，族人清理家庙废墟，发现瓦砾中居然生有8个冬瓜，只有1个腐烂一半，其他7个都完好无损，仅瓜面生出"雪霜"，除去"雪霜"，整瓜如新，族人大奇，认为乃大吉之兆，预示张氏子孙万代瓜瓞绵绵，于是，同治十一年（1872）重修家庙后，张氏后人特将此吉兆故事撰入楹联。

官厅屏柱联曰：

释褐庆蝉联，仰乌府名隆麟台道峻；

穷经皆树帜，溯蕉轩望重柳州价同。

穿过官厅，登入祖宗寝堂，曰"报本锡类之堂"，是为安放张氏历代先祖灵位之所。寝堂亦有一联，是仿照原广东香山书院楹联而作：

诸君到此何为？岂独祠祏尝蒸，尽一日微诚，便算慈孙孝子；

列祖所求亦恕，不过士农工贾，守四民本分，各成跨灶充闾。

以上楹联，均为张氏十九世孙张金诰所撰。

洵口张氏为何在县城、洵溪两处同时建设家庙？这与该张氏先祖迁徙有关。据《十修宗谱》，洵口张氏第一世祖张蒙正（字希圣，号石峰，别号新一）当元末时，带着儿子云孙从金溪县石门里迁居新城县城，后子孙繁衍，成为该张氏新城县始迁祖。其后，石峰公第四世孙彦贞公入赘三十三都洵溪邓姓，在洵溪安家落户，成为张氏洵溪分支的始迁祖。彦贞公这一支后来人丁旺盛，且出现了张槚这样的大人物，使这一支族人渐成最大宗支。于是，到明代万历年间，洵口张氏率先在县城东门创建全族家庙，县城家庙奉始迁祖石峰公为一世祖，其后裔包括洵口、县城铁炉岭、德胜东海、学前以及九都等多个分支。与此同时，洵溪张氏迁居洵溪已过五代，即石峰公后第九世，又因张槚屡获朝廷赐封，为洵口族人带来莫大荣誉，在洵溪再建宗祠就势在必行了。

洵口张氏家庙由张槚创建，其规制等级也因张槚而高大上。2018年3月，张氏家庙被列入第六批江西省文物保护单位。

张 王 庙

庙宇为清代建筑，坐西北朝东南，面向村庄水口方向，张王在当地也称"水将军"，是当地保护漕运的神，对研究当地的张王信仰有重要的历史价值。墙体为青砖墙体，山墙为青灰色，屋顶瓦片用琉璃瓦，建筑层数为1层，砖木结构，硬山顶，封火墙，抬梁式梁架，左

张王庙

右侧有配房。神庙内装饰精美，保存状况良好。

古 民 居

该民居现由村民张来明一家居住。此建筑为滨河建筑，建筑前面的道路和桥梁构成了古代黎川通往福建的官道，整体建筑遵循自然采光原理，除了居住需求外，还有商业贸易功能。建筑坐东北朝西南，为中置天井的两进硬山式建筑。四周墙体由两面一斗砌成。一进明间为抬梁穿斗式构架，二进为穿斗式，两次间作正房，地面青砖铺地。该民居装饰简洁，立柱较大，明式风格显著，对于研究古民居文化具有一定的价值。

历史人物

张 璣

张璣（1504—1594），字叔衡，号洵水。嘉靖三十四年（1555），以岁贡授钱塘训导，未几致仕。张璣精于阳明之学，颇有声名。南城与黎川相隔不远，少年罗汝芳听说后，便前往洵溪拜于其门下。罗汝芳在从洵水学的一年余时间里，在先生的影响下，后立志专力于阳明之学。可以说，这一年的教导是罗汝芳后来成为明代著名思想家的基础。曹胤儒《罗近溪师行实》说："十有五从新城洵水张先生受学。张事母孝，每教人力追古先。师读《论语》诸书有省，毅然以兴起斯道为己任。"黄宗羲在《明儒学案》之《参政罗近溪先生汝芳》一文中指出："先生十有五而定志于张洵水，二十六而正学于山农，三十四而悟《易》于胡生，四十六而证道于泰山丈人，七十问心于武夷先生。"

张 槚

张槚（1533—1602），明代洵溪人。从邓元锡学，嘉靖三十八年（1559）

得中进士，为御史官多年，不畏权贵，秉笔直书，人称"三朝直臣"。

张槚为官初任婺源县令，时当地城垣未建，邻境较乱，民不安生。张槚亲率军民，掘壕堑，竖木桩，以栅为城，日夜进行戒备，婺源得以太平。后任监察御史按察直定时，有宦官企图以开设"告缗"（提供告发别人的线索）的方式以大肆敛财，被他上疏朝廷予以制止。嘉靖四十一年（1562），御史邹应龙弹劾严世蕃，其父严嵩亦被罢官，然嘉靖帝虽罢严嵩却不许其他人再议奏此事。时任御史巡盐河东的张槚，不知帝有此旨，上疏劝谏皇帝召回被严嵩去位的谏臣，触怒世宗，被廷杖60大板，罢为庶民。

回归故里，张槚在福山箫曲峰构书室读书，又在县城东建"东园书院"，额其堂曰"皆春"，为子孙读书讲学之所。隆庆元年（1567），张槚得复旧职。他感恩图报，慷慨陈词，从"复殿名，勤圣学"，到用人的利弊等一一枚举，又疏劾大学士高拱。高拱一路高升，兼掌吏部，不断陷害已经迁任太仆少卿的张槚。隆庆五年（1571），张槚被削职回乡，杜门谢客，与忘年交罗汝芳历游武夷山诸形胜，历七台、斗山、鼓山诸境，纵览山水之胜。

万历十三年（1585），时值万历中兴时期，百废待兴，在朝中众多大臣举荐下，53岁的张槚奉旨任大理寺丞。3年之内，迁职4任，累官至应天府尹。万历十六年（1588），大旱，山西、陕西、河南、浙江、江苏等地饥疫日盛，他奏请预拨下年度军粮之一半，允许民间自行贸易，让部分饥民以参加水利工程劳役挣食填肚，另广施赈米，扶助生产自救。

万历二十年（1592），张槚奉调入朝。后升迁南京工部右侍郎，摄司空职。当时，南京在修浚运粮水道，他亲自谋划督建，使工程费用减少一半。张槚一心为国，多次犯颜上疏，不被皇帝所采纳，一气之下，便请辞归故里。第三次归乡的他倡修县城惠德桥，在环胜堂边上建扶龙书院，又捐资修建硝石桥，还在京师倡建新城会馆，使县籍北上公务官员、学子、考生得以寄宿安顿。万历三十年（1602）二月，张槚病故于家乡黎川。万历三十四年（1606），明神宗特派湖东道余焰至黎川祭悼，祭文曰："维尔才资茂明，襟期慷慨。播循良于剧邑，振丰采于宪台。撄逆鳞而直气不回，还旧物而高明增重。洊扬卿寺，董正陪京。爰晋贰于留工，益宣劳于邦士。鸿仪正懋，驹隙俄迁。轸念老成，特颁祭葬。灵其不昧，尚克歆承。"万历三十六年（1608），又追赠张槚为南京工部尚书，并赐"建言召用"牌匾。

武 全 夫

武全夫（1898—1970），名孝信，洵口村石峡人。他童年时代在当地私塾及伯父创办的武氏高等小学勤奋攻读中国传统文化，后又到外地上学，接受了不少爱国民主思想。

1948年初，他秘密参加了中国国民党革命委员会，并着手组织地方自卫武装。他通过各种渠道，筹备资金购置枪支弹药。此时正值国民党军为挽救惨败残局，在黎川及周边县城大肆抓兵征粮之际，当时百姓怨声载道。他充分利用这一时机，积极扩充地方武装兵员，并利用各种关系，策动福建光泽等地自卫队负责人率部加入这支队伍。

1949年2月，民革江西省筹委会成员武惕予受组织委派，专程到香港拜会了民革中央主席李济深，并由各民主党派开展武装斗争与中共联系的总负责人杨子恒陪同，在李住所与中共华南局在港负责人谭天度商谈。武惕予回南昌后，即与中共湘赣工委南昌城工部取得联系，得到同意后，在示意儿子武纪彬从上海赶回家乡组织武装起义的同时，又与中共地下党员聂轰一起，把李济深及谭天度与城工部的指令，带给了武全夫及其所率部队，将该部队组建并命名为"中国人民革命军赣闽粤边区纵队"，武全夫被任命为纵队司令，1949年5月，在本县湖坊宣布起义，公开举起了反蒋旗帜，开展赣闽边界武装游击斗争。他的三个儿子能礼、能义、能廉和其他的多位亲族晚辈，都参加了这支部队。不久，这支部队在武全夫率领下，奉命向福建省的光泽、邵武等地进军。部队挺进光泽、邵武县城后，迅速接管地方政权，维护社会治安，安定商业贸易秩序，保障居民生活供应，筹粮筹款，迎接解放大军进驻。嗣后，又积极配合人民解放军剿灭残余匪徒，做了大量工作。1949年6月，他被任命为黎川县大队大队长。

1949年9月，"赣闽粤边纵队"接受改编，在福州市正式编入中国人民解放军第三野战军第十兵团特务团。武全夫又先后在福建省军区和解放军第十兵团任职。当组织决定任命他为第三野战军202师副师长时，他因为自感年岁偏大，怕力不能支，请求允辞，并于1951年退役。

20世纪50年代中期，全夫先生因受极"左"路线迫害被监禁，后落实政策获释。后又因"莫须有"罪名被捕入狱，于1970年3月含冤去世，享年 72 岁。1978 年，党的十一届三中全会后，党中央拨乱反正，经江西省高级人民法院、中共江西省委统战部和中共福建省建阳地委、光泽县委及中共黎川县委先后行文宣布，为他平反。

武惕予

武惕予，1893 年出生，黎川洵口镇人。江西省著名爱国民主人士。1949 年前，受中国国民党革命委员会江西省筹委会委派，策动了黎川等县国民党地方武装起义。1949 年后，历任全国政协委员、江西省政协副主席和民革中央监委常委、民革省委主任委员。

武纪彬

武纪彬，1920 年出生，黎川洵口镇人。1949 年，组织地方武装举行反蒋起义，建立赣闽边区人民游击总队，任司令员，配合中国人民解放军解放了赣闽边区数县。改编后，任中国人民解放军抚州军分区独立支队支队长、江西省军区科长。江西省首届人民代表大会和省政协会议军队代表，省参事室参事。

风景名胜

寿 昌 寺

寿昌禅寺坐落于风景优美的洵口村香炉山之畔，是闽赣边界知名古寺之一。这里地势平坦，山清水秀，群山环抱，环境幽静。常有闽赣两省香客来此朝拜敬香，流连忘返。

寿昌禅寺始建于唐咸通年间（860），由高僧桂琛住持筹资始建，初名永居院。寿昌寺原有 18 个佛殿，前有寿昌桥、青烛岩，后有明眼井，四周古塔林立，发展至明、清时最为兴盛。寿昌寺在历史上几次受到帝王的敕封。治平帝把寺名永居院敕赐为寿昌院之后，洪武帝又把寿昌院敕赐为寿昌寺，并敕建沉香楼。此二帝还格外赐一丈多高的玉石碑一座，以示皇恩浩荡。目前在寿昌寺还残存着半块玉碑。

在佛教曹洞宗的历史上，黎川的寿昌寺是浓墨重彩的一笔。寿昌禅系的开山祖师常忠（1514—1588），字蕴空，建昌府南城县人。在新城廪山结茅习禅，长达20年。蕴空法师在廪山苦修，有感于"嘉隆间宇内宗风，多以传习为究竟"，故终身"韬晦"而不轻易传徒。至隆庆间（1567—1572），慧经来投，忠识为真法器，始倾囊传授，锻为法嗣。他要慧经"出五蕴家""皈自心戒"，从而在禅的旨趣与作风上，为寿昌禅系立了祖规。

寿昌寺

慧经禅师（1548—1618），字无明，元来禅师之师，崇仁县裴氏子。万历三十六年（1608）移住寿昌寺，驻锡10多年，百废俱兴，雄姿再现。在住持寿昌寺的10余年中，慧经法筵广开，法嗣有博山元来、东苑元镜、寿昌元谧、鼓山元贤等，皆为明末著名的曹洞宗师，继而形成寿昌一系。其法裔代相传承，直至清代末年。对于慧经中兴曹洞伟绩，世人评价甚高："寿昌当宗风寥绝之时，触心荆棘，狐狸作祟，其建立宗旨也特难，乃参悟既与德山、临济同堂，而操履又与百丈、赵州共路。"

至清末，由于社会混乱，战火蔓延，世风日下，寿昌寺从鼎盛走向衰微，寺内建筑大面积遭到破坏，一座金碧辉煌的名寺变成一座荒庙。1988年，黎川县政府将寿昌寺列为重点开放寺庙，并在各方面给予了大力支持。1995年，进行了大修，1996年12月29日，举行了大殿落成暨佛像开光仪式。

峨 峰 寺

峨峰寺，位于洵口村中棋盘村小组峨峰山腰，为无明慧经大师成名之前隐修之地。慧经在点山礼常忠禅师，执侍三载，后转往峨峰结庐潜修，立誓"不发明大事不下此山"。万历三年（1575），得常忠禅师薙发受具足戒，许入室，得印可，为曹洞宗第二十六世。慧经在峨峰前后共住 24 年，日作夜参。后于万历二十六年（1598），应请复兴南城县境内的宝方寺，数年之中，苦心经营，重建禅堂、天王殿等。万历三十六年（1608）移住寿昌寺，驻锡十多年。万历四十六年（1618）正月，圆寂于寿昌寺内，塔葬寺侧山旁。

峨峰现存有峨峰寺，寺庙后面有修建于万历丙午年（1606）的普同塔一座。塔有三层，高约 1.5 米，东西向，下有石块垒成的基座，上有葫芦形塔顶。底层两侧刻有：雄威震世界；灵光耀古今。上层刻有：普同塔。两侧分别为：万历丙午岁慧经立；本庵住持元定鼎建。

普同塔

普同塔现为省级文物保护单位。

家风家训

张橒《家诫二则》

士农工商，是谓四民。上焉者笃学，以绍书香。次则力耕，守野人之分。纵不能掇科第，亦不失为盛世之良民。至若为吏，刀笔极坏人心术，非卑污巧媚不得钱，非需索侮文不得钱，非枉法诓诈不得钱。幸而出生终是侥幸，否则丧身亡家恒必由之。吾愿子孙决不可为也。

我自奉甚薄，服止布素，里人所共知者。而淑人及诸室日事纺织裳衣，并无纨绮。我前人之勤俭如此，尔子孙务宜克勤克俭，安分守法，才可以保家。

谚云"宁将有日思无日，莫到无时思有时。只可先贫后富，切莫先富后贫"。刻苦忍耐，乃勤俭之本也。尔子孙其深思之。

非遗传承

刺 花 糍

　　刺花是黎川人传统的称法，其实是金樱子花，刺花糍其实就是金樱子花饼。金樱子，蔷薇科，别名刺梨子、山石榴、山鸡头子、糖果、刺糖罐等，是有名的中药材。据五代后蜀《蜀本草》记载，金樱子主治脾泄下痢，止小便利，涩精气，久服，令人耐寒轻身；又有认为，金樱子有抗菌消炎、补充营养、降低血糖、止咳平喘的功效。黎川人因为金樱子的茎蔓上满身带刺，所以干脆称其为刺花。做刺花糍的步骤并不复杂。采好一篮子刺花，冲洗干净，装入盆中，用石磨磨好的米浆倒入装有刺花的盆中，加白砂糖，混合搅拌后慢火煎成饼，刺花糍就做好了。当然，用面粉加水代替米浆，做成的刺花糍也一样好吃。轻轻咬一口，刺花的清香顿时充满口腔，米粉软糯香甜，简直天天吃都吃不够。

逸闻趣事

张三开河李四充军

　　昔日洵口石峡水道狭窄，凶险异常，从盱江上行去往洵口的舟楫"闻石峡而色变"，每去石峡都如过虎门关，于是一般都在石峡下游河面宽阔平缓的五福街码头下货，再肩挑车推转陆运山路至石峡。张樗祖父张廷用（1462—1521）素来经营有方，家道颇为丰厚。他生平侠义，见不得穷人过不上好日子，也见不得乡邻间有什么为难事。为了解决石峡河道凶险之患，让更多的舟楫能到达石峡，张廷用率先领头，出巨资请人将石峡水道凿宽、凿平，往来石峡的舟楫平安了许多，更多的船也能够直接上到石峡码头上下货，由此直接影响到下游五福街的码头生意。不料张廷用却惹祸上身，下游五福街的李四因为凿河之事将张廷用告上官府，也不知李四做了什么手脚，做了好事的张廷用却被官府断案充军广东一年。幸亏张廷用五弟是南昌宁王府的幕僚，把三哥这桩公案一五一十向宁王诉说。在宁王的干预下，官府再审此案，还了张廷用清白，而诬告的李四反而发配充军。因为张廷用在兄弟间排行第三，"张三开河李四充军"的说法就传扬开来。

张槚回乡故事

告老乡居后，张槚好与人攀谈，和蔼可亲，毫无官气，虽贵为三品，却与平民无异。万历二十二年（1594），62 岁的张槚主持修建惠德桥，隔岁又为洪水冲毁，西门塝岸也被冲决，张槚再次修复，并建一座"大士楼"于桥首。

万历二十三年（1595），张槚 63 岁。长孙张炌出生，张槚晚年得孙，异常欣喜。第二年，在县城制高点环胜堂的右边建一书楼，题名"伏龙书院"，规模宏大，成为城中一大景观。

万历二十五年（1597），张槚 65 岁。为了营建死后的葬身之所，张槚叫地师寻找佳城，得善地于初生时屋后。该地山势磅礴，气脉完聚。张槚观后，说："此真归我所也。"为此，命工匠如地师之指示进行山地开凿，两旁砌结巨石，茔外固以垣墙，周围之地栽种树竹。第二年，又在穴地前造石坊为神道，前后构筑两个石亭：一贮生前敕诰文，一待镌身后谕祭文。而茔坛四周，各笼以紫石。

万历二十七年（1599），张槚 67 岁。张槚担任御史期间，曾将茶亭（洵溪）祖屋赎回，次年命工改造，颜其堂曰"瑞梦"。分西边与弟弟张采经营管理，"一以继父志，一以全友爱"，要子孙务必和睦相处，以表达兄弟永不分开之志。将祖屋及自己的坟墓修建好后，第二年，邀请老朋友前来参观。万历三十年（1602），张槚 70 岁。闰二月小恙，3 月旧病复发。至 7 月，张槚自知不可能再存世了，于是作书给赵知县。赵县令深夜接到信，连忙赶来探望。当时张槚犹能含混地说点话，二十一日，遂溘然离世。

红色故地

洵口战斗

洵口位于黎川县城东北 20 公里处，是黎川通往福建光泽的必经之地，也是赣闽两省间来往交通要道之一。1933 年 9 月 28 日，黎川城失守后，博古等为了夺回黎川这个中华苏维埃共和国的"国门"，命红三军团军团长彭德怀、红三军团政委滕代远率领东方军，从福建火速挺进黎川，抗击敌人，在洵口地区与国民党军不期而遇，打响了洵口战斗。

10 月 6 日，国民党军向位于洵口东部 5 公里的飞鸢红七军团一阵地进攻。午后，东方军前哨部队由福建进入江西，在飞鸢附近听到激烈的枪声，红军战士立即抢夺高地，向敌人侧翼运动。不多时，红军主力部队赶到，几十挺机枪对准敌人扫射，战斗至黄昏，敌军弃下几百具尸体蹿进深山密林，逃向洵口地区。

深夜，设在际源（今三源）的东方军司令部里，彭德怀、滕代远等紧急研究战情，做出了洵口战斗的具体部署：红五军团军团长董振堂、政委朱瑞率红十三师为左翼纵队，取道湖坊进至梅岭白沙间，截断黎川至洵口的通道，侧击黎川援洵口之敌；红三军团第五师由师长李天佑率领为中央纵队，向洵口、石峡的敌军主力攻击；红三军团第六师、红七军团第十九师为总预备队。

根据这个部署，各路红军深夜紧急行动起来。7 日晨，中央纵队向洵口之敌发起总攻击，红军指战员冲锋陷阵，所向披靡，经过激烈战斗，洵口之敌一部被击毙，一部被红军俘虏，剩下的敌人急向黎川县城方向逃窜，但被红军左翼部队堵死；敌妄图从莲塘、资福退到南城，又被红军右翼部队截断去路，至下午 1 时，敌十八旅的第三十一团、三十四团被全歼，旅长葛钟山被活捉；敌第五师第二十七团也被歼一部分。周浑元急从黎川城、硝石调出的增援部队 3 个团，在下午 3 时左右分别被红军左、右两路纵队击溃，并歼其一部。援敌仓皇退回黎川、硝石。至此，红军共歼灭国民党军 3 个团，俘其官兵 1200 多人，缴获迫击炮两门、无线电台一架以及大量枪支弹药。洵口战斗胜利结束。

历经战火而不倒的张氏家庙

1933 年 9 月 28 日，黎川苏区失守，国民党部队占领黎川。10 月初，国民党军周浑元所部第六师第十八旅（旅长葛钟山）驻守洵口，部下士兵见到张氏家庙"建言召用""三朝直臣"等牌匾及雕龙华柱，不知何意，有个长官见此，肃然起敬，向士兵解释说，此户人家明代时曾出过正直大臣，这是朝廷所赐封匾，不得破坏。10 月 7 日，发生洵口战斗，红军击溃国民党军占领洵口，张氏家庙作为红军东方军指挥部，总指挥彭德怀就住在家庙里，张氏家庙同样未遭丝毫破坏。洵口战斗激烈而无情，而张氏家庙毫发未损。

武夷福山社苹村

村庄概况

社苹乡社苹村，古称"社平冈"，位于黎川正南，距县城 20 公里。明清时期属新城县旌善乡二十三都，1949 年前后均属社苹乡。1958 年，设社苹大队。1984 年，启用行政村名。

境内福山倒扣如船，古迹众多，背靠莽莽的武夷山群峰，远眺着繁华的县城，风光旖旎，秀比匡庐。这里不仅有始建于唐代的福山寺，还有朱熹讲学处"武夷堂"。历代以来，诸多先贤名流慕名而来，高山仰止，瞻仰朱子遗迹，留下一路佳话。明末抗清名臣黄端伯也曾聚徒教授于箫曲峰。优

社苹古村

美的自然景色和丰富的传统文化交相辉映，让人流连忘返。

王氏家族自元代至正年间迁居立村已近700年，集镇内保留着众多古宅及始建于清初的王氏家庙。

2017年，社苹村入选江西省首批传统村落名录。2023年3月，入选第六批中国传统村落名录。

古建遗存

武 夷 堂

武夷堂为朱熹讲学之所，位于社苹福山箫曲峰。史料中，关于朱熹在黎川福山建武夷堂讲学的记载较多，有府志、县志、文集、家谱等。其中新发现的一份家谱资料非常引人注目。这是一篇朱熹为当时南城骆氏撰写的《南新骆氏宗谱序》（民国30年第十三修《骆氏宗谱》卷一），序云：

> 粤自孔孟没世，乃无贞儒，良知丧时，斥为伪学。兹予偕蔡元定游黎阳，读书箫曲峰头，欲究心此道，而路经建武（指建昌），历蓝田大洲，得接处士骆讳五六公者，相与盘桓。

序文落款为"大宋庆元丙辰孟冬月朔日立，新安朱熹识。"丙辰即宋庆元二年（1196）。朱熹在序言中说得很清楚，他于庆元二年偕蔡元定在箫曲峰读书，并游历武夷山南的黎川。这是一份可信度很高的资料，是朱熹在黎川福山箫曲峰读书讲学的直接证据。

明正德《建昌府志》山川篇记：

> 新城县福山，在县西南四十里，邑之镇山也，旧名覆船山，唐懿宗更赐名福山。朱晦翁尝讲道于此，有祠、堂在焉。晦翁诗："迢迢百里外，望望皆闽山。皎日中天揭，浮云也自闲。"

后人根据这一记载，将晦翁诗收入《全宋诗》朱熹诗集，题为《登福山远眺》。

正德《新城县志》祠庙篇记载：

> 朱文公祠，在福山寺。宋朱文公避韩侂胄谱，与门人黄干、蔡沈、黄钟讲道于兹，后人肖像祀之。成化甲午（1474），知县吕讚同殿元罗伦，正其位号，祀于大雄寺后室，名曰"崇正"。岁久废弛，祠杂祀他神。

正德九年（1514），黄文鸞同乡官何垕，帅师生撤其余神。岁重九，行舍菜礼。

明代状元罗伦文集《一峰集》卷12"七言绝句诗"《游福山寺二首并序》：福山，旧名覆船山。唐懿宗易"覆"为"福"。宋祥符，去"船"名"福山"。紫阳朱文公盖尝游焉，寺僧像而祀之。同年吕廷扬来令新城，约予同游，因正其位号，祀于大雄寺之后，室名曰"崇正"，时成化十年甲午五月晦日也。

诗序表明，朱熹曾游历福山。罗伦游福山寺时，寺内已有朱文公祀像，罗伦将其神位移祀于大雄殿后室，题名"崇正"堂。罗诗云"满船风月武夷堂"，表明福山有"武夷堂"存在。

武夷堂的具体位置，县志称"在福山寺"。清道光本县老儒涂元骐《崇正祠遗址碑记》：崇正祠在大雄殿后室，"厥后祠废而殿存，故址已不可识。

武夷堂遗址

康熙五十年（1711），邑侯马公尝一修复，未几亦圮……访诸土人，指引在箫曲峰寨下，面势平广。乃立碑以志其处，且为记之谂同志者焉。"

福山位于武夷山西麓，与福建建宁相距100里。四面崇山峻岭，连绵迤逦，方圆数十里，主峰箫曲峰海拔1045米。从地理角度看，福山正处于朱熹诗"迢迢百里外，望望皆闽山"描写的位置。从现福山寺出发，沿山道蜿蜒而上，一路多处石塝山墙，山路隘寨。行二三里，至大石坛。有荒芜小坪地，其中残垣废墟，板石随地，且有两排平行桩立石柱，应为一古建筑遗址，为原双林寺一分院旧址，主院旧址还在山上头。荒地尽处塝下，有大石泉天井，井水常年不竭不腐，是旧时僧侣汲水之所。复上行一二里，有一坪千余平方米的宽阔林地。据当地老人介绍，此处旧时有过学堂。坪地地势开阔，三余亩，整体地势依山呈长带弧形，分上下左右三块坪地，呈倒"品"字梯田状，各坪地之间有石塝分界，地上偶尔可见残石瓦砾。坪地东面壑谷，上两坪地有石墙中分，左坪略低。中分处，有10余米石头台阶自下坪至上坪。为一古代建筑遗址，可知建筑地面面积有上千平方米。时间久远，实地已无碑记之类物证。

武夷堂从明成化甲午罗伦首发之后，福山便成为后学游历追慕之地，历代学者纷纷高山仰止，登临凭吊，留下数十篇诗文。

前有古人，后有来者。朱熹是中国历史上的哲人，福山是黎川文化的崇岭。如今，斯人已矣，大道无痕。朱子豁达，可"欸乃声中万古心"，但后人却不应"林间有客无人识"。

王 氏 家 庙

王氏家庙位于社苹村的中心地带，占地约700平方米，家庙坐北朝南，规模很大。从东西两侧耳门进入大院，院前为照壁，上书"科甲"二字，意指王氏乃科甲之家，有先祖科举中式。院子东西进门分别额书"贻谋""燕翼"，出自《诗·大雅·文王有声》："贻厥孙谋，以燕翼子"，取意安奠先祖造福子孙。院北为家庙正大门，过门厅为天井，过天井至庙堂，庙堂分官厅和神堂。清朝初年，王氏族人在冈上选址修了家庙，雍正年间加修了大门，第宏宽敞，盛极一时。清嘉庆二年（1797），王氏家族又合力对家庙进行了维修，将家庙外面的节孝坊移到了庙的左侧，正前方建了"科甲"牌坊照壁，以彰显先德和激励后进，东西面门楼上镌有"燕翼""贻谋"四个字，为后代筹谋庇佑之意。历经四年费尽千金，于嘉庆五年（1800）竣工。这栋家庙在土地革命时期曾经驻扎过红军部队，在"科甲"照壁下方，还写有很多红军标语。

2012年，王氏家族对家庙进行了重修，修缮后的王氏家庙基本保持了原来的结构。

王氏节孝坊

节孝坊镶嵌于王氏家庙西墙，近六米高，建于雍正九年（1731）孟冬，四柱三间，顶部有花砖叠砌的檐口和檐帽，檐下中部有青石石牌，上刻"恩荣"两个大字，四周饰以红石刻的龙纹。"恩荣"牌下方有三块青石牌匾，中横匾书"旌表王以凤之妻杨氏节孝坊、旌表王葵日之妻饶氏节孝坊"，右横匾书"钦命两江总督部院范时绎、江西巡抚部院张垣麟、江西提督学院李钟侨、江西布政司李兰"，左横匾书"建昌府知府杨敏、新城县知县张彤标、新城县儒学侯鈛、李国士，清雍正九年孟冬建"。据同治《新城县志》卷十"烈女"

节孝坊

介绍:"王以凤妻杨氏,夫亡时,姑耄子稚,人或难之,氏修妇职,垂母教历三十四年,堪称完人,里党莫不叹服。""王葵日妻饶氏,夫亡无子,族党疑有异志,氏指日盟心,立后承祧,为夫续已坠之绪,子亦克敦母训,请旌以表其节。"两则简介,让人赞叹杨氏、饶氏的贞烈情操,无愧节孝之名。

王氏节孝坊为黎川目前保存下来仅有的节孝坊。

历史人物

王 轼

王轼,字淑东,号心坡,性豪爽而才学敏捷。因为家贫苦读功名,29岁考取秀才,乾隆四十八年(1783)考取了举人,乾隆五十二年(1787)丁未科史致光榜进士。他任甘肃安定县知县时,苗族人骚乱,军事急迫,兵饷告急,王轼安定有方,平了苗乱。后来因为家里父亲去世,丁忧回家守孝后补任广东从化县知县,正好遇上流寇入境抢劫,城郭难守,王轼在省城里听说以后,连夜骑马200余里回从化召集乡勇率众抵御流寇,流寇见其勇猛不敢再战逃走了,王轼又用计抓住了寇首迫使其他匪人散去。广东巡抚孙玉庭赞叹他的才能,调他任南海知县,后来因为得罪了新来的巡抚,被弹劾罢职,并被冠以"以下犯上"之罪名贬谪伊犁戍边,嘉庆十六年(1811)放归原籍。贬谪时仅带了路上的旅资,其他的家产都给了弟弟王辙,说:要安于贫穷,好好读书教育儿子和侄子。他日我要是能够生还,再和兄弟风雨同舟吧。王轼回家后10余年,论公事能识大体,遇到饥荒平粜等公益事业也不辞辛劳,卒年七十有八。

风景名胜

福山与福山寺

"九叠谷中调百味,双林寺间供千花"。千年禅院福山古寺就坐落于社苹福山。

福山东侧为德胜镇，南面为宏村镇。主峰箫曲峰海拔 1054 米，相传有异鸟鸣声如箫而得名。因其山形如一倒扣的覆船，故旧名覆船山。唐懿宗忌"覆船"二字不祥，更名为福船山。宋大中祥符年间，改称福山，沿用至今。福山方圆数十里，风光秀丽，上有箫曲峰、童子峰、文殊台、罗汉岩、九叠谷，其中九叠谷景致最佳。这里四山交峙，峦峰叠翠，怪石嶙峋，涧水环流，松竹掩映，雾绕云飞，深幽雅静，景色迷人。

历代文人留下了众多写福山的诗文。北宋著名思想家、文学家、教育家、泰伯先生李觏（1009—1059）写有《寄赠福山长老》诗："时世重因循，师何独苦辛？洁斋徒众散，刚直里闾嗔。游艺能济物，旧交多雅人。云山虽好住，住久转劳神。"北宋文学家吕南公（约 1047—1086）则有 240 字《题福山诗》。清代文学家邓裴有《福山赋》。其他名人写下的诗文不胜枚举，为福山增添了厚重的文化底蕴。

福山寺位于福山山腰，始建于唐广明元年（880），原名双林寺。当时高僧释绍隆曾栖隐于此，成为双林寺的开山祖师。相传双林寺始建时，"灵禽奋振于箫峰。鹿女踏花于宝殿，八仙聚会，酣游福山"。宋大中祥符年间，朝廷赐额为福山寺。元延祐年间（1314—1320），寺庙重建，颇具规模。至清代，寺内有大小房间近千间，僧人百余名，田地近 20 万平方米，山林

福山寺

面积 133 万平方米，为黎川之冠，是福山寺的鼎盛时期。

唐朝末年，本地富绅危全讽兄弟施以山田，资助寺僧。后危全讽官封抚州刺史，并被朝廷追封为南庭王，寺中众僧感其功德，乃建"危王祠"于寺侧，并铁铸其像，日以香火祀之。在现在的福山寺旧址上，还遗留有好几块碑刻，有信众捐赠物产记载，如清乾隆年间的《载德公仓田记》《语石捐租碑记》；有《重修福山碑记》、同治十一年（1872），县令金时宣颁布的寺产通谕；还有许多残缺不全的石碑碎片。

福山寺后不远曾建有武夷堂，为宋代理学家朱熹讲学场所。福山佛影为古黎川的胜景之一，明代县邑名儒邓时康写有《福山佛影》诗："箫曲风高动太清，绍隆曾此费经营。桥迎七佛今何在，寺创双林古有声。石壁瞿昙千岁影，白莲菡萏一池菁。行行不尽登临兴，又听巢云野鹤鸣。"

箫曲峰

明代王材《黎川十二景》诗中有第六景"箫曲奇耸"，描写了箫曲峰的胜境："灵峰万仞入层云，灵鸟高翔故不群。自是人间少清听，未应箫曲不长闻。"历代名贤不仅给福山留下了众多的名篇佳作，更让福山增添了厚重的文化古韵。

九 叠 谷

　　九叠谷为福山山中峡谷，呈南北走向，溪涧顺着山势从高到低层层跌落。谷中小道自宋代以来即为进山古道，清代隐士黄子安将此谷命名为九叠谷，并写有《九叠谷记》。在《九叠谷记》中，黄子安详细描述了谷中的三峡七桥九叠形胜，绮丽生动，一赞三叹。山涧之中，幽深静谧，流泉飞瀑淙淙如乐曲。蜿蜒的山道上，怪石壁立，古木遮天，迂回曲折，移步换景。其中一叠瀑布上方巨石上刻"瀑布"两个大字。据清代冯行编的《黎川文载》中所收福山大宁和尚所写的《福山十二咏》之《船石岭》记载，"瀑布"二字为黄端伯所书。

　　黄端伯（1585—1645），字元公，号海岸道人，明末抗清名士、诗人。黄端伯与黄子安为至交好友，黄子安对这里一见钟情。两个人在箫曲峰的梅花岩下建了一栋箫曲山房。他们"辟地开天不遗余力"，以木板为铺石台为几，汲山泉煮茶，烹山珍为肴，泥炉小酒，赏雪作诗，不亦快哉。"雪月交映，孤梅自香"，黄端伯为此作《梅花岩》一诗："雪岭寒梅发，香光透月轮。谁知幽谷里，别有一家春。"在黄端伯考中进士入仕之前，他们效仿前朝的朱熹，在这里授徒传业。黄端伯在文学创作上颇有建树，其散文文笔犀利，淋漓流畅。而黄子安擅长古文诗章、书法抚琴，一时间，县邑的学子们纷纷奔往福山，以得二人传授为荣。

逸闻趣事

先有王家才有社苹村

　　根据社苹村《黎川社苹王氏族谱》记载，元朝至正年间，王家先祖行游到此。见这个地方二水环流，中间有冈平坦像铲过一样，适合居住，于是定居下来。因地形而得"平"，因定居于此不再迁移而得"社"，故此名为社平冈。因此，"先有王家才有社苹村"的说法也就流传下来。

　　族谱中收录的《平冈形胜考》记载了社平的名字成因："里称社平，尚已溯所由名，则大元至正间始祖避地侨居于冈之南，三峰对峙，二水环流。左侧明因山耸翠，右则月亭荐爽，冈踞其中，垣平如铲，因名之曰社平冈。盖平以志形而社则寓意于不迁也，遂卜居焉。由元至今几数百祀，族间辏辐，巷陌三分。始叹当日创业命名之不谬也。"定居于此后的数百年间，人口繁盛，车辆来往不绝，街巷井然有序，家族日渐繁盛。

徐霞客的"石瓶冈"

1636 年农历十一月，明代大旅行家徐霞客千里迢迢行游黎川，从县城来到这里之后，他一个外乡人听不懂村人的方言，将"社平冈"听成了"石瓶冈"，并记录在他的《江右游日记》中："西南过竹山，山亦峭特自异，上有竹仙院。又十里，周舍。周舍之南，路折而东，有潭偃水，颇觉汪洋，即文江之上流也。十五里，宿于石瓶冈，去城二十五里，去福山十五里。"他在这里住了一晚然后去了福山，这也算是一段趣话了。

危 王 祠

旧时，社苹乡境内的福山双林寺，因危全讽曾赠巨额田产，资助寺僧，特构建"危王祠"于寺侧，并铸巨型铜像以祀之。其生平介绍，已载入《辞海》及《江西通志·列传》。

危全讽（？—909），字上练，又字忠练，唐末五代时的豪杰，唐末南城东兴乡四十一都苏源村（今属江西省黎川县荷源乡）人。于唐末黄巢起义时以自卫乡党为名起兵，逐步据有抚州全境，割据称雄。主政抚州 27 年，在唐末战乱连连时期，修筑城池，安定环境，发展农桑，使抚州成为众人向往的"名邑"。

非遗传承

渔 鼓 说 唱

渔鼓说唱，俗称唱话文，民国时期传入黎川。可追溯至唐代"道情"，为道士之间的叙情方式，后为民间艺人所习用，演变成一种说唱的艺术形式。夹杂地方戏曲和采茶戏的曲调，根据时事、民生编写内容，无本可循、通俗易懂。地方特色鲜明，唱词结构严谨，文字通俗，语言活泼，人物形象生动。且加入竹板伴奏，音乐唱腔淳朴、优美，与地方语言音调紧密结合，行腔圆润。社苹一带流行渔鼓，至今仍有渔鼓艺人在传统节日期间进行说唱，2009 年，被列为第一批县级非物质文化遗产项目。

理学传芳三都村

潭溪乡三都村位于黎川县城南偏东约 6 公里处，古称"石城"，为今潭溪乡三都村委会所在地，沿袭了古代行政区域的称呼。正德《新城县志·乡都》载："三都，在县东南十里，旧属丰义乡大兴里，今属丰义区。管内人户厘为三图；其村：石城市、马村、寒村、沙村湾、赤溪堡。"同治《新城县志·乡都》载："三都，村七。延袤可三十里。吕南公旧读书之所。人烟稠集，厥田上中。赤岸堡、沙村湾、寒村、马村、石城、墟上、广严寺前。"其中的"石城市""石城、墟上"都是指今天的三都村。明清时期属新城县礼教乡三都。1949 年前属三都乡。1949 年后，初属芦高乡。1958 年，设三都大队。1968 年，改红旗大队。1984 年，启用行政村名，称三都村委会。

三都老街至今仍有黄氏家庙、朱氏家庙、永济义仓、建军建国厅等古建筑。黄、朱二姓一直是三都的两个大族。唐末宋初，黄姓峭山公第 17 子自福建禾坪迁居石城，按祖训"因地为名"，遂名黄城，号石城公。三都朱氏立南宋理学家朱熹为先祖，在朱氏家庙的石门上方，有一块石匾，上面镌刻着"理学传芳"四个大字。朱氏有着"一门三进士，十载两登科"的美名，为科举世家。

三都村历史上就是个大村落，古有圩市，俗称"三都圩"。整村旧有金斗窠、古楼前、棋路楼、龙尾头、塘溪堡等八甲。村庄腹地，有街道贯通全庄，原为卵石铺路，长有两三百米，宽约两三米，两边是民居。街道

三都村 （邹巨光 摄）

即圩市，每天早市，至今不辍。早市买卖多为日常生活商品，有柴火、蔬菜、鱼肉、家禽等简单生活生产用品用具等。沿石路边有一条水渠，终年活水，水源引自上游团村河，源远流长七八里。

三都是重要的粮食产区，这里地势广袤平整，土壤肥沃，地处黎川南粮仓"上中下八万"的"中八万"，以水稻为主。

2023年3月，入选第六批中国传统村落名录。

古建遗存

义 仓

义仓为旧时官方和民间的一项公益事业，主要作用是积谷防饥。平时囤积粮食，当遇到饥荒、灾荒或青黄不接之时，即开仓放粮，等次年农民手中有粮时，再归仓收取微薄利息。三都现存有黄氏家族"永济义仓"和朱氏家族"朱氏义仓"建筑，两座义仓相隔不到100米。在此，还发现"朱氏义仓碑记"和"重建家庙记"石碑两块。因年代久远，"朱氏义仓碑记"碑的四边都有破损，字迹模糊，隐约可见"道光七年建"字样。"重建家庙记"为青石板所刻，字迹较为清晰。记述了嘉庆年间重新建造家庙并义仓，还有捐资者姓名及捐资数字。

永济义仓坐北朝南，二进一井，上厅2个房间，进深11.5米，宽12.2米，保存较好。砖木结构，青砖地面，有较高的工艺水平，具清代古建筑代表的价值。黄氏家谱中有《义仓志》《重起义仓序》《重起义仓议酌条规》等文章，可知三都义仓最早建于乾隆年间，民国3年（1914）重修。嘉庆年的《义仓志》载，开始由第四房将4年来祭祀祖先的余谷约120石，加上捐谷40石并一起，时称"朋公义仓"。后来不知何时改为"永济义仓"。时至嘉庆五年（1800），除去历年祖庙三祭的各项开支外，义仓积谷已达300多石。

永济义仓

黄 氏 家 庙

　　三都黄氏家庙基本保持了旧制,规模很大很气派,占地约七八百平方米。门上方书"黄氏家庙"四个大字,前檐镶嵌精美的青砖雕刻,室内装饰龙凤、鳌鱼、麋鹿等木雕梁,让人感觉华丽、凝重、庄重。家庙一进三层,有门厅、官厅、神堂,其中隔以院子和天井。据三都《黎川黄氏宗谱》(1944年版)记载,黄氏家庙创建于明崇祯八年(1635),初始并不宏大,仅为一普通祖祠。清咸丰六年(1856),太平军自闽入黎,侵略三都,祖祠被毁。同治三年(1864),族众捐资重修,购地扩大原有规模,于光绪三年(1877)建成,成为现在这个格局。

　　黄氏在黎川自古是个大姓,散居于黎川各地,但大多可追溯到邵武和平镇的唐末黄峭山。黄峭山(871—958),字仁静,名岳,号峭山,生有21个儿子,是个传奇人物。相传,黄峭山为鼓励儿郎积极上进,开创家业,将家

黄氏家庙

中积蓄平分诸子，每人得一斗瓜子金、一匹骏马、一本家谱，遣子远走他乡安家创业，临行前口占《嘱子奔腾诗》（又名《遣子诗》）遗赠诸子：

> 信马登程往异乡，任寻胜地振刚常。
>
> 足离此地非吾境，身在他乡即故乡。
>
> 早暮莫忘亲嘱咐，春秋须荐祖蒸尝。
>
> 漫云富贵由天定，三七男儿当自强。

这首诗后来成为峭山公后裔认祖归宗的"认祖诗"。三都的黄氏始迁祖城公是峭公的第17子，又称石城公。据载，"城公，峭山公十七子，字维桃，名巨川，生于后梁太祖开平元年（907），居新城石塘，后迁平溪，再迁黎川三都圩，官中书舍人，卒于宋太平兴国四年（979），葬三都。"后周太祖广顺元年（951），城公遵父命，同18个兄弟一起辞别父母，离开和平故乡，外出寻觅安家之地。城公最后安居黎川三都，子孙繁衍，分支很多，逐渐分散在县内外各地。由于城公墓葬于三都，三都黄氏家庙因此成为黎川很多黄氏的集会地。

三都黄氏家庙还是曾经的军事驻地。1932年下半年，中国工农红军再次解放黎川，红一方面军的红一军团驻扎三都整编。当年底，为纪念宁都暴动一周年，红一方面军在黎川各地举办隆重的纪念活动，举行了文艺演出。红一军团为鼓舞士气，红军将领林彪、聂荣臻、罗瑞卿亲自登台表演，演出了中国第一部红色话剧《庐山之雪》。演出地点据说就在黄氏家庙，周恩来、朱德、王稼祥等中央红军领导人观看演出。

黄氏家庙隔壁还有一座被围圈起来的墓地，叫"黄氏城公墓"，墓地前10多米设有一座高有3米的单独墓门，门联曰："炽盛千秋，孝悌无双颂香祖；昌隆万代，奔腾第一赞城公。"这个黄城就是三都黄氏的始迁祖。城公墓门侧立有一块墓碑，是清道光六年（1826）设立的，墓碑无标题，上有四五百字，磨损严重，内容是重立城公墓说明，大致意思是：宋始迁祖城公，新城邑黄氏之始祖也，葬三都石城里金斗窠。因年代久远，墓地渐渐荒颓，以至于无人祭扫。乾隆四十五年（1780）前后，黄氏重新整理始祖坟茔，迁葬于三都圩，并砌墙圈地，经多次修葺，保留至今。

朱 氏 家 庙

朱氏是三都村大姓，朱氏家庙位于村庄中心，与另一大姓黄氏家庙并列位于古村的交通要道，显耀一方。家庙左侧为朱氏义仓墙上有石刻"朱氏义仓碑记"，长41米，宽21米，保存较好。

家庙坐北朝南，为三进式大厅，前为高大照壁，为牌楼式框架结构，壁书"理学传芳"，两侧开设进门。照壁北面发现绘有神秘双龙纹，图案很模糊，让人联想起洲湖黄东溪公祠的双龙争鼎图形。照壁之后是个大庭院，无事装饰。家庙大门面向照壁开设，为门楼格局，正中为大门，两边各设拱顶小门。大门前新立两尊石狮，门上书"朱氏家庙"，门额四个阀阅，门后为廊屋。过大门是天井，板石铺地，天井东西两侧是廊道。过天井，登一级台阶至官厅。官厅有东西耳门，东门往报功祠，西去空地。官厅简朴，不是很大，百来平方米。厅梁上悬"源远流长""敦本厚伦""翰林""进士"诸匾。官厅通过廊厅即登祖宗寝堂，名曰"著存堂"，堂设先祖神位，可供祭祀。今家庙于早几年重修，基本保持了旧制。不过，原家庙东侧还建有报功祠，现已改作他用。

朱氏家庙 （邹巨光 摄）

朱氏家庙也算有些年头。据《重建石城民表公祠收用碑记》载，朱氏家庙初为始迁祖朱民表公祠，始建于元代，依靠义谷维持长期管理。由于地基狭隘不规则，族人多次谋求更新重建，皆因经费不足未果。为了重建家庙，朱氏族人于嘉庆二年（1797）首倡设立义仓，积累资金，为新建家庙作物质准备。嘉庆二十三年，朱氏购得祠宇相邻一大片基地，能满足新庙立基。道光二年（1822），凑足了建庙经费。于是鸠工坯料，大兴土木。到道光五年，新庙终于建成，规模壮丽，基础坚实。接着，又于庙之东侧构建报功祠，主要俸祀新庙倡建作出大贡献的诸位先君。由此可知，现家庙迄今有近200年的历史。

虽然朱氏家庙没有特别值得大书特书的遗存，但朱氏家族却有不少可圈可点的故事。

三都朱氏源于本县龙安前盈朱坊，而前盈之前的祖先无考。三都始迁祖朱民表在首修谱"序"中说："余宗故谱澉失无存。今兹辄据所知次系而列图表，行而详传。"元代文人虞集也为首修谱作序："建昌路前盈朱民表祖由唐宋，世济儒风，人多显仕，而民表独隐居自成。"后来，六世孙明儒朱大仲再序详解："朱姓高阳氏之后，汉唐以来，族亦称望。至北宋，凤公受居前盈，更十余世，其中显达虽多，系述混乱，莫可稽考而厘正焉。迨至副使万一公后，方引绳如贯珠。四世民表公，余伯祖也。"据此，三都朱氏或应与朱熹无关。朱氏迁居三都后，瓜瓞繁衍，人丁兴旺，大兴家业，迅速成为一方旺族。其中因果与其诸代先祖治家理念不无关联。朱民表誓言"勖子孙，振家声，尊国势"，其从孙朱彬又立家规十六条以训宗族，"详密深厚，卓然志古。直欲保门庭于久远，使风俗美人才出，备国家任用之盛"。这种良好家风对家族的兴旺无疑是起决定性作用的。

逍 遥 古 寺

逍遥古寺庙坐北朝南。庑殿顶，两进一天井。进门内有四大金刚镇守，中间供奉水仙、五谷大仙、关公等五尊菩萨。寺庙前面为三都戏台。为三都一带有名的寺庙，香火不断，人气较旺。三都每年的庙会都在逍遥古寺举行。该殿保存较完整，为研究古代寺观塔幢建筑提供了重要参考价值。

文风鼎盛

三都历史悠久，文化底蕴丰富。早在唐代，这里曾建有石城寨。北宋时期，石城又出现一位文学名儒，叫吕南公。他长期居住在石城之西村，于此读书治学，以讲道著述为乐，成就一代文学大名，身列北宋建昌之十贤，对后世影响很大。到了元代，乡绅朱民表在石城西村创立西村书室，"以聚一族之英俊，来四方之朋彦。其室中为祠，祀宋名贤及乡之吕南公"。朱氏自是声名鹊起。为此，元代著名学儒奎章阁大学士虞集在《新城县学碑记》中不吝笔墨，大肆扬举朱家族学。

有元一代，古黎川科名以石城朱氏为盛。有趣的是，到了清代，黎川唯一一名参加过"千叟宴"的人也是出自三都朱家，他叫朱礼，字用和，号节轩。他参加了乾隆六十年（1795）乾隆帝的第二次"千叟宴"。三都这个地方还是个军事要地，历史上有过多次军事经历。除了唐代有过石城寨之战，清咸丰、同治年间，这里还遭受了太平军兵燹，居民损失惨重。

历史人物

吕 南 公

吕南公（1047—1086），字次儒，号灌园。他出身贫苦，于书无所不读。北宋治平末至熙宁年间参加科举，屡试不第。后退而筑室灌园，人称"灌园先生"。他安贫守道，无意进取功名，益务著书，借史笔褒善贬恶，以"衮斧"名其居斋。元祐初时，朝廷立下十科以取士，中书舍人曾肇、建昌郡守陈绎等人举荐，廷臣议论欲命以官，然未及除授而卒，年仅40岁。其生平《宋史》有传，另《江西通志》、明代《建昌府志》《正德新城县志》等亦有传载，多入儒林、名贤、文苑等。

吕南公的作品主要有《灌园集》，此书由其子吕郁编辑整理而成，收录诗歌300多首，散文100多篇。吕南公的诗歌创作题材丰富，其中反映民生疾苦的诗作最为人重视，具有一定的"诗史"价值；语言平淡朴素，不假雕饰，能见陶诗风神；其表现手法赋议结合，叙事说理，摇曳多姿。吕南公的散文创作亦特色明显，颇显成就。序、记、书类散文，能将叙事、议论、抒情融为一体，文辞雄深、风格劲健，具有宋代古文的特色；文、传、赞、铭类散文，传摹物像生动传神，善于托人或托物言志，注重挖掘文学和道德双重价值；杂著类散文，或富含常理，或寓意深刻，极有风致。《灌园集》被后人辑录于《四库全书》，吕南公亦被列入《中国文学家大辞典》（宋代卷）。

吕南公不仅诗文卓有成就，其"文道"观亦有自己的见解，提出"言以道为主,而文以言为主"的"文道观"，认为文不能离道，道不能离文，强调"文不可以不工"。有论者认为，这与苏轼、欧阳修观点一致，于是他又是北宋时期一位了不起的文论家。

吕南公认为陈寿所著《三国志》详略无度，立志重修，但在书快要完成之时辞世，这本书稿也因此散佚，没有流传下来。

《灌园集》书影

吕南公极其崇拜侍御史陈洙（字师道，福建人），到"恨不得其全书"之程度，以致竭力收集陈洙诗文400多篇，并为整理结集作序；又十分推崇韩愈，为文论道，继承韩愈之"古道"，可谓异代知音，故他曾作有《重修韩退之传》。吕南公人生的第一位伯乐却是邓润甫。邓润甫是第一个发现吕南公才华的人，那时邓润甫在政坛很有声誉，正是由于邓润甫的慧眼识珠，吕南公才得以声名鹊起；吕南公人生中最重要的伯乐便是曾肇，曾肇认为吕南公是一个既有德行又有文采的学者，于是上疏朝廷，以"德行纯固科"（时以十科取士，此十科之一）推荐吕南公为官，也正是以当时曾肇的影响力，从而扩大了吕南公的影响。吕南公人生中最为欣赏他的地方官则是当时建昌郡守陈绎，两个人"相见惊喜，留连郡榻"，陈绎以"文章典丽科"，

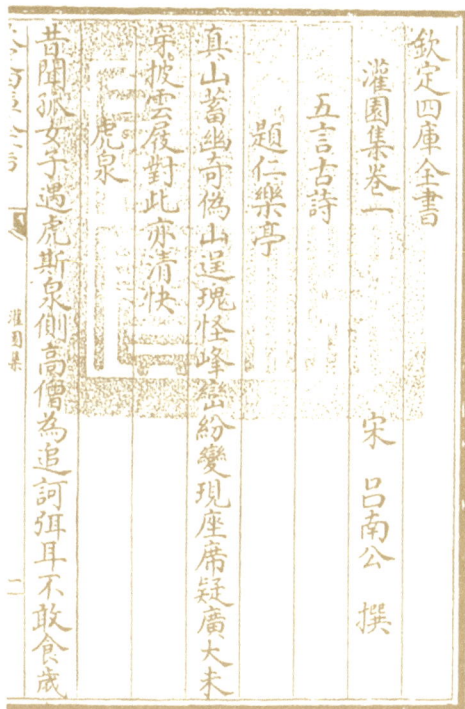

向朝廷推荐其入仕为官，可见陈绎对吕南公的才华及人品非常认可。吕南公还得到许多名士的欣赏与青睐，并与之交往。曾巩是吕南公的良师益友，故吕南公被列为"曾巩亲友门人"，其弟曾布看重吕南公的才华，曾派儿子请吕南公到家并留住；苏轼对吕南公亦有好感；傅野亦以吕南公为榜样。同乡王向是吕南公一生挚友，两个人在人生经历和文学观点上有很多共同点。另外吕南公与李觏弟子傅权、傅翼也交往颇深。

吕南公虽寿命不长且未入仕途，但以其德才，在当时还是有一定的名望和影响。他曾是熙宁乡贡，去世之后被赠予了资善大夫和右都御史封号；尤其值得一提的是，宋绍兴年间，时人为纪念先达名贤，在南城建仙都观，设十贤堂，吕南公与陈彭年、李觏、曾巩、曾布、曾肇、朱京、朱彦、邓润甫、王无咎等并称"南城十贤"（当时黎川属南城管辖），由此可见，吕南公在当时影响之大，能与陈彭年、李觏、曾氏兄弟等并称。

朱 民 表

朱氏家族的迅速崛起，朱民表厥功至伟。朱民表（1264—1333），讳何，字子贤，号环溪。迁居石城，为三都朱氏始迁祖。他学识渊博，乐好隐逸，被诰赠征仕郎。时值宋末元初，儒学科举废停数十年，县学不兴。朱民表心忧子孙教育，于是在石城里居所附近创办"西村书室"，"以聚一族之英俊，来四方之朋彦"。书室中还专门设立了宋儒祠，奉祀周子、邵子、两程子、朱子、张子、许文正公及乡贤吕南公等名儒。岁时率子弟及同乡学者行舍菜礼，并讲学其中。后来，朝廷恢复科制，朱民表立即捐建文庙棂星门、藏书阁，修缮乡贤祠，复兴县学，此举深受官民称赞。为此，奎章阁学士、临川虞集还专门著文以记其事。由于朱民表一直重视教育，未因停废科举而放弃子孙培育。因此，在科举恢复时，本族声名鹊起，人才辈出，功成名就。乡人赞誉"一门三进士，十载两登科""累代儒家，一乡善士"，为邑之望。

朱 礼

朱礼（1300—1344），字德嘉，号东城，朱民表之子。元统三年（1335）乙亥科举人，曾任崇仁、庐陵等县教谕。著有《汉唐事笺》《对策机要》。

朱　彬

朱彬（1308—1391），字仲文，号仰虹，黎川潭溪乡三都人。元统元年（1333）进士。初为翰林院典籍官，因上疏废除刚刚恢复不久的科举制度，被贬谪至隆兴路富州（即今江西丰城市）任州尹。在州官任上，他作风清廉，执法公正，待百姓宽仁慈惠，政声甚佳。科举复行后，朝廷召他回京，担任翰林承旨。正值当时国史馆奉命修纂宋辽金史，朝廷商议确定以元继承金，以金承接辽，而将宋朝置于偏统系列，就像南北朝时那段史例一样。朱彬上书给国史馆总裁欧阳元，力争将宋室列为正统。上疏中，言辞极其严正。这可激怒了蒙古籍丞相兼国史主修脱脱，几乎要将朱彬置于死地，后来，辞官归家。

朱 大 中

朱大中（1308—1391），字正子，号立斋，黎川潭溪乡三都人。其父朱子厚，曾任常州通判，务政有声。大中性格敦厚，自幼刻苦钻研学问，立志高远，期望自己能像古代贤人那样成就事业。他博学能文，谙古通今，曾作《儒说》及《书山堂壁四则》以自励。明洪武四年（1371），以德才兼备闻名于时，被举荐到朝廷，奉旨试论政务策略，得到皇帝首肯，授任国子监助教。虽在太学任职，但常被皇帝召到身旁，讲经论道，使皇帝大受裨益。后因年老请辞，获准。但朝廷下诏仍发给薪俸。不久朝廷又再次征召他回任，而他已去世。时年已84岁。他死后，朝廷还赐祭物及安葬费用。

朱　倬

朱倬（1310—1352），字孟章，号仰源。元至正元年（1341）中乡举，至正二年成进士。至正八年（1348）经谒选授任浙江遂安县尹。朱倬所任遂安县是个滨海县，不但经济基础差，文教风气不振，而且经常被匪盗侵扰，战事频繁，素来难以治理。朱倬到任后，雷厉风行。以重农劝学为首务，大力发展农业生产，兴办教育，整顿社会风气，加强治安防务。不到一年时间，全县面貌得到很大改变，当地百姓交口称赞，感其恩德。

元至正十二年（1352），盗匪骚扰遂安，战事吃紧。朱倬亲率官民坚守城池，竭力抗御。终因没有援兵，寡不敌众，孤城难支。危在旦夕之际，他在城楼上架棚设座，上书"生为元臣，死为元鬼"，以表誓与城池共存亡之决心。后盗匪举火焚烧城楼，朱倬投水自尽。

未入仕前，朱倬居乡闭门谢客，潜心著述。曾著有《诗经疑问》7卷，刊成书后，时人争相传阅。后，清代著名词人纳兰容若为其诗集作序。其诗入选《江西诗征》，纪事列载《江西通志》。

非遗传承

三 都 庙 会

三都庙会，固定在农历七月二十三。三都庙会敬祀水仙、五谷大仙、关公等五尊菩萨，菩萨从祠庙请出后，伴随神龙到各处游行，俗称"迎神"。游龙不只出自三都本地，还来自周边有关联的村庄，多时达十五六条龙。游龙还会远游至河塘、石陂、团村等相关村落，据说这也是附近相关菩萨之间的交会。庙会伴随商品会。商品会在三都圩街举行。每到此时，圩市热闹非常，四面八方的赶圩者闻讯而来，满圩人来人往，摩肩接踵。市面上摆满各种商品，除了早市必有东西，还有各种南北货以及手艺人自制的各类生产生活用品用具，琳琅满目。

三 都 黄 烟

三都是黎川历史上的黄烟主产区。这里黄烟种植历史悠久，烟草品质高，名扬全国。黎川黄烟种植始于明，盛于清，烟丝品质全国有名，是黎川历史上唯一的地方"贡品"。清嘉庆年间，黎川由于大规模种植烟草，大量挤占粮食面积，致使全县粮食危机，县府不得不发布《大荒禁烟公约》。然而，由于黎川地理环境非常适合烟草生长，特别是三都地区，烟草品质绝佳，"三都烟叶"成为黎川烟草品牌。三都烟叶加工出来的烟丝品质最好，成为特级或贡品烟丝的首选，闻名遐迩。由于烟草价格居高不下，禁烟公约屡禁不止，更有扩大增长趋势，甚至出现租田雇用人工种植烟草，导致农业资本主义现象在黎川萌芽。清同治年间，县府不得不再次颁布禁止种烟公约，但均未取得成效。直到 1949 年后，黎川黄烟生产仍享誉全国。近 10 年来，随着烤烟技术在黎川推广，三都仍然是烟草种植大户。

红色故地

红色话剧《庐山之雪》与三都整编

1932 年年底至 1933 年 1 月，红一、四方面军遵照军委东沙会议的决定，在黎川三都进行著名的"三都整编"，整编后撤销第三军团和第四军团的番号，军团直辖七师、九师、十师、十一师四个师，整编后均撤销军的建制，由军团直辖师。三都整编之后，周恩来、朱德率领红军主力移师北上参加了第四次反"围剿"的战斗，接着就取得了黄狮渡和浒湾战斗的胜利。在此期间，为纪念宁都暴动一周年，红一方面军在黎川各地举办隆重的纪念活动，举行了文艺演出。12 月 30 日，红一军团为鼓舞士气，红军将领林彪、聂荣臻、罗瑞卿亲自登台表演，演出了中国第一部红色话剧《庐山之雪》。演出地点就在三都的黄氏家庙，周恩来、朱德、王稼祥等中央红军领导人观看演出。

团村战斗战场

著名的"团村战役"曾在潭溪乡三都村境内发生，工农红军在战役中击溃国民党 12 个军团，当年红军在三都村撮斗山头所挖的战壕，至今依稀可见。山上仍有当年遗留的碉堡、弹壳等。

逸闻趣事

石城寨的由来

据传，唐末黄峭山第 17 子迁居于此，按其祖训"因地为名"，遂名黄城，号石城公。即先有石城，后有黄石城。宋绍兴八年（1138）黎川设县后，全县54个乡都，此地被命名为"三都"，明清至今沿袭其叫法。"都"本是行政区划名称，现在能留下"三都""八都"之名，也仅是约定俗成。至少，石城、寒村这样的名称比三都要早得多，因为黄城、李觏、吕南公时代没有"三都"的称谓。

三都黄氏宗谱有一篇《石城墟记》，对石城有过优美的描写，"土沃人稠，楼多屋广；树木荫翳，文物光华"，冬天虽严寒，夏天却不酷热。沟池遍布，竹木环植，小桥流水，山高月小，户户筑围墙，院后建果园。接竹引泉，以便灌溉；去薉开境，以供玩赏。男耕女织，务本敦伦；老尚齿德，少事诗书，确实是一个"仓廪实而知礼节，衣食足而知荣辱"的好地方。《题石城记诗》云："地胜幽清曰石城，迢迢四达往来频。高山流水时时乐，修竹乔松岁岁青。忠厚家声敦古范，诗书世绍前人。任从官府施严号，向没征徭日过门。"简直是个世外桃源。居住于此的吕南公也曾自诩"常开夜户夸无寇"，还振振有词"愿定此居犹未得，岂堪侥幸望公侯"。据《读史方舆纪要》，唐代有黎汾在此聚兵筑寨，名曰石城寨。县志也说："唐昭宗天祐元年（904），危全讽为淮南杨渥所败，降于渥，仔昌奔杭州。全讽将黎汾、王藻聚残党据邑石城寨、高寨，为盗南城。镇南军节度副使刘信尽破之，败于黄花岗，一郡遂宁。"县志所载时间与《九国志》有点误差。

据《九国志》，五代后梁开平三年（909），杨渥被杀后，吴王杨隆演掌权。七月，杨隆演手下大将周本率领淮南军入江西。周本不先解救洪州、高安之围，而是采取围魏救赵的办法，突然攻袭危全讽驻扎在今丰城市的象牙潭的大营。为此，危全讽大败被擒，解往扬州。再结合县志所述，黎汾占据石城寨、高寨为盗，似应为909年危全讽败退之后的事。《九国志》卷二《吴·列传·刘信》："危全讽新破，其将黎汾、王藻，聚残党为盗南城间，（刘）信尽破之，一郡遂宁。"所谓"残党"，当然指失去了危全讽这个魁首之后的情形。

综合上述可知，黎汾曾占据石城寨，与危全讽作对，后来兵败，投降危全讽。等到危全讽被周本击败后，黎汾侥幸逃脱，回到石城寨，继续与官兵对峙。最后被刘信剿灭。

洛社高风三源村

厚村乡三源村，位于黎川县东北，距县城33公里，距厚村乡政府5公里，距闽西第一雄关——杉关仅7公里。

三源古时又称际源、磜源、济川、龙溪里，明清时期属新城县东兴乡三十四都。现今的三源村因分为上源、中源、下源而得名。1949年前属厚村乡，后属飞源乡。1958年，设三源大队。1968年，改为红心大队。1970年，恢复三源大队。1984年，启用行政村名。

三源村临水而生，村内古木参天，绿树成荫，古建筑错落有致，规模宏大。这些古建筑散居于村中各处，古色古香，厚重典雅，有的雕梁画栋，有的斗拱层叠，有的飞檐腾空，风格迥异，各具特色。

三源村是徐氏一族始迁、中兴、繁衍之地。"其地穹然而高，其源窈然而深，其田肥，其泉美"，村庄前后青山葱茏，村前还有大片沃田，村庄环抱其中，一条清澈见底的小溪轻轻地从村前淌过。徐氏家族自康熙四十年（1701）迁徙到此地算起，已经过去了300多年。徐氏族人以生于望族、长于名门为荣。事父母以孝、处兄弟以和、待族党以睦、交朋友以信，训以方义以课子、亲如生女以爱媳。士各有志，人人立志"不为良相，即为良医"，或济世或寿民。士农工商学，各子逐一因才立业、教养婚配。为学者、入仕为官者、从政就职者、经商者、从医济世救人者、从教育人树人者，不胜枚举。

三源村全景

　　现存明清古建筑 10 栋，主要有民居和祠堂，历史风貌保存较好的建筑有儒林郎第、徐氏家庙等，其中儒林郎第为县级不可移动文物。

　　第二次国内革命战争时期，老一辈无产阶级革命家彭德怀同志任司令员的东方军司令部曾设于三源村，村庄对面严嶂峰至今还存有当时战斗留下的战壕遗迹。1933 年，闽赣苏区东方县苏维埃政府以三源为中心，开展土地革命和反帝反封建斗争。

　　2023 年 3 月，入选第六批中国传统村落名录。

古建遗存

儒 林 郎 第

　　坐落于三源沙珠寨，坐北朝南，大约建于 1793 年，为徐世焰所建。徐世焰，太学生，诰封修职郎，例晋儒林郎。这栋建筑坚固精美，至今保存完好。据称是参照新城县钟贤乡（今中田乡）最大望族陈氏府邸设计建设，为其缩小版。

正堂的上方悬挂着一块牌匾，上书"洛社高风"四个大字，为清代光绪二十五年（1899）时任新城县训导欧阳耀赠予徐氏家族徐东旭六十大寿的贺匾，以颂扬老人品德高尚，贤达一方。

儒林郎第

徐氏家庙

徐氏家庙始建于清乾隆五十五年（1790）春，落成于清乾隆五十八年（1793）秋。位于村庄中部235乡道旁。古时没有道路，家庙孔道即为当街通衢。保存完好。

徐懋夫公祠

徐懋夫公祠兴建于清道光年间，系徐氏家庙分祠，为懋夫公的四个儿子世煜、世炫、世炯、世炤所建，是禄房懋夫公支下后代子孙祭祀祖先的享祠。

徐懋夫公祠位于沙珠窠村庄最后背，禄房虎形山下西侧，坐北朝南，主要建筑有照壁、石牌坊、门厅、过厅、正厅、寝堂等。为经典的歇山式徽派建筑，呈中轴线对称布局，占地面积1200多平方米，建筑面积近1100平方米。四周墙壁由基座、壁身、壁檐三部

洛社高风匾额

徐氏家庙

徐戆夫公祠

分组成，壁身用青砖斗拱砌就，檐部为水磨青砖斜角铺装，檐下施青砖磨制斗拱。两座照壁工艺精致，造型简洁，在照壁与门厅之间，相对而立。

上 槽 门

上槽门大约建于1780年，杰升公大昌（号戆夫）之长子揆亮公世煜所建。保存完好。

世煜，字揆亮，生于乾隆十五年（1750）二月十六巳时，卒于嘉庆七年（1802）三月二十四寅时。子绍贞、绍祥、孙举鹏、举先、举成，均为太学生。

粮 仓

现今，村庄还存有粮仓一座，位于儒林郎第厨房后部的土塝上，沿儒林郎第与徐氏家庙及上槽门之间的走道150米左右，可达粮仓。粮仓属徽派建筑，坐东朝西，占地面积200多平方米，建筑面积近150平方米。主体建筑为砖石结构，内有数个木质粮仓、游廊和天井，南北西三面墙都是马头墙。东面有一圆拱形门与走道相通。粮仓约始建于清嘉庆、道光年间，为龙溪十世孙世焰明亮公（号镜轩）所建，为"儒林郎第"镜轩公恒、鼎、丰三房所有。保存完好。

三 源 桥 梁

三源的上、中、下各有一座石拱桥，其上一桥，得名凤栖桥，酷似一只展翅翱翔的凤凰，位于唐湾、何林、沙戈三个自然村的交界处；中间一桥，取名暗亭桥，在凤栖桥下游约2里；再下游约2里，即三源桥，又称卡亭桥（三源里因此命名）。此凤栖桥、暗亭桥现今还在，只因年代久远，已现斑驳、颓废景象，不复往昔的恢宏与气派。暗亭桥桥畔有一亭，名暗亭，已于多年前毁弃。

非遗传承

张 王 出 巡

三源民俗丰富多样，富有地域特色，传承已久。尤其是农历七月十八、十九的三源庙会，为闽赣边界重要的民俗活动，时间长，参与人数众多。庙会期间，有秋前架送福、张王出巡、舞龙等民俗活动。在三源村，流传着"张王抗敌"的传说。张王，名张巡，唐中宗时期曾在江西鄱阳湖地区为官，某一年，有叛军攻城，张巡拼死抵抗，一直扭转不了战局。叛军找到张巡的时候，看见张巡因为愤怒，肚子鼓得像个西瓜，为防有诈，叛军一枪朝张巡肚子刺去，没想到从肚子里喷出一股毒气，将叛军毒死大半。张巡死而复生，率众一鼓作气把叛军赶出城外。至德二年（757），张巡在河南睢阳战死，老表们为了纪念他，广修庙宇，塑真身，以为保护神。三源庙会的第一天，要从张王殿的神台上把神像请下来，安放在殿中的木架上，接受众人的朝拜，然后将塑像请出去在村里巡游，谓之"张王出行"。

三源秋前架

秋前架是一种祈福的道具，其外形类似水车，是一种有4个座位可以

秋前架

向前翻转的花轿，样式别致精美，由人力抬着行进，为三源张王庙会独有。

巡游过程中，由4个10岁左右的小女孩穿上新衣花鞋、梳妆打扮好坐在秋前架上，口唱三源村世代流传下来的祈福小曲，每唱完一曲座位就像水车似的向前转90度，好似有4个仙女上下翻飞。因庙会举办的时间正是收割稻谷（秋分）前最后的农闲时光。

据三源村的老者介绍说：因为过了立秋，每向前一天，离丰收就更近一些；秋前架一圈一圈向前翻转，寓意在秋分前夕，丰收在望，充分表现了农民对即将到来的丰收热切期盼与祈求。被选中上秋前架的小姑娘是由操办庙会的"头首"们选的，一个小姑娘一辈子只能坐一次秋前架。被选中的女孩是极其幸运的，被认为能给孩子带来好运。早些年份，家里有小姑娘被选上的还要办酒答谢亲朋，让大家一同沾些喜气和福气。舅舅家还要给小姑娘做新衣，打金银首饰。农历七月十八当天早上，穿戴打扮好后的小姑娘，要由舅舅抱上秋前架，在去张王殿祭拜的路上，舅舅舅妈要不停地给外甥女打蒲扇扇风，送茶。到了殿前，舅舅要抱着外甥女下架子并一直抱着去神像前祭拜。

逸闻趣事

徐道三吞金

100多年前，沙窠有个大财主，名叫徐道三。他采取"利滚息、息加利"的手段，使粮租超过万石。他为了显示自己有财，准备打一个"万"字桶。

对此，管账先生开导说："你用了'万'字桶，皇上要调一千石粮就得交一千石。"道三听后觉得在理，便打消了打"万"字桶的念头。

徐道三经常亲自下去催粮。要是欠粮户做好菜盛情招待他。他就会说："你家生活过得这样好，怎么还不起债？"如果哪一家摆上盐水或是饭汤招待他，他就会说："你这样的人家生活太苦，确实还不起债。"

徐道三理财，既认真也马虎。何林人卖柴给他家，只要带上两担卖柴工具，叠柴时莫让他看到，一担柴可领到两担柴钱。

俗话说，有借有还，再借不难。如果谁家拖欠多年还不起粮，他就会采用强暴手段，置人于死地。邻近的光泽县止马镇仁厚村有一个黄姓长工，积欠几年粮无力偿还，他就叫其他长工活埋黄某。黄妻闻讯赶来评理，徐道三说："你丈夫都死掉了，你一个妇道人家还得了债？"说完，又叫人将怀有身孕的黄妻一下活埋了。

徐道三惨无人道，一举灭了黄家三口，自然惹起了黄姓宗族的怒火。迫于报复，黄家在一天夜里，用煤油点火，把徐道三家三层房子全部烧掉，最后只剩下三块门头石。

房子被烧，徐道三感到非常恼火。为了出这口气，拿了许多银子叫大儿子去向皇上请兵。大儿子走到建昌府，用请兵的银子拿去嫖娘子，只好空手而归。

大儿子没请到兵，他又叫二儿子去请。皇兵请到洪门，碰到皇兵内部作乱，折腾半天以后，皇兵打马回朝。

听说徐道三在向皇上请兵，仁厚黄家也吓了半条命。派人找道三商议，愿意为他家重建新房。可是，徐道三执意不从，扬言说，待皇兵召来以后，我要株连你黄家九族。

然而，徐道三眼看儿子无有才干，皇兵没请到，又花费了不少银两，咽不下这口气，乘家人不备，吞金而死。

徐道三死后，两个儿子没有依靠，坐吃山空，最后沦为乞丐。

千年同安沙下村

村庄概况

宏村镇沙下村位于黎川南部，距县城 20 公里，明清时期属新城县德安乡五十二都，1949 年前属五区宏村乡。1958 年，设沙下大队。1984 年，启用行政村名，属宏村镇。

因村落建于孔源水与樟溪水汇合的河洲沙滩地带，因此得名于"沙下"。沙下所在的宏村，历史上即为黎川大镇，烟火稠密，街巷网列，是赣闽交易物资的集散地，边界贸易异常活跃。境内重峦叠嶂，溪流交错，有险峻异常的会仙峰、美丽旖旎的龙头寨等风景名胜，还有众多的寺庙道观，为生态旅游休闲乡村。

村中古建筑众多，屋舍沿河而建，连绵成片，有的保存完好。这里不仅有日常早市，还有每月逢四、九的集市，商品交易非常活跃。传统食品也颇有名气，如擂茶、水酒、米粉、山珍菜肴等，

2021 年 12 月，入选江西省第二批省级传统村落名录。

古建遗存

同安巡检司

同安巡检司，在县西六十里的宏村，宋时称为同安寨，元末改为巡检司。

明洪武三年（1370），巡检罗仲真重建。嘉靖三十七年（1558），守备王址提议改设于樟村，都民杨升捐地9亩助资兴建。四十年（1561）毁于寇。万历间再度移建于宏村。嘉庆七年（1802），被洪水冲塌，经巡检吴诰详请上级，动项修复，又于道光二年（1822）坍损，巡检张朝铭借廉银修理。从这段简载中，可知同安巡检司前后将近千年历史。

据宏村《余氏宗谱》载，余俊民，余氏第十一世祖，字世亮，号守庵。南宋绍兴年间，驻守在石陂巡检司的饶青起兵造反，扰掠乡村，人情汹涌。宏村本地的民众与余俊民相商如何维护安全。余俊民纠集少壮，设寨保御。县令赵公向上举荐，补授余俊民为承信郎，巡检本地，辟堡立寨，号曰同安。这就是同安巡检司在宏村设立的最早记载。余俊民死于宋淳熙元年（1174），先前，余俊民因在同安巡检司捕寇有功，曾调任赣州兴国县衣锦寨巡检。余氏还有一位担任过同安巡检，为十六世祖，名君攸，字希理，号巽窗，至元十七年巡检，以抚寇功超升建宁路松溪县主簿。

晚清有一个姓名、生平不详自号"独逸窝退士"的吴下人，即江苏长江以南人。他曾在宏村设馆教书，写有一则《巡检》的笑话。说："予馆江西新城横村时，见署印同安司巡检某上任，舆从极盛，戏占一绝云：'头踏跟班压断街，玻璃大轿四人抬。炮声响后锣声近，署印同安巡检来'。"诗极打油，取笑这个品秩[①]极低而又自命不凡的巡检上任的境况。首句"头踏跟班压断街"，其实表示巡检司兵员不少的意思。明正德间，同安、极高各有巡检弓兵60名，清朝递减，到同治年间，同安巡检设弓兵16名。这次的巡检弓兵估计也就20名左右，但簇拥着头头横着走，"舆从极盛"，煞是壮观。二句"玻璃大轿四人抬"，显然是不设帷幕的透气轿，你可看我，我可观你，相互莞尔。后二句是指敲锣打鼓，欢声雷动，一片热闹。

古代巡检司还具备市场监管功能。同治年间，全县共有5座万寿宫，其中一座设在四十八都西城桥，乾隆五十九年（1794），由监生杨先沛同邓、杨、薛、朱、包、郭等姓氏捐建。嘉庆二十三年（1818），复于万寿宫殿东角加建了文昌阁。一些牟取财利的奸人用先前的法帖冒充，私下勒索粮税。杨先沛等较准秤砣，相当于现今的公平秤，用铁索锁好，系在殿外柱子上，令买卖粮食者均在此处量称，不得妄取分毫。经同安巡检司吴司长请示县

---

① 品秩，古代指官员等级。

令徐丽生，将条规勒碑存案，其弊乃息。可见，后来的巡检司不仅仅抓盗捕贼，也有监督市场的公平交易的权力。

这个吴巡检可能在位比较长，做的公益事业也不少。嘉庆七年（1802）七月十五日，龙安河上游山洪暴发，孔源、宏村、冰壶、邓家洲、马勒山、宋家洲以下，沿河一带人、物、畜漂流而下，死伤无数。村民将人畜草草裸葬，浮土浅埋。同安巡检司吴司长担心日久之后死尸会暴露，引发疫情，决定捐物捐款，将它们改葬于高爽之地。

余氏宗祠

始建于清代，占地面积约 375 平方米，砖木结构。总祠建在中湖墙围，早毁。余家开族祖党公原是三兄弟，即赏公、裳公、党公。唐僖宗年间，黄巢起义天下大乱，三兄弟从浙江衢州逃难至江西省抚州，其中赏公在南城开基、裳公在黎川县荷源余氏垄开基，党公在宏村周应初家做帮工，后周家看党公聪明能干，将女许配为妻，由此在宏村繁衍后代至今约 1200 年。

余氏宗祠

值得一提的还有余家排的余驸马公祠：据《余氏宗谱》记载，余锋仪表堂堂，文武兼备，为宋高宗二公主惠安公主之驸马。

三 忠 祠

三忠祠始建于清代，砖木结构，平房，建筑面积240平方米，主要功能是用于祭祀，内供奉关羽、张巡和岳飞，故称三忠祠。

三忠祠

历史人物

余 安

余安（862—924），字崇超，后唐至五代十国期间的地方武装将领。

平素与本县籍另一地方武装将领危仔昌交往甚密。当时，附近州县盗贼蜂起，侵境扰民。余安与危仔昌一样，各自招募当地青壮年，组织地方自卫队伍，筑土城，立哨寨，巡逻守护，保境安民。官府都护谢肇为此上表朝廷，授任他们为本县县尉（县级军事长官）。后来，危仔昌担任信州刺史，余安随同前往信州任职。在攻打洪州失败后，余安与危全讽、危仔昌等同投奔吴越王。吴越王钱镠封余安为本军都护。

当时，福州节度使李仁达被南唐将领马延鲁所攻打，十分危急，遂向吴越王求救。吴越王派余安领兵援救，斩马延鲁部将孟坚，马延鲁败逃。李仁达率全体部属投靠余安，奉余安保卫福州城。后来，余安又奉令攻取南汉韶州，得胜。因军功被封为"曲江侯"。最后，余安自释兵权，辞去官职，回归家乡养老。同治版《新城县志》循前志于"宦业"部简介其生平。

余 锋

余锋（1124—1177），字尧弼，又字待丰，号洪波，是迄今知晓的唯一的黎川籍驸马。据宏村《余氏宗谱》记载，余锋生于宣和六年（1124），丰姿俊耸，相貌堂堂。其父余去非，初任太和县尉，后因护驾有功升任秩御史、桂阳平阳二界巡把、汉阳镇守史，直至升迁兵马使、淮东抚干忠训郎。

余锋自幼偏爱军事，饱览兵书，谙达兵法，后来在抗金卫边、平定寇乱方面屡有建树。他多才多艺，酷爱书法，尤以隶书见长，文武百官由衷赞佩。

南宋建炎三年（1129），宋将苗傅、刘正彦密谋，发动兵变，逼高宗皇帝让位于年仅3岁的太子赵勇。金兵趁宋朝廷内讧，南逼宋疆，追杀太后。时任太和县尉的余去非组织忠义之士与金兵展开了殊死的搏斗，竭尽全力保卫太后，并护驾至南丰觉元寺避难，后又一路保护太后平安回到越州（今浙江绍兴）。由于护驾有功，余去非官阶一路攀升。宋绍兴十一年（1141），朝廷挑选贤才为驸马，太后有意将公主嫁于余锋；与此同时，左丞相赵鼎、大将韩世忠向高宗帝呈递奏章曰：淮东抚干余去非诚有辅太后还驾之功，太后懿旨允公主配其子名锋。臣观余锋外有人才超群，内有诚德过人，博学通识，诚堪朝选，且其父有功于淮东，望陛下如皇太后言，以见陛下盛德。高宗皇帝允奏，以吴皇后之女惠安公主适之，封余锋为驸马都尉，并下诏，特封余去非为曲江男①，食邑五百户。

宋绍兴二十五年（1155），英连二州盗寇作乱，朝廷将平寇重任委以余锋。余锋以德攻心，使贼寇内部分裂，然后采取擒贼先擒王的策略，将寇首捉拿归案，胁从者宽大遣返回家，深得民心，很快平定了二州之乱，南宋建立之初，百废待兴，主战派与主和派，势不两立。余锋坚决站在李纲、赵鼎、韩世忠等为代表的主战派一边，誓死不当亡国奴。他提出的《安边三策》极富战略眼光，主张边民编甲、教武演习、平时为民、战时为兵、勇猛为骑、各隶其属、各住其家的备战观念，置屯田法，平时训练、生产，战时据险杀敌。他这种"化整为零、聚散而众、平时为民、战时皆兵"的军事思想，对当时平叛抗金、定国安边的确起到了不可估量的作用。

由于其时的最高统治者一味主和、妥协，主和派专权。余锋许多好的奏疏、建议非但未被采纳，而且遭到奸臣排挤诽谤，致使官运不畅、官场失意，从金书枢密的位置贬至常德府兵马监押茶矶。宋淳熙四年（1177）七月，年仅54岁的余锋忧愤辞世。皇帝下诏谥赠襄毅侯，并准其遗愿，敕葬故乡。

余 日 登

余日登，字岸少，从小志存高远，卓尔不群。在居所建"汉阁"，藏书极丰富。明崇祯三年（1630），乡试中举。但因其文章虽然名气大，却不附庸时势，未得到重用，当时许多高官名流都为之惋惜，只好安慰勉励他加强功底锻炼，以应需用。家乡高士黄端伯、孔鼎，南丰汤来贺等与他最投缘。他经常在夜深人静时，握着孔鼎的手，数点夜空星辰，慷慨感叹，以至潸然泪下，泣不成声。又常常围坐汉阁，各言其志。他说"我得则为范少伯，失亦为姚将军，入青城不令人物色"。孔鼎则不以为然，而相与讲求人生性格命运，探讨天下兴亡变故。后因打算远赴外地探视病重的故交挚友，心情过于激动，未及启程而病故。所著有《卧庐稿》《太平通史》《广易传》等。

余 光 令

余光令（1625—1696），字小令，号渔郎，余日登之子，明末清初文

---

① 宋代爵位。

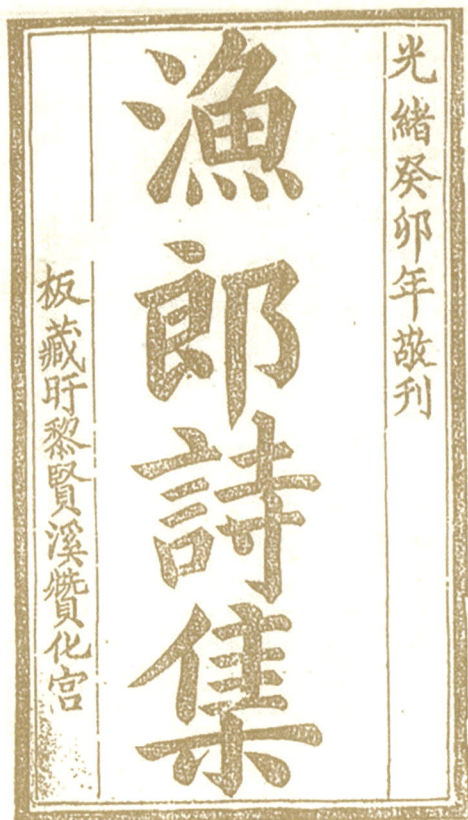

補 79-192

《渔郎诗集》书影

学家。余光令生性至孝，待人宽厚。其家境贫寒，所居旧屋一幢，傍临溪边，名曰"汉阁"，简陋萧然。但室中藏书千乘，每日端坐其中，吟咏不辍。

他从小聪慧机敏，立志高远，每与人议论国事时局，必激昂慷慨。他曾说："学者忠孝而已，此处一失，举业非淡定，辞章非学，即高谈性命亦非学。"他10来岁时即负奇名，20岁时遭国变。明朝覆亡后，他放弃举子业，隐居家乡渔村，常与渔人为伍，故自号"渔郎"。他还经常蓬头乱发，闭门不出，与知心朋友高谈阔论，如稍涉及势利功名，便破口大骂。有时又穿戴古人衣冠，阔步街市，旁若无人，路人议论甚至唾骂他，他也置之不理。清康熙年间，县令杨嗣汉两次慕名拜访，他都借故拒见。南城县令董隆祚派专人带书信礼物前往相请，也被坚意辞绝。晚年，他又将所居房舍更名"百丈园"，自谓当老死园中。他还嘱咐儿子，将来他死后，要选择人们以为最不吉祥的日子时辰，出殡下葬，要将墓地建在自家园中的竹林里，并预先撰写了墓志铭。

他生前撰写了许多诗歌论文，多为有感而作。字里行间，情真意切地抒发了自己对国破家亡、明朝恢复无望的愤慨与愧疚，表达了自己虽然生活异常贫困，也丝毫不愿丧失民族气节的高尚情操。其所著《铁堂一集》《鹪鹩诗集》均得到学人的高度评价。著名文学家宁都魏禧为其《渔郎先生文集》作了序。其诗作辑成的《渔郎诗集》4卷，在家乡影响甚大，至今仍流传于民间。东乡才子艾南英亦曾为其文集撰写了序言。

风景名胜

宏村十二景

一出日头会仙峰，照见横（宏）村两江红；潭头嘴旁三忠祠，牙背墩上四果庵；五里桥上好跑马，六里高山可藏兵；七星伴月湖南墩，八马桥下小罗山；九曲弯弯黄岩水，十里长河透孔源；十一行宫把水口，十二太子坐龙潭。

金笼峰与长生观

长生观位于宏村镇西南约三四里的金笼峰上，与岩泉国家森林公园遥相呼应。金笼峰中堰外削，状如覆盆，势如狻猊，俯压群阜，故又称狮子山，俗名长生寨。

始建于宋治平元年（1064）。北宋英宗年间，由皇帝亲敕"长生观"，延续至今，为黎川最早创建的道观之一。

长生观

123

清康熙年间知名文学家孔毓琼所著《金笼峰记》载："登及峰尖，临崖俯眺，出东坪回望贤溪，双水合流，村圩历落，烟火万家，览不盈亏；南顾西弥并峙，宛联双壁；西望则层峦叠嶂，殆如腕抱；前望会仙耸翠，三峰平列，绵亘万寻，莫馨首尾，别则剑水倒挂，倾泻直下，光如白练。"

长生观犹如万绿丛中一枝红，点缀于这如诗如画的金笼山头。自建观以来，长生观不但被乡民视为祈福消灾之圣地，而且是士人修身求学的好地方。这里林茂山秀，空气新鲜，室雅境幽，景色宜人，确是读书习文的好去处。尤其自明、清以来，观中设有学馆，康熙年间庐陵人何心斋先生设帐于此。黎川籍知名文学家孔毓琼、孔毓功均为其学生。孔毓琼所著《金笼峰记》，就是他在 1714 年受聘于此督学期间应观主之约而作，保留至今。

长生观历经近千年的风蚀雨剥，几度兴废，有据可查的就有三毁三兴：第一次是清康熙年间毁于大火，后由道人王弘道为首在现址复建；第二次是 1932 年的又一场大火将殿宇吞噬，1937 年由孔绍庭、余德仂等人为首在原址重修；第三次是 1968 年"破四旧"时被拆毁。十年"文革"结束后，随着党的宗教政策的逐步落实，1985 年，由杨成甫、曾坤仂等为首再在原址重建此殿，1988 年 9 月，新建了下殿，1999 年，再度予以改建，加建了阁楼，至此基本恢复了观殿风貌。

非遗传承

十 月 生 酒

十月生水酒又名黎川米酒，酿制历史悠久。2009 年，被列为黎川县第一批非物质文化遗产项目。全县均有生产，以宏村生产的为最佳。

十月生水酒之所以称为十月生，因为黎川的水酒在十月制作，然后窖藏起来，等到过年时拿出来细品或招待亲朋。所谓"十月生"，又称冬酒，统称水酒或米酒。一般在农历十月即立冬之时，此时气温不冷不热，和煦宜人，且"水"已成了"冬水"，制作的食品不会霉变，"十月生"便是此时用泉水或井水（不用熟水）采用纯糯米酿制而成的。酿酒中，要按配方下酒曲，出酒后少掺水，这种酒即好酒。其特点：一是不烧口。纯而润滑，香味十足，虽微甜但又有浓重酒味，喝后清香可口，回味无穷；二是不伤身体。喝"十月生"，不但不伤身体，而且有益。营养价值高，有养颜润肤之功效，喝了酒脸色皮肤红润。"十月生"还是许多菜肴的调味必需品，如带腥的鱼类、肉类、鸡、鸭等用酒调味可以去腥味美；三是成本低。无论待客或自享，都能承受。四是酿制工艺简易。易学易懂，器具也简单，蒸酒甑，发酵缸，储酒坛即可。

在酿制"十月生"时，要特别掌握几个关键：第一，糯米是根，需纯糯米酿制。目前黎川的糯谷品种大约有五种：重阳糯、过冬糯、粘壳糯、杂交糯、堆堆糯。这些糯米均可做酒，但前两种较佳，发酵较彻底，酒糟少，出酒率高。糯米要完好无损，绝不能有霉烂变质和虫蛀的糯米。第二，酒曲是酿制之魂。能不能酿制出酒，酒曲是关键。酒曲质量好，不仅酿酒来得快，且味醇正，反之，一缸酒可能就得报废。既浪费原料、人工，还耽搁了酿酒的大好时光。第三，水是酿制十月生酒的命。水质好才能酿出好酒。酿制"十月生"最好是无污染的纯净泉水。水好，酒味清香醇正，口感特好。

黎川有句顺口溜："斤米斤水比，喝了不辞嘴。"由于黎川"十月生"按传统工艺配制，所以至今长盛不衰。正所谓："琼浆玉液久驰名，甘润芳醇色菊清。品味刘伶三日醉，闻香李白七天醒。"

擂　茶

黎川宏村、樟溪、西城等南部村落也居住着一些客家人，他们还保留着客家擂茶的习俗。无论是婚嫁喜庆，还是亲朋好友来访，即请喝擂茶。客家人制擂茶，工序繁多，以妇女见长。一是准备"擂茶脚"，二是准备茶料。擂茶有一套称为"擂茶三宝"的工具：一是口径50厘米且内壁有粗密沟纹的陶制擂钵；二是用上等山楂木或油茶树干加工制成的约85厘米长的擂棍；三是用竹篾制成的捞滤碎渣的"捞子"。做"擂茶脚"是个细致活，要有耐心。先将大米浸泡，然后取一把自家山上的茶树做的茶叶，用开水略泡，和着大米茶汁（讲究的人家要加上甘草、鱼腥草和肉桂）一起放进陶钵里用擂棍研磨，等茶叶和米都成了糊状后，加入食盐再研磨一会，存入罐中贮藏，就大功告成了。

茶料是指芝麻、花生、豆类、鸡爪骨等食物，先期炒制好单独装瓶备用。

吃的时候将茶料倒在碗里，用筷子蘸取一点点擂茶脚放在碗里，加上炒熟的芝麻、油炸黄豆、花生仁、饼干、粉丝、炸好的猪排骨的嫩骨头、鸡脚骨等佐料，冲上刚烧好的开水，一股清香扑鼻而来，不仅有茶叶和大米的淡雅芬芳，更因吃时偶有几粒芝麻、黄豆、花生仁嚼碎，一股奇香入口，令人心旷神怡。喝擂茶时，桌上还摆着各种乡间小吃，有油炸锅粑、米面皮、馓子、油坨、麻糍、盐腌菜茎、瓜子、板栗、红薯片等，酸甜咸辣，五味俱全，别有风味。

圣裔贤溪孔洲村

村庄概况

  宏村镇孔洲村，距县城 20 公里，位于景色宜人的贤溪河畔西侧，屋舍沿河而建，连绵成片。这里的村民绝大部分为孔子的后代，村里建有规模宏大的孔庙和孔子家庙。宏村孔庙为孔子第 61 代孙所建，至今 400 余年。根据族谱记载，孔端友于宋高宗建炎二年（1128）随高宗南渡，寓居衢州。第 49 代后裔孔琬"以自身最长授迪功临川县丞，遂家于此"，从而成为临川一脉的始祖。至第 53 代，行善公孔温宠迁居贤溪（即今宏村镇），定居之地即命名为孔洲村。明清时期属新城县德安乡五十二都，1949 年前属宏村乡。1958 年，设孔洲大队。1984 年，启用行政村名，属宏村镇。

  宏村镇孔氏供奉的除了孔庙外，还有孔氏家庙。孔庙又称文庙，供读书人祭拜，而孔氏家庙只能由孔姓后人祭拜。孔洲村孔氏家庙，自康熙九年（1670）建成后，孔氏家庙已经历了 340 多年的风风雨雨。

  宏村孔氏是黎川的世家大族，历代崇文重教，人才辈出，有进士 2 人、举人 7 人。到了清代，更出现被誉为"新城三孔"的知名学者，分别是孔尚典、孔毓琼、孔毓功三人。三人与易堂九子交往甚密，常有诗文相和。他们在文学领域均有高深造诣，均有文学著作传世。每年逢孔子诞辰纪念日，三村五落的孔姓族人便会聚集一起，举行祭孔大礼。家长们用孔子的思想和言行教育子女，使众多农家子弟勤奋好学，崇文好义。

宏村孔庙及孔氏家庙

宏村孔庙是黎川两座孔庙之一，是宏村孔氏家族的至圣祖庙。正德《新城县志》卷六载：

孔家庙，在县西四十里德安乡五十三都贤村。宋建炎二年（1128）先圣四十八代孙讳传与从子端友衍圣公扈跸南渡，家于衢。又二世，讳莘夫公迪功郎丞临川，因家。又四传，讳均宠公（即温宠公）于元至元年间徙居于此。今建家庙祀圣祖大成至圣文宣王，知县黄文鸑书匾。

这说明宏村孔庙始建于正德年间，且由当时知县黄文鸑题写匾额。黄文鸑任新城知县时间为正德八年（1513）至正德十四年（1519）。编修于正德十一年（1516）的《新城县志》就记载了宏村孔庙，因此孔庙当创建

孔氏家庙

于 1513 年至 1516 年间。后来，本县退休官员太常寺卿王材编修隆庆《新城县志》时，特将宏村孔庙记载入编。

孔洲孔庙坐北朝南，以大成殿为主体，圣庙前门大院立有"万仞宫墙"照壁。嘉靖四十年（1561），孔庙毁于寇。万历二十年（1592）冬，被毁三十多年的孔庙经孔贞果、孔贞宗、孔贞载诸族老商议着手重建，工程历时一年多，于万历二十一年（1593）春竣工。天启元年（1621）圣祖 63 代孙孔贞悦重立《孔氏重建圣庙记》：

> 旧基狭隘不足，改为社。左有址，高敞阔衍……实为一方胜境，乃益斥其地而营之，遂重建圣庙。庙有正龛，旁四龛以奉陪祀，堂前两翼为庑，拟祀合族本宗。门旁左右室仍祀社于西廊，东翼之首，造室数间，庖厨具在，焕然一新。

康熙元年（1662），圣庙再次重修。同治《新城县志》卷 2 载："孔氏家庙，在县西五十三都宏村……明正德间建庙，国朝康熙元年壬寅重修。"后附圣祖 66 代孙世袭衍圣公孔兴燮重修碑记，内容与贤溪孔氏族谱谱序一致。后来，宁都魏禧、南丰汤来贺等人为孔庙此次重修另作文跋。

宏村孔庙东侧还有孔氏家庙。据贤溪孔氏 13 代孙（圣祖 65 代孙）孔衍谟撰于雍正十年的《建立始迁祖庙记》（宣统元年九修《贤溪孔氏宗谱》卷首），雍正二年（1724），孔毓功、孔毓珣等 8 人共同倡议建立孔氏始迁祖庙，即孔氏家庙。家庙于雍正三年夏始建，当年秋 8 月建成。"规模整肃，门以内为廊、为庑，庑以上为堂、为寝，寝之正中特设一龛，奉始迁祖之考妣于上。其东西则祔五世以上之考妣。"而在此之前，始迁祖温宠公及莘夫诸先祖神祇附祀于孔庙。

家庙建立后，孔庙和家庙同墙并立，以后的两庙修缮基本同时进行。乾隆三十八年（1773）夏，孔传柳、孔继琳二人倡议集资修缮两庙，《续修两庙记》："于圣庙门外新砌东西辕门，中竖砖墙一堵，横亘与（圣）庙址等。其于祠堂（家庙）外侧建'恩荣坊'，书历代科甲及出仕职名、年份。"嘉庆七年（1802），宏村洪灾，冲没两庙，损毁严重。嘉庆十二年孔氏重建两庙。

同治元年（1862），又遇洪灾，圣庙门墙冲毁。同治三年，太平军进扰宏村，难民络绎不绝，屯驻圣庙，猪牛圈养庙内。孔氏族众重建圣庙，于同治七年夏建成。家庙和孔庙最近一次修缮于 2000 年。

　　孔庙经修缮，庄严大气，规模整肃，占地约 1000 平方米。整体结构由南至北分别为万仞宫墙、东墙礼门、大院、至圣祖庙门厅、内院及两庑、大成殿，殿前设轩台，正殿上堂塑孔子像，悬"万世师表"匾。

　　而家庙今为二层厅面，面积约 500 平方米，分门厅、天井、两庑，庑以上为官厅。原寝堂今改建成村级小学校舍，故官厅今作神堂。官厅前廊西边可通往隔壁的孔庙。家庙大门额刻"孔氏家庙"，门联曰"脉联泗水；源属尼山。"一对大型石狮，分置于门前两旁，大门前院西角建六檐落水凉亭。2011 年，孔氏族人孔维勤为了彰显宗族文化、美化宗祠，独资 10 万元，在家庙屋后兴建花园，曰勤园，占地面积 1000 余平方米。花园内布局优雅：中间拱桥横卧，绿树成荫；右边长廊曲展，鲜花簇拥；左边假山耸峙，凉亭翼立。盎然生机，颇有玲珑气息。

　　贤溪孔氏源流清楚，为孔子的南宗一脉，亦为"圣裔"。北宋末年，金人攻陷汴京，中散大夫孔传率其子孔端问、从子孔端友（第 48 代衍圣公）扈追宋高宗南渡，因赐家衢州。又传二世至迪功郎莘夫公，莘夫任临川县丞而家于此。又四传至温宠公（即均宠公），温宠于元至元二年（1265）（即宋咸淳元年）游学于建昌之新城县，馆于西溪余晔公家，悦其村山水之秀，因携家卜居于兹，是为贤溪之始祖，族众聚居之地即名为孔洲。雍正三年（1725）夏，宏村孔氏子孙始于孔庙旁修建始迁祖温宠公庙。

　　贤溪孔氏自温宠公卜居贤溪，很长时间内未有编修本支家谱。永乐十九年（1421）秋，贤溪孔氏五世祖孔德明根据温宠公遗帖，录制了一卷本支世系家传，成为贤溪孔氏的最初家乘。正德《新城县志·艺文》孔思谟《孔氏家谱序》载，贤溪孔氏正式编入圣裔谱系当在正德七年曲阜圣府发布《收族令》之时。到万历四十六年（1618），贤溪孔氏才开始独立编修《贤溪孔氏宗谱》，到清宣统二年（1910），已是九修家谱。由于孔氏为"天下第一家"，受到历代王朝高度重视，孔氏修谱较之其他姓氏要严格得多。贤溪孔氏每届修谱，都要前往浙江衢州报批，衢州孔府会派员前来核查备案，再由世袭瀚博公作序文，并签发文书，作为前往阙里印谱的凭证。然后再将宗谱送至曲阜，"祈请衍圣公点以印章，以昭世守，以示区别"。以此获得孔府的印谱批准，严防"外孔"滥入。《贤溪孔氏宗谱》屡获衢州、曲阜孔府核鉴，实为孔子正宗。清康乾时期，每遇皇帝前往阙里祭祀，衢州孔府则文告贤溪，贤溪孔氏金派熟悉礼仪者前往曲阜陪祀观礼，屡蒙皇恩，可谓盛极一时。

紫　府

　　紫府是宏村一处重要的人文景观建筑，位于孔洲村。沿宏村孔庙前路行走约 500 米可见紫府。紫府大门朝向河溪，门刻"黎川化源"四字。一座平凡的道观，为什么会自称为"黎川化源"呢？据宏村的地方学者介绍，明崇祯年间，紫府所在地的双溪旁的汉阁，居住着黎川隐士文学家余日登、余光令父子。

　　为纪念余光令这位明清隐士、爱国诗人、文学家，黎川的仁人志士于1716 年在此处建成紫府，既供奉吕纯阳，又珍藏余光令父子的文学作品，内设承化坛（文学馆）、赞化宫（慈善）、乐善社（医药），此后渐渐成为宏村文人、社会名流集会的地方，文人们在此诵经写作，通过刊印成书，

紫　府

益于世道，这就是黎川化源的由来。

历史人物

孔 鼎

孔鼎（1599—1678），谱名衍鼎，又名衍雅，字正叔。因隐居桂山，人称"桂山先生"。至圣第65世裔，贤溪孔氏第13世祖。明诸生。父孔尚举，字用之，别号心恕，盛德为乡里所推崇。崇祯末年，县令谭梦开誉其为"孝友先生"，匾其堂曰"真君子"。顺治二年乙酉（1645）七月十五日，建昌益藩王兵败师丧。十九日，黎川各地土匪蜂起，宏村被焚掠。孔鼎带着年已七十的父亲仓皇逃遁，躲入南丰县。八月又转避于本县廖溪。冬归，家里仅存几间破房而已。父亲于两年后抱病而亡。此后，孔鼎便避居于桂山，十数年不入城市。

明末清初，宏村孔氏颇为盛大，功名虽不见大显，然寄望于"耕读传家久，诗书继世长"的读书人不少。前者以孔鼎为代表，后者以"新城三孔"为代表。

县志载：孔鼎，国亡弃诸生，筑室须弥峰，隐居力学，研探《易》《传》及天官地理之学。宁都魏禧授徒新城，孔鼎从山中出相见，时年六十有七，长魏禧已倍，而心奉为严师。尝谓："禧之才可为天下用，愿缓须臾死，以观其成。"孔鼎为人严毅沉默，有深识。顺治五年（1648）仲春，南昌总兵金声桓迎益王世子入城，将谋叛。闻鼎名，遣世子传陈恩，身自造请，不值，留书而去。鼎览书叹曰："误矣！"裁书数千言拒之。三月，更以重币来迎，辞益峻，斥其必败。后一一如鼎言。所著有《楷园集》。

孔鼎与易堂九子及南丰谢文洊均交好，尤与魏禧为忘年交。家谱载："山公衍鼎，天性孝友，为人静穆，竟日端坐读书，至老不倦。与人少当意者，对名贤倍生敬爱，足迹不入城市。易堂魏冰叔先生来邑中，亲往造之。公年长冰叔倍，而执礼过于子弟。幼博极群书，著述甚富。为文韵折多奇气。老年隐居贤溪须弥峰下曰桂山，授徒自食，乡邑文人学士咸推重其文品。好读能文，隆师重道，足为士式。"除县城人涂斯皇外，孔鼎是魏禧最礼敬的黎川人物。彭士望作有《正叔传》，被收录孔氏家谱与孔鼎文集。

孔 尚 典

　　孔尚典（1645—1710），字天征，号汶林，清代文学家。清康熙年间为太学贡生。他博览群书，学问渊广，思路敏捷豪放。其所写文章，恣纵飘逸，浪漫不羁，敢于大胆抒发自己的见解，不墨守成规，不附庸风雅，不落俗套。家乡一些宿学名流，前辈长者，虽赞誉其才学，却认为其文风不合时宜。但当时著名文学家魏禧很器重他，对他的文章大加赞许。他也十分敬佩魏禧，并以魏禧为师，仿效他写古文的风格。后人称他为"易堂高弟"。

　　由于他才名远播，经人举荐，孔尚典曾一度应聘在州府衙门任幕僚。在任职期间，他所提出和谋划的主张建议，都能周密考虑到传统规章、历史经验和现实形势。既符合道理，又切实可靠，富有真知灼见。他生平著述甚丰，其中当时发行的《天征文集》，都是经魏禧审阅评定，首次刻板付印的。他的古文，洋洋洒洒，触目珠玑，常常是接二连三的大理高论，远见卓识，跃然纸上。作为清代名人和文学家，他的生平介绍被载入《中国人名大辞典》和《中国文学家大辞典》等典籍。

孔 毓 琼

　　孔毓琼（1666—1717），字英尚，号晓窗，清代文学家。

　　他少年好学嗜读，愿意深刻思考。十三四岁时便有志于学习古文。成年后，入补本县弟子员。曾跟随其族叔祖、文学家孔尚典学习古文和外出游历。后来，他又以宁都籍文学家魏礼为师，因而在写作上进步更快，得到更多人的理解和肯定。

　　作为孔子 67 世后裔，他于康熙三十一年（1692）曾赴山东曲阜瞻仰先祖孔庙、孔林，拜谒了孔府的车服礼器，对孔孟之道的崇仰更加专致。他还将此次往来途中所作杂咏诗文抄录组编成集，名《东归诗稿》，并自撰序言。回家乡后，他将先祖创建的竹林书院扩建壮大，主张撰写文章要有益于天下，有利于民生，不能将它作为谋取功名利禄的手段。他在史论方面也颇有见解，认为论述的宗旨是要推动社会安定、进步。他提出对下属的赏罚要严明，要根据其功过而定，不能分亲疏，徇私情，以免败坏风气，产生后患。他写了不少记述不同阶层人士抗清殉国义举的文章，缅怀和表彰了他们的民族气节。他的散文清新矫健，写景状物，多有所寄托，有柳宗元之风。他的诗歌，多触涉社会现实。其所著《酬知录》，"能斟酌古今事理而归诸有用，且为文俊爽磅礴"。并著有《睦族书》《犹人稿》《东归诗稿》《未信稿》《南池草堂时文稿》《晓窗诗集》等，所辑有《唐宋八家文选》传世。他的文集《孔伯子文集》（一称《孔钟英集》）被列入《四库全书》总目。《中国人名大辞典》《中国文学家大辞典》均介绍其生平。

孔　毓　功

孔毓功（1670—1733），字惟叙，号是堂，黎川宏村镇人。清代文学家。年少时，与胞兄孔毓琼俱从其族叔祖孔尚典学习。17 岁时，得到督学何公的指点和赏识，首拔弟子员，为雍正四年（1726）岁贡生。当时，他对时艺文体的写作已有一些功底，又向叔祖尚典先生求教古文写作方法后，文章渐显古风。

原郡城司马彭公奉派到新城县主持政务。正值毓功家遇到不测之灾，想向彭县令求助。彭起初拒绝了他们兄弟的请求，不予接见。后听说他们能作古文，便又接待了他们，并当面鼓励他们要在年轻时打好扎实的古文基础，将来一定能派上用场。此间，吉安吴云老先生游历新城县，趁此机会，毓功兄弟将自己的诗文呈请指教。先生阅后大喜，对孔尚典说："古音绝响，君门乃有二人。"遂与毓琼、毓功兄弟结为忘年之交。

孔毓功无意仕途进取，只任过江西新建县训导。他平生致力于古文之学，创作勤奋严谨。其所著《惟叙集》（或称《是堂集》）6 卷，皆为杂文，以写作年代为编次，不分体例。该集已列入《四库总目》。他的史论，论证严密，层次井然，值得一读。如在《灵武即位论》中写道："帝王之位，顺乎天人，应乎时势而已。天人必有所归，故以臣代君，而不可谓之篡；时势有所属，故以子代父，而不可谓之夺。"对唐肃宗灵武即位予以肯定，论证有理有据，令人信服。他的诗歌，通俗流畅，言简意赅，如《江水》一诗中，以"坐问长江水，江水流何处？自古不平事，尽从流水去"短短二十字，抒发了作者的满腔愤懑。他的生平介绍，已被收入《中国人名大辞典》和《中国文学家大辞典》。

孔 毓 礼

孔毓礼，字以立，清代乾隆时期著名医学家。他少年时因父母患病学医，逐渐放弃举子业而专门从医。他医术精湛救治了很多病人。常说治病如果不明确病因，不可匆忙开方。遇到少年子弟必定嘱咐他们慎起居，节饮食，不要生病，我的药不是治百病的。有《痢疾论》专著4卷，著辑于清乾隆十六年（1751）。孔毓礼感痢证之危急传染，"瘟疫而外，惟痢疾最险恶"，"而古今方书少有专论"，且言热言寒，皆失一偏。故收集前人有关论述，参以个人识见经验撰成是书，欲以配吴有性的《瘟疫论》。书中汇辑《内经》、张仲景著作中有关痢疾之论述，博收历代诸家之说，加以注释，凡有偏隅之见者，详加辩驳。并分述痢疾诸症29门，选录治案24条，方剂106首。同治十年（1871）《新城县志·方技》、民国《江西通志》俱载孔毓礼小传。

📝 书院学舍

贤 溪 书 院

贤溪书院位于孔洲村孔氏家庙侧旁，于明弘治年间（1500年前后）由当地孔子圣裔奏请敕建，专为教育贤溪孔家子弟而设。书院设立后，历经多次修缮、重建。

据编修于宣统三年（1911）九修《贤溪孔氏宗谱》（简称《孔谱》）卷首中一份《原札》记载，万历四年（1576），曲阜袭封衍圣公府（曲阜孔府）办理过一宗贤溪孔庙呈送的公务，事关"重修家庙""立宗学以训子孙"。札文说：

> 今据江西建昌府新城县贤溪附住族属举人孔闻易、生员孔宏器等呈，称"旧有家庙，年久圮坏，乞要重修家庙"。

查《孔谱》，孔闻易（1530—1592），举人，诰封奉直大夫，倡首建圣庙邮俸百金；孔闻义，生于嘉靖十八年（1539），圣府给札奉祀生（香火秀才）。二人经历印证了《原札》的真实性。据札文可知，贤溪孔庙早在明万历年之前就设立有"宗学"，学堂即建在孔庙边空地。宗学主要"以教本宅子弟，习礼诗书于内"，且配有奉祀生，接受奉祀衣巾，世守贤溪家庙。庙、学年久失修而圮坏，万历四年呈照申请重修。

贤溪书院于明清之际毁于战火，顺治年再建，后又毁于耿精忠战乱。乾隆十三年（1748）重建。同年，乾隆皇帝赴曲阜朝圣，孔传昊代表贤溪圣裔受邀前往阙里陪祀观礼，孔传昊幸与皇帝同入圣庙行礼，获赐宴膳、黄绫绶带，并承蒙恩纶：江西孔氏13世子孙，在校生中选拔品学兼优者数人，贡入太学。贤溪孔氏亦荣荫天恩，孔传江、孔继绂二人获选。此次曲阜陪祀，孔传昊还身负为贤溪书院注册的使命，并请准礼部按明朝前例，恢复书院配额奉祀生礼遇。乾隆四十一年，孔建书再往曲阜陪祀。其间，向衢州世袭翰林院五经博士孔传锦（简称"翰博公"）申请，这才重新修复贤溪书院，恢复了原设四名奉祀生的配额。书院重建完成后，孔传锦作《贤溪书院记》："予族江右新城之有贤溪书院也，盖自前明弘治时敕建矣。"

孔传锦是孔家南宗翰博公，因孔家联宗之事曾亲至贤溪孔庙联谊，与孔传昊相交默契。孔传昊到曲阜注册贤溪书院，孔传锦是衢州注册经办人，见证了贤溪书院的注册过程。

孔传昊（1713—1794），字建书，号敬苍，宏村人。附贡生，为孔子68世孙、贤溪孔氏16代孙。先后任济南章丘县、杭州钱塘县县丞。他有幸作为贤溪圣裔代表，先后于乾隆十三年、十六年、二十一年、三十七年、四十一年等五次赴曲阜、杭州陪祀，与乾隆帝同入圣庙行礼，蒙获皇恩。乾隆四十六年，皇帝圣驾"南巡"，孔传昊又与孔传锦于浙江敷文书院恭和御制元韵应制。孔传昊应该是黎川觐见皇帝次数最多的老百姓。因此，坊间相传，乾隆皇帝曾为贤溪书院御书额匾。

清嘉庆十九年（1814），江西督学王学宪也办理过一宗贤溪书院文案，并批谕贤溪书院。事由是：贤溪书院奉祀生孔广培等人不重道尊师，任由大成殿四周荆棘丛生，倾颓不堪，今纠集绅士挨户捐资修缮，本姓人士恳求轮流看守。学宪前来贤溪书院勘查，认为奉祀生实属"玩亵"祀职，但重修孔庙可嘉。示谕：嗣后大成殿四周轮流看管，剪草植松，清扫堂室；祀生孔广培要恭设先师神牌，虔诚奉祀，规制隆备。

孔家为"天下第一家"，贤溪孔氏自正德七年（1512）收族后，受到历代官府及社会各界高度重视。朝廷给予贤溪书院例贡太学生的优免，还特别配额了奉祀生。书院之设，筑巢引凤，受到许多名人雅士的青睐。清顺治、康熙年间，宁都魏禧受聘于孔家执教于竹林书院，为孔氏族人做过多篇书札文序，如《孔庙袭爵议》《贤溪孔氏庙祀议》《贤溪重修孔圣庙碑记跋》，与孔家结下深厚友谊。

贤溪孔氏崇文重教，人才辈出，人文丕著。孔氏弟子学而思之，著书立说者蔚然成风。据《孔谱》统计，孔家弟子有著述者34人，所著文集55部，这个数据远远高于本县其他大族子弟。且很多文集是由方以智、魏禧这样的名家为序。

竹 林 书 院

竹林书院位于孔洲境内桂山（旧名），俗称"牛尾掸书院"，创建于明万历年间，是宏村孔氏的一个家族书院，主要为教育孔氏弟子而设。

竹林书院初为孔毓琼的高祖孔贞宗所立。据清宣统元年（1909）九修《新城贤溪孔氏宗谱》孔毓琼所著《竹林书院记》：

> 竹林书院，家君建以贻吾兄弟……家君曰："故址为曾大父正吾公（孔贞宗）所遗，旧称竹林，今易数主而归吾，不忍忘也。故仍其旧称"。

可见，竹林书院历经了5代人，遗留给了孔毓琼、孔毓功兄弟。其间，书院也经过多次重建和修缮，前后的地理位置和结构都有过改变。据孔鼎撰《九龄公墓志铭》：

> 正吾公，讳贞宗。创别业于崇山州，高楼临溪，俯瞰一方之胜。读书堂回廊曲栏，广圃深池，蓄奇花文禽于其中，四面绿竹交荫。凡古今图书翰墨罗列左右，以供来学者取给。戊寅（1638）礼聘予为诸子师，每下帷讲经义，予正席坐南向，公（孔九龄）叙坐北向，诸子列东西旁坐，辩论异同。

孔贞宗是孔九龄之父，生活于明万历年，此墓志铭所载也是竹林书院最早的记载。

《孔谱》中一篇孔毓琼所撰《课子弟说》记："余忆童子时，质最鲁，终日读书不过数行。甫六岁，寄学贤溪之西五六里外，曰'桂山'，三四月始归。"由此可知，孔毓琼曾在竹林书院启蒙读书，书院与他家相距较远，他在书院寄读。

竹林书院到了孔毓琼手上，又作了较大改动。书院大堂取名"春风堂"，坐北朝南。堂东为房，房东有夹室，夹室开窗，均南向。夹室之北是一间大厅，坐南朝北，为教室。春风堂西边结构与东面一样。堂北有亭，亭悬"思桧轩"匾，内挂"圣祖手植桧图"。春风堂东侧有门，为"东府"；西侧门为"西林"。春风堂前东西两侧各有厢房，东厢"含芳"，西厢"漱玉"。东厢之东墙开设窗户，曰"晓窗"，开窗远眺，茂林旷野，梵宫仙宇，溪桥山光，景致宜人。晓窗之下是耕田，故晓窗又称"砚耕台"。晓窗之屋是孔毓琼学舍，故其号"晓窗"。西厢为"是堂"，向西开门，门外设木廊，廊外池塘，凭栏如舟，可垂钓，故木廊雅称"钓艇"。西厢是孔毓功学舍，故其号"是堂"。春风堂之前建有一亭，名"齐月亭"。亭比大堂还高，四周山峰拱立，如人执笏情景，故亭称"笏山"。登亭楼俯瞰，若置身泰山之顶，高瞻远瞩，心旷神怡。齐月亭东西两边是庑屋，亭之前是门厅，向南，门挂"高山仰止"匾。门前为月台，台前是沼泽地，沼田种莲，称"莲沼"。东西庑屋是教学的塾房。西塾东向，春风堂西阶可至西庑，也是季子读书之地，叫"兰谷"，西塾又叫"肯堂"。东塾西向，原产灵芝，其门曰"芝台"，悬"吹埙草堂"匾。环院筑以围墙，东墙为书院进门，门悬"竹林书院"牌匾。院内种松、柏、桂、柳、桃、梅、橘、梧桐等木，但无竹子。因书院原名"竹林"，为纪念先祖，孔毓琼兄弟特意在书院附近购买了一块空地，种上了竹子，取名"竹坞"。

孔毓琼有三兄弟，孔毓琼是老大，为伯子；老二孔毓功，为仲子；老三孔毓珦（1681—1746），为叔子。孔毓琼、孔毓功二人年少时随孔尚典从学 4 年，为古文之学，后拜宁都魏礼为师，文学精进，成为知名学者。

竹林书院历经几代人经营，颇具规模，不仅孔氏族人在此启蒙、就读、治学、教授，还有很多名儒贤达到此游历执教。特别是以魏禧为代表的易堂九子及其后人先后游历于此，极大提升了竹林书院的影响。宁都魏禧客居新城，先后受聘于县城涂家、贤溪孔家执教十数年。魏禧执教贤溪书院时，孔尚典、孔之逵先后从之学，孔尚典被称为"易堂高弟"，魏禧曾作《同门人孔之逵宿桂山，晓闻竹外鸟声，枕上呈正叔先生》诗，而孔鼎更与魏禧诗文相酬，关系莫逆。在竹林书院执教过的还有孔家的孔鼎、孔尚典、南丰吴有年、孔毓琼舅氏杨景方。

因魏禧之故，后来，宁都魏氏、易堂诸人与孔家多有往来。魏禧、魏礼、林时益以及安福名士吴云、安徽贵池名士吴正名等名流先后游历竹林书院。魏世杰与孔鼎、孔尚典、孔之遴皆有交情；魏世侲和魏世俨熟知孔毓琼、孔毓功的家世，对孔氏族学极为推崇；魏世俨与孔毓琼、孔毓功兄弟相交甚笃，他在《答孔钟英钟叙书》追忆了与孔毓琼、孔毓功的交往，或煮茶品茗，或漫步闲谈，相互之间的深情尽见于笔端。竹林书院在孔毓琼、孔毓功兄弟的主持下，名儒纷至沓来，蜚声遐迩，影响深远。

弘文世家炉油村

村庄概况

　　荷源乡炉油村位于黎川县东偏北，距县城 13 公里。古称庐游，因世居于此的何氏家族远祖唐末从安徽庐江辗转迁居至此，以"庐游"命名迁居地，后谐音成今名。明清时期属新城县东兴乡三十九都，清代县志之《乡都》载："三十九都，庐游，何给事故居。"1949 年前后属二区资福乡。1958 年，设炉油大队。1984 年，启用行政村名。

　　在黎川历史上，曾经有东兴、永城二县，也正是为了区别于旧的县名，南宋绍兴八年（1138），划南城县上五乡重新建县的时候才赋予了"新城县"的县名。因炉油村处于古东兴县的区域，又借助于闽赣边际杉关，是进入中原的重要通道，有资料证明，东川沿岸区域的繁华要早于中川的黎滩镇。福建的商人以及赶考的学子从杉关进来，借用船筏的便利以及古道，北上进入中原；舟楫从抚河上溯，经硝石可达洵溪石峡，再经陆路过杉关进入福建。因此形成飞鸢、石峡、五福、炉油、资福等重要的村落市镇和邮传驿站。

　　至北宋，炉油的何氏家族成为东川流域的名门世家。明代正德《新城县志》记载古黎川有三清楼，位于炉油，为何氏族人纪念宋庆历二年（1042）考中进士的何氏三兄弟何渊、何潜、何滨所建。清代《南城县志》记载："渊、滨名字各志俱遗，而别有三清楼见于'古迹'，称其兄弟三人同登庆历进士，跻显秩，俱谥为'清'，今新城县东故址犹存，故据《舆地纪胜》补。"

弘文世家门楼

到了明代，何氏家族又演绎出何澄、何潢、何燮、何垔祖孙四代连中的佳话，科第连登，名噪一时。村中至今仍存"弘文世家"门额，昭示着不凡的历史。

历史人物

何　渊

何渊（995—1074），字深之。北宋抚州及江州刺史、司农正卿何伯雨（其生平无考）长子。何渊于宋庆历二年（1042）考中进士，历官浙江衢州通判、江西江州知州，转兵部驾司郎中，外放为江西提刑宣慰使兼湖南转运使，后升兵部侍郎、直阁学士。殁后赐谥"清节"。

何　潜

何潜（997—1060），字升之，何伯雨次子。宋庆历二年与长兄同科考中进士，历任湖北汉阳军通判、兵部职方司郎中，官至工部侍郎。殁后赐谥"清敏"。

何 滨

何滨（？—1057），字行之，何伯雨三子。庆历二年间，与长兄何渊、次兄何潜三兄弟同科考中进士。历任安吉军通判、户部郎中，官至户部侍郎。殁后赐谥"清忠"。

何 澄

何澄（1366—1447），字源青，号舸斋。明洪武二十六年（1393）举人，授福宁教谕。此期间他制定教约12条，促进了当地学风勃然兴起。后调海康县任县丞，他本着廉洁、勤谨、公正、宽厚的原则，精心谋划，治理有方。他上疏奏请免除历年亏欠的食盐、铁矿及木材诸项赋税，大大减轻了百姓经济压力。因母亲病故，他一度回家奔丧。守孝期满后，奉调到朝廷，参与编修《永乐大典》达7年之久。这时，他以要为母亲迁墓为由请假回乡。礼部责怪他借故推脱，将他降职到都察院干一般差事。明洪熙元年（1425），仁宗即位，开设弘文阁，要挑选文学人才以备顾问，少师蹇义推荐何澄升任礼科给事中，让他与学士杨溥、侍讲王进等值阁轮对，得到皇帝优厚对待。后以年老退休。明正统三年（1438），又应聘担任福建乡试主考。82岁寿终。

何澄生性端庄严谨，笃行孝义，在家乡曾置办"义宅""义庄"，以赡养宗族里无嗣老人和孤贫幼童。他文思敏捷，下笔数百千言，演绎详达。所著有《易经直指》《舸斋集》。其子何濂、孙何爕举乡试。何濂历官荆王府长史。

何 垕

何垕（1454—1519），字朝举，号兰皋，何澄曾孙，为遗腹子。弘治六年进士。在母亲的精心抚育下，他年轻时便发奋学习，勤于思考。平生崇尚程、朱学说，以"慎独""克己"为行为准则，言行谨慎。受任"行人"（掌传旨、册封的官员），为官正直清廉。后荐调工部任员外郎。在奉命赴真州（今江苏省仪征市）督办制砖期间，率领民工掩埋郊野残骸，疏通滞塞商船，百姓感其恩德。以后转任工部郎中，仍然恪尽职守，为百姓减轻冤枉负担。

何垕为官刚正不阿，不畏权奸，因得罪权倾朝野的大宦官刘瑾被贬出京任程蕃（今贵州省惠水县）知府。程蕃为少数民族聚居之地，土蕃首领权威极大。何垕尊重当地的生活习惯，与之和睦相处，因势利导。少数民族首领感其忠信，不忍相欺。3 年后，何垕告老还乡，所带唯有几箱书籍。何垕在家聚众讲学，为人表率，从游者甚多，过着布衣蔬食的俭朴生活。正德九年至十一年（1514—1516），与同邑乡贤李泰、陈衮一起参与编撰了由县令黄文鸑主修的《新城县志》。此为黎川目前可见的最早的一部官方志书，为后世留下了大量珍贵的资料。所著有《四书管见》《易学管见》《易经诸解》《兰皋集》等多部。何垕去世时，家徒四壁，无以为殓，靠乡邻资助才得以安葬。

《新城何氏宗谱》收有一篇明代思想家、南城人罗汝芳（1515—1588）写的《修兰皋先生墓记》，当为何垕去世多年后，后代重修墓地请得罗汝芳所写。文中写道"先生孝友亲节，著称一世。盱之人虽童稚女子无不知诵何太守则。故予自习记数即闻先生名。比弱冠求同志于郡五邑（指建昌府五县），而新城独诜诜曰众。予异而讯之。乃知先生深明易理，远绍廉路，兴起斯文，为吾盱儒宗"。

何 日 熙

何日熙，字克辉，号春台。清雍正十年（1732）赴省城参加乡试，得中举人。乾隆元年（1736），授内阁中书舍人。由于他办事勤谨机灵，大臣们纷纷上书推荐。朝廷得知他能力强，会办事，凡是巡海、巡河、阅兵，及审讯重大案件，总是命他前去协助辅佐。有时随从大学士等处理事宜，也都成绩显著，故被提升为吏部文选司主事。当时，用兵大金川，尚未取胜，朝廷命他跟随经略前往征剿。冒着盛夏酷暑，日夜兼行 300 余里，不幸病故于军中。皇上圣旨恩恤，诏称"熙效力戎行，可悯也"，恩赏白银 500 两，命所属吏部文选司专人护送归葬。所著有《皞园文集》。

何 逢 青

何逢青，清道光二年进士。官山东招远县知县。

📝 风景名胜

三 清 楼

三清楼，原位于今荷源乡炉油村。何氏裔人为纪念何潜兄弟同榜联登，特造三清楼以歌功颂德，后毁于元朝。明正统年间，裔孙何澄重建。三清楼联语有两对：

一云：八景宏开流水高山供笔翰；四时具美奇花丽草映帘龙。

又云：楼阁倚天开先代恩光昭北阙；菁华微地应前溪瑞笋蠢不流。

悠游林泉的何澄，目睹自己复建三清楼的杰作，又见家乡天然的胜景，遂挥翰写下了庐江八景诗，镌刻在三清楼上。

民国田腾蛟作过一部《元代野史》，共 100 回，第 87 回《三清楼公孙醉酒》载：江西宁都人吕金生携新婚妻燕娘归家，道经新城东至三清楼下，金生欲登楼稍憩，且玩江景。燕娘问曰："何谓三清楼？"金生曰："新城旧有何渊、何潜、何滨弟兄同登庆历二年进士，后渊谥'清节'，潜谥'清敏'，滨谥'清忠'。至今，临江起三清楼以纪其胜。"

庐 江 八 景

炉油位于东川之中游，田地丰美，河水迂回，四周青山合围，河岸白沙绵延，"庐江在四十都，本名庐游，何氏世居。永乐间给事中何澄以文学直弘文阁，自题八景"。

回谷春明

在庐游今石泉岭，其山如回，东田秫稌，西石灯龙潭，水出其右，石上有巨人足迹，三世传以为仙人足迹，方春花鸟争艳，仿佛桃源胜境。

回谷春明百卉开，红红白白锦成堆。

石潭波静龙眠水，仙迹年深鸟啄苔。

云卷松涛低地出，日移山影半天来。

濠梁谷口真堪并，杖履须教日几回。

沙笼月色

在庐游今栗林洲，沿江五里白沙直至蓝田，月照沙头，水天一色。

白沙渺渺下蓝田，凉月纷纷罩夕烟。

万顷波光摇落木，满江金影泊归船。

鹤归华表中宵唳，鸥对渔灯半夜眠。

错认主人新拜相，马蹄直上蔚蓝天。

江楼帆影

在庐游今三门楼，其楼为三清公建，俯瞰大江往来帆影，随波上下。

花萼联登庆历科，三清谥号共恩波。

枕江楼阁人皆仰，盖世功名自不磨。

度峡山形高下落，隔帘帆影往来过。

只今对景登临处，白发萧萧感慨多。

石井渔灯

在庐游今石壁塘，壁下有石井水泉清冽，每夜渔灯出入，掩映如萤。

江头石井瞰江湾，烟雾溟濛杳霭间。

两岸芦花飞絮急，几船灯火打鱼还。

光摇水底龙惊跃，影散沙边鹭起翾。

看月西沉江上白，瞳瞳红日又东山。

蟮溪石笋

今福智寺前，旧名蟮溪，庵侧龙湫极深，水底每生石笋，嶙峋秀碧。

沧江屈注一泫流，劈石摧林风雨秋。

岁旱为霖上霄汉，天寒入蛰卧灵湫。

嶙峋水底疑钗坠，徵应人间识谶由。

顾我蒙恩归岁晚，杖藜长日立沙头。

鹤山云影

今鹤塘坑，乔木森列，白鹤时来，秋天凉气云露纷披。

崇岗复岭翠岧峣，白鹤巢窝每树腰。

晓静傍烟吞日色，夜凉和月滴松梢。

青田路近常时往，辽海年深不见招。

最是九霄风露冷，翩翩飞影上层霄。

羊坡牧笛

今羊蹄坳，春草丰茸地宜放牧，每夕阳西下，笛韵山歌迭迭。

庐江东上属羊坡，土泽肥饶草树多。

晓牧岗峦看茁壮，夜归山径听搋诃。

笛横牛背儿童喜，韵落村心律吕和。

北斗渐高声暂息，月沉西岭又披蓑。

杨湾落雁

今杨家湾，一名烂泥湾。湾多稻田，一带沙汀白芦青蓼，鸿雁群栖。

鸿雁新秋唳远天，梧桐一叶井栏边。

北来塞外惊寒露，南到杨湾尽稻田。

个个择栖随落日，行行谋食下平川。

当年属国知传信，谁复餐毡过十年？

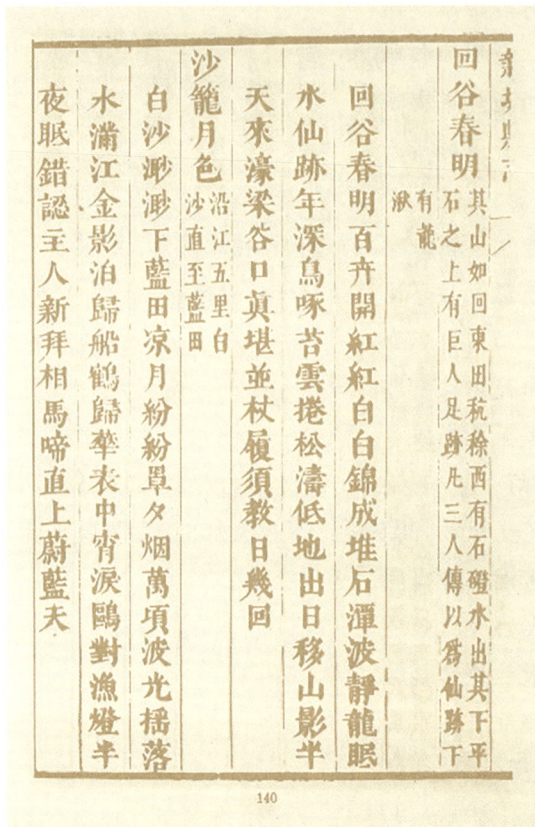

清代县志记载庐江八景诗

逸闻趣事

四世登科

明代弘治年间县令段敏有言："燕山五桂（指五代窦禹钧的五子登科）一时兄弟之联芳者尔，而嗣世无闻焉。孰若此邦何氏繇祖及孙四世皆以科举进，前此未有也。"意思是五子登科的佳话后世再也没有听说过了，却不料本地何氏祖孙四代都以科举成就功名，也是前所未有了。县城北坊曾经建有"桂林世芳坊"旌表何氏家族，由段敏、郭濬两任县令接续建成。

炉油四世联科者指：

洪武二十六年（1393），新城何澄举于乡试，授福宁教谕。

永乐十八年（1420），何澄二子何灁庚子科乡试中举，历官马平县教谕、荆王府长史。

景泰元年（1450），何灁长子何燮庚午科中举，一生未出仕。

明弘治五年（1492），何澄的曾孙、何燮三子何垕乡试中举，翌年成进士。

孝善仁里梅源村

西城乡梅源村位于黎川县西南，距县城 25 公里，古称梅溪，西部与南丰县交界。明清时期属新城县德安乡四十五都，1949 年前属西城乡。1958 年，设梅源大队。1984 年，启用行政村名。历史上曾经是黎川南部乡镇进出南丰，抵达广昌，甚至去往赣州等地的必经之路。

梅源村三面被丘陵包裹，沿着丘陵的山脚下，错落有致地布满了村舍。村舍之间是荷塘、水田、菜地，远离城市的繁华，甚至有与世隔绝的脱俗意境。清代文学家魏礼写道："梅溪，仁里也。山川淑厚之气，凝聚郁积，钟而成俗，兼沐圣天子甄陶乐育，渐仁摩义，以故人才日出，礼让日隆，猎奇欤休哉。其质美而化成者，何深也。"因地理位置优越，村落发达，交通便利，明清时期繁盛一时。

明代以来，梅源吴氏家族不仅知书达理，孝善传家，也以精通商贾而扬名。民国 20 年（1931）修的《梅溪延陵吴氏族谱》记载，吴氏子弟通过科举在朝廷为官的有 14 人之多，经商的更不胜枚举。鼎盛时期的梅源，处处是精美华丽的高堂大屋。吴家的大部分学子不仅仅是清代著名理学家南丰谢程山夫子的学生，而且与当时的易堂九子魏禧、林时益等人关系密切，与本邑名士涂伯昌、邓澄等人交往频繁，并有文章往来留存。

古建遗存

雪崖公祠和忠宪公祠

雪崖公祠和忠宪公祠均为清早期建筑，现已列入县级文物保护单位。雪崖公祠简朴庄严，忠宪公祠的门头则镶嵌了许多象征吉祥富贵的砖雕和石雕，显得十分华美而精致。

寿 母 亭

清同治《新城县志》载："寿母亭，在四十五都梅源，吴子友妻邱氏建，县令解光爃书'仁里'二字。"

吴文林，字子友，号畏斋，邑庠生，梅源人。清代县志上评价他："谨慎大度能容，资敏勤学，博览岐黄地理诸书，凡修祖坟、捐租田广祭祀创祠宇赈饥岁无不踊跃，出多金襄事，事成无得色"。康熙三十三年（1694）进士、曾任江西主考的周道新称他为"积行君子。"

根据家谱记载，邱氏七十寿诞，儿子欲耗资庆贺以博取母亲开心。邱氏念及村口行人往来无遮风避雨之地，说服丈夫及儿子将寿宴银两捐出于村口修建了廊亭。县令解光爃听闻之后感于邱氏大义，为之书匾额。

忠宪公祠

梅源寿母亭

梅 源 三 吴

梅源吴氏非常重视礼让教化的培植，历史上产生了一大批鸿儒雅士、封素 [1] 善士。如明末清初的二十二世祖吴良圭，"虽富冠里甲，身为万户，然博学嗜古，乐善好施，为黉宫知名士，非仅守钱虏者比也"，"素以积德、读书为念"，自书堂联曰："愿子肖孙贤必须积德；要祖荣宗耀还是读书。"立学田、设塾馆，训子若孙。在其影响下，多个子孙"名著胶庠"，其中名声较响者有吴之瑜、吴之才、吴之伯三兄弟。之瑜、之才同时参加崇祯元年岁试，被主考官侯峒曾分别评定为第一、第二名。之伯在兄之瑜的教导下，学亦有成。临川的"江西四家"之一陈际泰都对吴氏兄弟的才学赞不绝口说："近来文章光气，半在新城。"明亡之后，对清廷恩贡，吴氏昆仲均放弃，栖隐乡间。吴之才与兄之瑜一并弃贡不入仕，以医术终其身。邑侯陈宾醴感于兄弟虽负盛名却安于淡泊，因此上书朝廷并由时任尚书徐乾学匾旌"西山遗风"。

吴之瑜，本名嘉元，字还朴。邑庠生。为诸生时，与弟之才、之伯，并著声于时，屡试高等。与涂伯昌、邓玉友善。明末，厌世纷乱，遂弃诸生，栖隐山中。按例当贡，坚辞不赴。乡里好屠牛，以致产生许多偷盗纠纷，兄弟倡议禁私宰而弭盗源。比如对自然死亡的牛，半价买来掩埋。为此，一乡拥护，遂成义风。乡人称行义者，至今犹屈指"三吴"也。

吴之才，字孙肤，谱文写作"逊肤"。邑廪生。少能文章，与兄弟齐名，抗行同邑诸名宿间，艺坛屈指。当明末乱世，本县盗杀耕牛成风，与兄弟一起力禁屠宰，对死去的牛，则花钱买来埋葬之。复与周边乡村结盟，广申禁宰耕牛，杜绝偷盗行为的发生。后来，按例当选贡，吴之才弃诸生不就，不求入仕，谢绝世务，以医术终。刻有《真艺集》《三吴草》行世。本县涂伯昌、临川陈际泰为之序。

吴之伯，字一焉。邑增生。性格落拓不羁，能文章，试辄优等。笃孝友，

---

① 封素：无官爵和封邑但非常富有。

事兄必敬。兄长之瑜、之才相继亡后，终身哀恸，丧服如礼。养母，饮食必亲尝，遇病衣不解带。本地有犯牛禁者，则挺身与屠人质于官。族有不法者，喻族众以家法训之。

吴绍宗

吴绍宗，明末梅源乡贤，以才学、孝善著称。进士黄端伯、过周谋，举人黄名卿、贡士璩光孚，皆为吴绍宗弟子。同治《新城县志》人物卷之《孝友》载：吴绍宗，字二壁，梅源人。万历间诸生。父道隆，善病。绍宗度不能起，谒崇仁县大华山（今属东乐县），具疏祷神，愿舍身代父死。忽跳身投崖下，崖深百余丈，观者以为坠崖死矣。无何，见绍宗俨在神殿中。怪问其故。绍宗具言："坠崖时，空中有白云萦绕，如履平地，见一石门洞开，有神人授以仙篆九十二画，令归焚与父服。"绍宗如其言，父果愈，咸屈服，愿为弟子。宁都魏禧为立传。

吴友枢

吴友枢，字立中，弱冠父亡，家道中落，与小弟携手兴家，侍母益孝。小弟早丧，悉心培育弟弟的遗孤吴瀚，后来吴瀚于清乾隆二十二年（1757）丁丑科中进士，任湖北云梦知县。吴友枢还热心族里公益，倡议捐建义仓，经常赈济家族中的贫困人家，修桥建路，深受族人信服。

逸闻趣事

孔太孺人舍粥

涂伯昌《孔太孺人寿文》记载：梅溪距县城 70 里，吴氏世代居住在此，田野丰沃而民风淳朴。其中樵云公以恭俭持家闻名。樵云公去世后，孔太孺人主持家政。明崇祯九年（1636），县邑大饥，孔太孺人在家中设粥铺赈灾，每日上门赈济的有上千人，惠及周边数十里的灾民。孔太孺人命儿子之瑜操办赈济之事。之瑜带领兄弟们操办粮食，架设粥棚，维持秩序，安抚饥民。家中有老弱幼不能前来用餐的，之瑜就用竹筒盛粥让家人带回去食用。前后共达46天，保证了梅源及周边乡都的群众安然度过饥荒。民众感念孔太孺人恩德，喝粥之前都要称颂，祝祷太孺人百岁而后食。

米自量的故事

清代嘉庆三年（1798），梅源丰豫义仓创立。族谱记载，"吾族聚居新城之四十五都梅溪，里合客姓数十家不下百户，山多田少"。为了保证家族村民丰歉平衡，歉收之年不至于闹饥荒，贫有所恤，义仓由此而生。梅源的大户人家纷纷捐粮捐地。积极响应。逢灾荒年份，收成不好的人家就从义仓得到赈济。待到自家收成好的时候，再还给义仓，如此有借有还，保证了义仓存粮的源源不绝。与义仓相伴的是一个"米自量"的传说。说的就是，哪一家灾荒没米吃了，就来义仓里借米。管库的人就会说，自己去量吧。久而久之，"米自量"就成了义仓的代名词。

梅源义仓

徐霞客梅源留宿

公元1636年农历十一月初，徐霞客慕名寻踪黎川，纵情饱览黎明山川胜景。他从会仙峰下来之后，经过当时村落繁盛的樟村，一路往西南行走，进入了梅源，在梅源住了一晚之后，沿着古道去了南丰。而从梅源去往南丰的时候，由于梅源客栈主人指错了方向，抑或来自外省的他听错了黎川方言，以至于一开始就走错了路。这段趣事他记录在了旅行日志中。

"十一日 东方乍白，自梅源溯小流西上一岭，路应度谷而西，因歇店主人言，竟从北直上岭。三里，逾岭北，天渐明，问之途人，始知其误。乃从岭侧径道转而南，越岭两重，共四里得一村坞，询之，曰：'此岭即南丰界也。岭北水下新城，岭南下永丰（此处永丰恐为南丰之误，因为永丰离此地甚远）。但随小水南行一里，可得大道。'从之，至漈上坞始与梅源大道合。"

红军标语

标语内容：

　　武装拥护苏联！

　　帮助红军消灭白军

　　自身的民众一律保护十四师当政！红军利政

　　替红军主动送消息！

梅源红军标语

文风素盛河塘村

村庄概况

潭溪乡河塘村古称河溪，因位于熊村下来的河水沙洲岸边而得名。明清时期属新城县礼教乡二十七都，1949年，是河溪乡政府的所在地。1957年，划归为潭溪乡设立光明大队。1972年，又改称河塘大队，1984年，启用行政村名。

河塘村北面熊村河，往东通往黎川东部的熊村镇，往北过河后可以到达湖坊乡。熊村和湖坊都与福建毗邻，山岭之间古驿道、隘口众多。也正是这样特殊的地理位置，造就了河塘山水清秀的自然风光。村中居民数百户，李氏占十之八九，为北宋中期著名的思想家、文学家、教育家李觏（1009—1059）的后裔。号称黎川望族，为"文风素盛，乃地杰人灵之区也"。在初修于明代洪武年间，十一修于民国17年（1928）的河塘李氏家谱上，清晰地记载着家族的源流。"始祖泰伯公由凤麓（南城凤凰山）读书赤溪，历参鲁、子春、方叔、经元，凡四世生茂一祖，始迁河塘。赤溪其始降也。按旧志，新邑原属南城，其后割南城五乡以此为新邑，故新城志载始祖斋居有赤溪风月之區。其联云：'朝朝风扫地；夜夜月点灯。'河塘在邑之南，去赤溪数里，斋居相望。"

作为李觏嫡系后裔，河塘李氏家传流远，代有闻达。李觏有曾孙四人，二人登进士，二人中举。其中方叔、仁叔兄弟先后于宋嘉定十年（1217）丁丑科吴潜榜、宋淳祐七年（1247）丁未科张渊微榜考中进士。

明中后期著名哲学家、教育家、文学家、泰州学派创始人罗汝芳，理学家邓元锡，甚至建昌府知府邹峄都与河塘李家来往密切，并曾为李家人写过多篇传、记、序言。罗汝芳经过黎川去福建途中，曾经在黎川仙居观讲学，由此认识了弱冠之年的李氏后学李毓木并有了往来。"往余适闽讲道过黎川，黎之士并集于馆，问难不辍。易山涂君乃余素知厚也，率其徒众质学于予。内有一子未冠者为李姓毓木，易容雅饬，神采焕发，知为珪璋器"。后来，他应李毓木之请，在姑山书舍为其父李公北窗先生五十大寿做了序。同邑名儒邓元锡则说"余尝游至邑南河溪，见其后屏山峨峰层峦叠翠，河水九曲迤逦数十里，私心穷度意必有逸士隐君子伏乎期间"。

在古河塘，曾经建有印山楼，为李家子弟读书之所。印山楼面山临水，前有峭壁千尺，悬崖万壑；下有河溪碧波，潭清底澈。人在楼中，山在楼外，旁通四达，心印无遗，恍然如在图画之中。在这里读书，恰恰就像汤临川（汤显祖）诗集中说的"吾静可印山"，李家人将此句升华为"山静可印我，我静可印山"，印山楼因此而名。至今还有拱秀古阁、茂济桥等建筑，它们都曾经是古河塘历史上不可或缺的部分。

历史建筑

李 氏 家 庙

河塘李氏系北宋名儒李觏后裔，家庙奉李觏为先祖。现家庙为清同治十三年（1874）重建，迄今已有140多年历史。

家庙宽宏而简朴，占地约1500平方米，庙宇外扩建了大院。大院外立有牌坊大门，朝西面对马路，门额镌书"北宋理学家李觏纪念馆"。牌门中柱楹联为旅台李氏后裔李隆昌先生撰：朝风扫地，四方朝阳，紫气广被帝子裔；夜月点灯，万古长明，吉星高照儿孙贤。大院内建有一座六角亭，曰融心亭，亭柱联：泰山圣贤名天下；伯仲桃李满经纶。院围墙绘李觏图文。家庙大门面南而设，不是很气派，进大门即一狭长小庭院，东照壁、西门厅、南大门，北报本祠。家庙坐西朝东，首门厅，次内院，再官厅，最上为寝堂，整体建筑为三层式厅堂。家庙官厅高大宽敞，不事雕饰，朴质无华，厅内梁上挂有多块牌匾，匾书"绩著沙城""先贤名裔""成均师表""泽及乡里""急公好义"等。官厅一柱联为明代天启年间新城县令杨荣所撰：开代自洪都帝子分符，世胄簪缨丕著；迁宗由太学名贤肇启，人文简册俱新。指李氏为唐代滕王李元婴开代，而河塘李氏宗支则是李觏之裔。祖宗寝堂设神龛，神案上设列祖列宗之神位，奉李元婴为其始祖，其次为有余公（李觏父）、泰伯公（即李觏）、参鲁公（李觏子）、子春公、方叔公、经元公以及河塘始迁祖李茂一等祖。据悉，旧时的李氏家庙内设有"报本祠"，家庙外还附建有"始祖泰伯公牌坊"（又称"理学世家牌坊"）及戏台。

河塘李氏家庙饱经沧桑。据 1928 年版《赣黎河塘李氏十一修宗谱》（下称《河塘李谱》）卷 27《公纪来甫州司马总理重建家庙集》记载："我艺祖潜所公卜居河溪，分三支以衍派，即就河溪购基建祠，规模轩宏，岁事维谨，已历七百年矣。"此文撰于清同治十三年（1874），据此推算，河塘李氏宗祠应该始创于宋淳熙年间（1174—1189），此后历经多次圮废修建。家庙遭受最严重的一次破坏是清代咸丰年间的兵火，河塘遭受粤寇（太平军）

李氏家庙

洗劫，全村房屋被烧抢，李氏家庙亦成废墟。

据同治十二年（1873）李杰所撰《河溪被寇始末记》（《河塘李谱》卷末·杂记）载，"（咸丰八年）八月丙辰，贼出汀邵，入自黄土关，众踰十万。我里前后二十里皆寇垒，贼悉露宿，拆村中门床围箪取蔽风雨，焚杀掳掠更甚于初，复乏粮"。当时，江西布政使司刘长佑出击黎川，遣精兵2000驻扎河塘村诱敌，率军攻打到熊村，夺回被掠妇女上百人，追杀10来里后，退守县城。咸丰十年三、九两月，太平军再次过境河塘，但未进入县城旋即逃遁，河塘亦幸免于难。咸丰十一年六月，大部队太平军从汀州侵黎，前后两队人马过境河塘，全村房屋几乎毁于一旦。有来不及远逃的10多名村民被斩杀，抓走壮丁百多人。李杰则跟随父亲躲避山中，途中远眺村庄被毁。而李杰之父李来甫，正是前期资助清兵的成员之一。这次兵燹，李氏家庙亦毁之一炬，直到同治十三年（1874）才重建竣工。

李氏家庙内景

古戏台与建筑群

河塘古戏台初建于同治年间，位于家庙的东侧，北面即潺潺不息的河水，东面可以远眺东岩山。这座戏台历经风雨，100多年来，屡毁屡修，不仅是村民们年节聚会的地方，还经常有戏班子来这里唱戏、演出。

村中目前仍有数栋保存较好的古宅，有的门额上写着"裕生铺"，曾

河塘戏台

河塘古宅

经是药铺；有的侧墙上写着"石灰通贩"，是贩卖石灰的商铺，还有的是典型的车马客栈，巷子深处还有几栋官厅。整个建筑群以青砖建筑为主，布局严谨，规整有序。

历史人物

李 觏

李觏（1009—1059），字泰伯，世称"盱江先生"。李觏本是"草莱之民"，长期生活在普通群众中，虽未考取功名，也无一官半职，但他特别关注社会底层的现实及百姓衣食住行等具体问题，并著书立说，写下了《平土书》《富国策》等一系列"警献邦国、康国济民"的"医国之书"。他的思想对当时和后世产生了深远的影响。明代著名学者左赞称李觏为"一代之名儒，后学之师表"。著名学者胡适先生撰文称："李觏是北宋的一个大思想家。他的大胆，他的见识，他的条理，在北宋的学者中几乎没有一个对手！他是江西学派的一个极重要的代表，是王安石的先导，是两宋哲学的一个开山大师。"称李觏是"一个不曾得君行道的王安石"。李觏曾居住于现在黎川县城的鸬鹚石，在筻竹村赤溪风月亭处读书讲学。李觏曾担任盱江书院主讲，并以教书为业，曾巩、邓润甫、傅野皆其门下弟子。后被范仲淹、余靖等人推荐授为将仕郎，试太学助教，任太学说书。李觏生平列传于《宋史》等诸多文献。

李 茂 一

河塘始迁祖茂一公是李觏的6世孙，号潜所，长于文学，以教书育人为业，也是个民间教育家，名列同治《新城县志》第10卷之《人物志·儒林》。南宋末期，他与当时的建昌府高人张东华四处云游讲学，"履堪岩穷绝壑，醉傲山水间"。当他逆水而上至河溪这个地方，被这里秀美的风景所吸引，于是在此建宅安居下来。茂一公对宋朝的灭亡耿耿于怀，以秦桧奸臣误国为恨，临终前给子孙遗言："吾今虽不得为宋儒，宋儒一线未始不藉，是以延也。""吾宋人也，设朝有不讳，尔曹辈慎毋苟官一职"。意思是，我虽然比不上先祖宋儒泰伯公，却延续了泰伯公的一脉。我们是宋人，即便是朝廷不忌讳，你们也不要去苟且为官。

李 容 肃

李觏的11世孙李容肃以岁贡补福建沙城（今福建沙县）县令。同治《新城县志》人物志之《人物志·宦业》收录有李容肃的传。他甫一任职即为民兴利除害，打击盗匪，断明积案。遇到疑难案件，昼夜研判，必须断得一清二楚。曾对身边人说："民命至重，未可以刀锯试也。"永乐初年，靖难兵起，各种急报纷纷而来，各级官员人心浮动。李容肃忧心忡忡，不忘自己的职责，一心勤政为民。朝事稳定后，李容肃以年老病衰请求回乡。沙县百姓感恩于他的一片为民之心，纷纷夹道相送，并赠送了"绩著沙城"匾额，以彰显他的功绩。

逸闻趣事

河塘九井十八巷

在黎川的坊间，河塘村有着"八卦村"之说。一条条卵石巷道将各栋宅子和院落串联起来，若是没有本村人带路，外乡人进村往往会在村子里迷了路，不知如何绕出来。聪明的河塘祖先建了一条水渠将河水引入村中，这条水渠环绕整个老村，使村落增添了几分水灵灵的娇俏。明清鼎盛时期的河塘有300多户，人口达到近千人。"河塘好地方，九井十八巷"，就是那一时期的写照。现在的河塘老村，仍然能找到八口水井，绝大部分水井还是旧时的石围井圈，它们有的位于宅院里，有的位于巷子边，可以想象当时人口稠密的村庄里，热闹的生活场景。有一口水井的花岗岩井圈被磨损出了几处缺口，摸上去却光滑异常。相传这口水井是始迁祖茂一公时期所打，至今近800年，井水清澈丰足，依然有村民们在井边浣洗。

王三镒妙笔赞河塘

元代中期，茂一公儿子李名三在河塘建了新居，邀请好友乡绅王三镒写了一篇序。王三镒可不是一般的人，他举人出身，以才学出众被荐为本县教谕，后来升任临江路学（辖今樟树、新余、新干、峡江一带）教授。王先生妙笔挥就《送李君名三迁居序》一文，洋洋千字，清逸洒脱，文采斐然，将河塘的地理环境、四时风光和风物况味描写得淋漓尽致。

余友人名三将迁居河溪，余闻而喜且为文送之。河溪东通闽粤，春则淑气熏蒸，阳和布暖；南领岩岫，夏则奇峰蔽霄，清凉沁骨；北邻水口，古岸堤险，秋则寒潭澄清，怪石森列；西屏峨峰，垒嶂层叠，冬则烟光凝聚，紫气腾辉。由是而居焉。

溪之土肥可以稼，溪之泉甘可以饮，溪有沼沚蘋蘩可荐于鬼神，溪有椅桐梓漆可调于琴瑟。或钓溪之滨，或赋溪之渚，无在不爱得子所。然翁之意，有在与不在也，夫古之人有以数年而成聚、成都、成邑，藉是以丕基焉者。翁之意，其在斯乎，在斯乎。

河塘蒙难记

清康熙十三年（1674）四月，福建耿精忠起兵叛清，遣部将易明领兵出击杉关，攻陷新城县城，河塘李氏祖庙被战火烧毁，不久即被族人鼎力重修。之后康乾盛世，河塘村也恢复了往日安乐祥和的日子，因位于东部闽境入黎的要冲，加之有水运的便利，河塘逐渐成为县城东边的商品集散要地，药铺、客栈、杂货铺等比比皆是。一时间，河塘村车马辚辚，人声喧天。

咸丰六年（1856）七月，太平军石达开部杨国宗率数万大军攻入黎川，连续三日大掠屠城，黎水为赤，焚民舍官廨，火光弥漫数十里。虽然太平军未到乡里，但因县城居民纷纷外逃，河塘一时堵得水泄不通，庄稼被毁，房舍也遭受不少侵害。同年冬十一月，太平军又占领县城。南乡民众谋求集合反抗，因虑事不周，轻易举兵，反而激怒了太平军压制，沿途村落，半数壮丁罹难。太平军往往在夜间袭击村庄，将村民掠走之外，还向家人索要巨额赎金。侥幸逃往山上的村民衣着单薄地匍匐在草丛中，耳闻山下的呼喊声，惊骇和愤怒之下，捶胸顿足，痛不欲生。咸丰八年（1858）八月，太平军从东边黄土关入境，号称十万之众，河塘前后20里都是太平军，他们拆门板抢食物，更甚于前。咸丰十一年（1861）六月，太平军从福建长汀分两队进入黎川，河塘村民纷纷将粮草送给清军以抗击太平军，太平军因此恼羞成怒，在河塘大肆烧杀，殉难10多人，掠去丁壮百余人。同治三年（1864）二月到九月，已经被清军打得无路可逃的太平军多次进出黎川，河塘村人四处逃逸。适逢大雨天，洪水下来，平地水深过膝，男女老幼奔忙于泥泞中，雨水顺着头发淋漓而下，却不敢停留一步，有的人就在逃遁的路中死去都无法收尸安葬，成了一片人间炼狱。

将近10年间，河塘村虽然得以瓦全，因兵燹而外迁的数不胜数，李氏家庙再次被毁，曾经屋舍连排、商铺林立的河塘也徒剩零砖断瓦。同治十三年（1874），河塘李氏又合力在原址上重建成新的李氏家庙。一直到清晚期，围绕着"九井十八巷"分布，一栋栋宅院又矗立起来，逐渐形成了我们现在所能看到的河塘老村的基本布局状态。

民间教育

民国初期，鉴于全县教育水平低下，尤其是乡村，难觅高等小学毕业人才。"黎邑小学在前清除涂氏、邓氏各大族创举外，若乡取惟钟溪（今中田乡中田村）之陈鲁，余如东西乡者所见稀。南区界闽疆，风气固闭，每族姓虽有二三文人心存教育，然素乏研究，不谙于辨理，欲得一高小毕业师资庸非易事"。"李氏在前清号曰文明，际兹科举初停，失学子弟甚多"。
"民国初建，共和肇基，国民程度端资教育。教育普及必以初等小学为基
础。我地僻处乡隅，开化较缓，少年辈出学校未兴，共和国民从何造就。
后生小子苟无生活上必须之知，能将虽自存于世界？北美诸洲其殷鉴矣"。
在这样的背景下，民国2年（1913）1月，河塘李氏族人李春芳带头，邀约
10多个志同道合的族人一起倡议，决定"抽庙费集众款，化无益之资为有
益之举"，将家庙闲置的资金加上族人的捐款，在河塘开办了启明小学。

启明小学创建后，得到了族人的纷纷捐助，有的捐田，有的捐钱。民
国12年（1923）10月，又应族人要求，进行了再次添筹，校产得到扩大，
族中子弟得到了较好的初级教育。一直到民国24年（1935），启明小学方
才停办。20多年的基础教育，延续着先祖的遗风，在河塘的村史上，启明
小学可谓厥功至伟。

石溪汤汤石陂村

湖坊乡石陂村，古称石陂寨，位于黎川县城正东面，相距25里。明清时区属新城县东兴乡三十都，1949年前属河塘乡。1958年，设石陂大队。1984年，启用行政村名。因古有石陂，宋代设石陂寨而得名。2004年，全省撤乡并村调整中，妙法村并入石陂村。

明清时期，该村称作南乡王氏大庄。东向至枧源、羊羧岭，东北向抵湖坊、沙溪、东岩山，有一条河流潺湲贯经，旧名石溪，明中后期称南乡"王氏大庄"。清代"新城乡都"记："自羊羧岭经白羊桥，石陂蓄水万斛，大旱不涸。"境内山峦叠翠，沃野千顷。妙法村四面环山，沃野丰腴，山明水秀，风景宜人。此外，还蕴藏着丰富的陶瓷资源和磷矿，元明时期曾生产过民用瓷碗，至今窑址尚存。

因处于通闽要道，历史上的石陂，戈矛争锋，兵镞遍地，两宋期间可能一直未得安宁。千年锋镝固已陈迹，山川云烟固已平淡，却也难觅浅唱低吟的纾放之处。剽悍的石陂雄风不复存在，代之而起的是生生息息地繁衍。石溪汤汤，襟带两岸，田畇平畴，阡陌弥望。时至今日，石陂寨依然屹立于石陂村，那里有宋时的五马殿，有反"围剿"期间的战壕，有郁郁葱葱的松竹与苦槠，还有生生不息、勤恳劳作的石陂人，他们安居乐业，瓜瓞绵延。

古建遗存

石 陂 寨

王安石新法施行之时，在石陂寨专设"捕盗使臣"，作为政府单位的建昌军在此驻兵 50 人。熙宁十年（1077），该地不仅有普通盗贼，还出现了盐盗。食盐是官府税收的重大来源，岂容私盐泛滥，偷税漏税。于是，江西转运使的提刑司、钤辖司一起报告要将"寨"改为"巡检"，并加倍增兵。也就是说，熙宁十年石陂寨正式设巡检司。

石陂寨设巡检后，兵员增加，吃饭人口多了，自然得更及时、更便利的军需供应。这样，粮仓设置就摆上了议事日程。元丰六年（1083）四月，吕南公作《石陂寨新置军储仓记》。他说，从熙宁初年石陂设寨，到熙宁十年设巡检司，其间镇寨的"捕盗使臣"也已换了三茬，贼盗捕之未尽，更令人头疼的盐盗又露头了。这些盐贩不是良民，实与土匪一样，"流毒建昌、邵武间，滥溢而西，所过燔室庐，屠劫生聚，乃至剽三官吏于一日"。所以当年只得提高石陂寨的军镇级别，"改石陂捕盐使臣为巡检，增兵倍其旧，为百人"。

元丰二年（1079），庐陵人徐义实担任石陂巡检司首领。徐首领的办法是深挖洞，勤练兵，打盗匪，唯有粮食他没法子。该怎么办呢？自然是请示汇报。数次报告竟如泥牛入海，上级转运使不给"转运"，也不给个回话。别人劝他说，你不就三年五年一届嘛，何必要跟前任有所不同，得过且过算了。徐首领为难地说："不能这样说，事情总得合乎情理，才能有好的交代。要知道，上百名士兵每月光口粮就 200 斛，还得到离寨 40 多里的南城蓝田运来，天气好固然没什么，碰上什么恶劣天气如大雨大雪的，泥泞跋涉，那就犹如去过燕楚那样的北地一趟。"幸好，第二年换了个刘姓转运使，徐首领立马拜见，两个人一拍即合，决定就在本寨建粮库。统共花费三万个铜板，建仓库三间，还设一个亭子。

1096 年冬，河北大梁人（今属邢台）王粹翁来石陂寨任巡检，第二年正月间拜访了举人傅默。两个月后，傅默回访。傅默提醒王粹翁，你祖上不是冒矢石、披荆棘为我大宋打下江山而封王侯的人吗？既是王侯将相之种，更该被服流风遗泽，光大门楣。况你还年轻气盛，才韵落落，怎么好意思整日伏处塝下、老死畎亩，仅"提百十老卒于山寨中，以窥村落之狗偷鼠盗"呢？于是便有了《静思堂序》流传于世。

——这说明，宋时，石陂就是关卡要冲之一。驻守的兵员有"百十老卒"之多，加上当地"日出而作，日入而息"的居民，估计是一个大村庄。吕南公与傅默的记载，虽未描述石陂寨的山川形胜，却为石陂的人文历史存留了一阕华章。

建炎四年（1130）七月二十一，福建建瓯人范汝为在瓯宁吉阳回源洞（与建阳接壤的山区）发动武装起义，十一月，范汝为出寨接受招安。第二年，范汝为再次造反，先后攻下福建建州、邵武、光泽，直逼江西信州（今上饶）、建昌（今南城）。这年十月，岳飞被朝廷拔擢为亲卫大夫、建州观察使，为从五品的遥郡观察使。岳飞派遣 3000 军马屯驻建昌，2000 军马屯驻抚州。

为配合范汝为的起义，石陂寨的守军在饶青、丁喜、姚达等首领的煽动下发生哗变，聚众数千人，击败江东安抚大使司都统制阎皋的队伍，公然挑战岳家军的权威。为扑灭石陂寨的暴乱，除岳家军外，朝廷还安排了湖北安抚大使司统制官颜孝恭、郝晸两人率 4000 兵协助，又调宣州知州刘洪道、督统制官崔邦弼等前来帮忙，统由建昌知军朱芾节制，合力剿灭丁喜等人的叛乱。丁喜等人声势壮大，率领万余义民进逼建昌郡城，简直目无王法，更目无岳家军。

针对石陂寨义军围困建昌的现状，绍兴二年（1132）正月壬子，王万、徐庆率岳家军在正前方迎敌，颜孝恭绕到后背掩杀，才将入犯建昌的石陂寨军兵打败，徐庆射杀丁喜，饶青阵亡。姚达、李宝等接替领导义军，退回石陂，转入粤东梅州，联合另一支义军首领陈颙。

绍兴二年九月癸酉，"知建昌军朱芾击石陂余照，擒斩之"。十月，"颜孝恭招降石陂余贼李宝等"。九十月间，在各路统制的配合下，岳家军王万、徐庆及朱芾、颜孝恭等，击杀了石陂寨义军首领之一的余照。李宝投降，姚达在四望山被抓。其余部队在黄琮率领下，在石陂一带继续抗战。

前后约两年时间，石陂寨义军遂告败落，但零星的反抗仍未消停。绍兴三年五月，朱芾率兵破石陂贼余党黄琮，生擒黄琮，斩首示众。绍兴五年（1135），福建安抚司统制申世景收捕石陂寨余众。石陂寨巡检司遂告结束。

南源"百岁里"

在石陂村，古代有两座"百岁坊（里）"，一为明万历二十三年（1595），工部侍郎张槚为王采之母李氏而立，当时该地称作石溪"王氏大庄"；另一座在石陂南岸村小组（又称南源），称"百岁里"，是后人为姚用所建。

南岸姚氏，肇基于明初，由廪山 15 世祖彦辉公迁至。到了明万历年间，该地出了一个百岁寿星姚用（1505—1604），字永珊（世系表中为"允珊"，第 23 世），号玉泉。"父孟信公、母蔡孺人，寿皆九十余"，深得父母基因遗传，所以玉泉公得以百岁寿龄。涂云雁《玉泉姚翁墓志铭》说姚用小时就不嗜声哗，志行高洁，性情醇谨，善事父母，友爱昆弟。家庭内外，井井有条，和和熙熙。时任县令的赵日崇对姚用非常尊重，经常召见他。赵日崇任期为 1601 年—1604 年，玉泉公已近期颐了，还能徒步赶到县衙，距离大约 30 来里。这就异常不简单了。一到县城，赵县令也很客气，热情招待，玉泉公则"擎曲为礼，磬折不倦"。

涂云雁另一篇《贺玉泉先生百岁寿序》说，万历癸卯（1603）冬，自己正要整理行装准备去上任，恰好玉泉公的外甥陈时高来访，恳请涂云雁为其外公撰写寿序。玉泉公的寿辰为第二年二月。

玉泉公百岁寿辰的那一天，非常热闹，宾客盈门。寿匾极多，南城益藩王匾曰"旌嘉耆德"，县令赵日崇匾曰"百岁思宾"，儒学教谕邹有望匾曰"五朝人瑞"，建昌府检厅邱公（署县事）匾曰"上寿超群"，儒学训导何其美匾曰"寿享遐龄"。邑人黄郝栗作《贺玉泉姚翁百岁诗》以赠，云："岸南佳气郁葱葱，中有康疆百岁翁。素履其旋真懿美，生平乐善自雍容。箕裘蕃衍家风古，彩服翩跹乐事浓。孙子眼前皆白发，螽斯兆庆福尤隆。"内容无外乎歌咏年高寿高与子孙满堂之意。

乾隆《新城县志》卷 2《建置志·坊表》"附未及请建坊表百岁寿民"条："姚玉泉，二十五都人，年寿登百岁，建亭于本都，以憩行者。"又从同治县志中得知，姚玉泉未来得及禀请建坊。由此可知，南岸的百岁坊实由族人后来建造的。

《姚氏宗谱》有《南岸门楼旧序》《重修门楼记》《三修骑楼记》三篇文章，可知此门楼首建于道光十七年（1837），距玉泉公去世已 240 余年。40 年后的光绪三年（1877）重修。可惜，到了1889年，门楼倒塌。1908年，族人开始再建，围以砖墙，就是现如今的样子了。所以，就目前这座百岁里，虽有点"危楼"的感觉，亦已有110多岁了。

南岸姚氏"百岁里"门楼上题：光绪己丑年（1889）夏月。落款：秀荣子孙重修立。门楼左后侧神社顶梁有"同治癸亥（1863）秋月，合堡众信建造"字样。说明两座建筑首建时间有先后，神社始建时间稍晚，但比1908年重建的门楼又更早。

吉 祥 寺

吉祥寺，位于石陂村口。始建于五代十国期间的吴武义三年（921），原名"新开寺"。宋治平元年（1064）改名为"吉祥院"，后称寺。直至明中期，寺中还有"敕赐丛林吉祥寺松关"的匾额。

邑人傅权（1043—1105），字次道，又字济道，学者称"东岩先生"。北宋江南路建昌军南城县沙溪人（今湖坊乡人）。与石陂相距仅15华里。熙宁三年（1070）庚戌科叶祖洽榜进士，授建宁军观察推官。其《题吉祥院壁》曰："夜来报宿上方天，满室氤氲宝篆烟。一觉烂眠闲梦少，不知红日到窗前。"看来当时傅权就借宿于寺中，才会有如此贴切的感受与韵致。

据郭存正作于明弘治七年（1494）的《建吉祥寺施田记》，成化年间（1465—1487），僧人智达驻锡吉祥寺，见寺庙破败不堪，怅然若失，便同二十九都极高村的江泰宽、江志宽兄弟相商。兄弟俩的母亲黄氏极其虔诚嗜佛，"愿发帑财而一新之"。于是卜吉开工，正殿、后殿周围筑墙，山门饰以丹漆，甃以砖石。新塑能仁圣像，金碧辉煌，气象严雅。"经始于癸卯（1483）之夏，落成于乙巳（1485）之冬"。江氏又施水田数亩，岁输租八百多斗，用以供僧斋饭与修缮之需。

《建吉祥寺施田记》对石陂有一段非常优美的描写，再现了明代该地的风光与人文，兹录如下：

> 新城治南礼教乡二十五都石溪，山谷盘旋，林壑萦纡，青松绿竹。四时而荣，烟霏云敛；四时而履，岚光拥翠，黛色浮蓝。清玉湾环而前迎，奇峰崒嵂而后卫。平畴广阜襟带，左右宅于胜者，古额"敕赐丛林吉祥寺松关"在焉。寺之创，始于唐，涉宋元，历于国朝以来，兴废不一。

　　二十世纪六七十年代，吉祥寺曾经作为石陂小学的校舍，因此才得以完整保存。

　　有庙则有庙会，是民间宗教形式，一般为仙家生日或化日（升仙之日）举行。之外，又因终年劳作，亲友难得一聚，则借助庆祝丰收在寺庙附近举办交流集市。石陂庙会，兴起于何时，则不得而知。北宋名儒吕南公有一首《济道过饮偶成长句》言：

> 酤酒榷吏杓，买鱼市儿篮。虽非烂肠宴，亦知足一酣。
> 冬景忽卓午，晴云衰昙昙。室庐绝丝竹，文字入笑谈。
> 以此称出俗，相看庶无惭。解衫挂关楗，岂问布与蓝。
> 追讲石陂会，秋霜正黄柑。傅翁最后至，啸咏能交参。
> 题诗庑东阁，醉卧堂西庵。论子赴官职，可余老耕蚕。
> 俱为乐榆枋，非效溪壑贪。掺袂歌慷慨，暌离各情含。
> 寄书建水涯，年历满四三。不虑复见日，乃于郡楼南。
> 子为赤髯叟，我有学语男。问讯养生具，仅能无一簪。
> 固知寒儒分，未易过石甔。弃置且勿道，行觞趣空坛。
> 将来难预期，既往已备谙。聊尽酩酊兴，安能每忧惔。

吉祥古寺

这是傅权拜访吕南公时，南公所作的一首追忆傅权经历的长句。其中讲到"石陂会"时"秋霜正黄柑"，表明石陂会是入秋临冬之时举办的。而傅权姗姗来迟，一来则啸咏不断，最后"题诗庑东阁，醉卧堂西庵"。或许《题吉祥院壁》就是傅权这次宿醒后写的，而该次"石陂会"正是庙会，由此可见，石陂庙会的历史悠久。

碗　窑

石陂村碗窑村小组后背靠山，残碎的陶片零星散落，村东侧有馒头状大土堆数处，当地群众称之为古窑。经挖掘，出土有完整陶钵数只，经专家推断为元末明初所产，至今也有 600 多年历史。另在距碗窑村不远的寒村一带，近年亦发现成堆的日用碗器散件，村民指认其地也是碗窑生产地之一。

历史人物

王 无 咎

王无咎（1024—1069），字补之，为北宋名儒。北宋仁宗嘉祐二年（1057）中进士。随后，出任江都县尉。不久丁父忧，服满又调任卫真县主簿、天台县令等职。出仕前，王无咎虽家境贫寒，但颇有才华，深得曾巩赏识，于是将二妹许配给他。任天台县令不久，王无咎便弃官而随从王安石游学。由此，生活再次陷入困顿，以致家人食不果腹，衣不蔽寒，只得再次出仕，任南康主簿。但不久后又辞官而去，再一次将主要精力投入求学问道之中。开始随欧阳修、王回游学，而后随王安石游学，时间也最久。王安石十分赏识王无咎的学识才华，认为"君可教国子"。因此，王安石入京后力荐王无咎，朝廷诏任王无咎为国子监直讲，可惜任命书尚未传到，他就不幸去世。时神宗熙宁二年（1069）闰十一月，得年 46 岁。王无咎去世后，王安石亲笔为他撰写了墓志铭，铭曰："所谓质真好义，不为利疚于回而学不厌者，予独知君而已。安时所难，学以为已。于呼鲜哉，可谓君子。"也正因如此，元代脱脱修《宋史》时，为其列传。

王无咎一生著述颇丰。著有《王无咎集》15 卷，已佚。《全宋诗》卷 619 录其诗 3 首。《全宋文》卷 1525 收其文 9 篇。王无咎尤善属文，文章"纡深曲折，精正议理"，自成一家。既有近于曾巩的"跌宕流转"之风，又有近于王安石的"雄辩"之处。曾巩称其于书无所不读，微言奥旨必究其极，故其为文贯穿今古，反复辨博，而归于典要，不只驰骋虚辞而已（《王补之文集序》）；梅尧臣亦谓其文深厚旨道，可谓杰出（《答王补之书》）。王无咎妻弟曾肇对其姐夫更是推崇备至，认为宋代产生了诸如欧阳修、王安石、曾巩等著名文学家，但其后能与他们相提并论的就只有王无咎了。

其纪事名列《宋史》《宋史新编》《大明一统志》《江西通志》《宋诗纪事》等文献。

胡 梦 魁

胡梦魁（1234—1307），字景明，号涧泉，元代东兴乡人（今石陂胡家排）。石陂胡氏以北宋进士胡安国为始祖，后世迁居至此。胡梦魁为胡安国第 7 世孙。自幼谦虚诚恳，思维敏捷而言行敏锐。年轻时即以"明经"贡于乡试，宋咸淳元年（1265）考中进士。初授任迪功郎、丹涂县尉，到职后，整饬军备，加强防务，使盗贼平息，百姓安定，人人感恩戴德。后被调任浙西制置司参议。元至元十四年（1277），胡梦魁侍奉老母回归故里。适逢元军南下，元江西宣抚使见他魁梧奇伟，且文武全才，便命他担任建昌路府判。他顺应形势，避免战乱，遂领军民迎接元军接管，使全郡县得以安宁。他主管建昌府郡两年后，便韬光养晦，辞去官位，归隐家乡。

元至元二十四年（1287），集贤阁直学士兼侍御史台事程钜夫，奉诏到江南求贤，又呈章推荐，提拔胡梦魁担任广西海北道提刑按察司佥事。任职期间，整顿吏治，惩办奸佞，震慑有声。在位四年，果断地处理了许多弊端。退休归家时，当地百姓在乡间为他建祠刻碑编歌谣，以颂其美德。晚年，他在家乡秀美山水间颐养天年，并敦促晚辈发奋学业。元大德年间，朝廷陈太师保奏，加封兵部尚书。元大德十一年（1307）辞世，享年 74 岁。

不光是为官有所成就，胡梦魁及子孙还对新城的学宫建设颇有贡献。南宋绍兴十三年（1143），县令李维苣倡建学宫，使新城学子终有了读书之所。后历代县令、乡绅都对学宫进行了大大小小的增建修缮。宋末，胡梦魁为之修了礼殿，即大成殿。至正二年（1342），县尹苗益倡修大成门五间，进士胡梦魁子孙、邑教王三镒与弟弟王三锡、进士朱倬之门人修大成礼殿。元代学者虞集的《建昌路新城县重修宣圣庙学记》写道："邑在万山之间，为文学之懿于东南，在甲乙之目矣。宋晚进士胡梦魁既登进士第，始作学之礼殿。其子修已、正已、成已常继葺之，使不废也。"

胡　布

胡布，元末明初文学家，胡梦魁曾孙。出生于元顺帝至元六年（1340）。至正十六年（1356），胡布17岁，开始了从军征战的生涯。至正十八年（1358），红巾军首领陈友谅攻陷江西，并派部将康泰、邓克明等率军进入福建，攻取邵武、汀州等地。同年，江西赣州都事伯颜子中间道入闽，借福建军阀陈友谅兵，出奇攻复建昌。伯颜子中是西域人，祖父仕宦江西，遂定居于此。子中曾任东湖书院山长、建昌路教授等职。伯颜子中于至正十八年（1358）入闽，胡布的诗中有"十九客闽师"之句，正在此年。自元亡以后，胡布一直隐居乡间，一说寓居南城。洪武八年（1375），洪武九年（1376），胡布两次罹祸入狱。根据《四库提要》推测胡布是因拒明朝政府征召而入狱。胡布诗中有《罹难》《入理问所作》及《丙辰岁狱中元夕诗》诸作，《罹难》题下有注"乙卯十一月初十日"；《丙辰岁狱中元夕诗》题下注："先生以高蹈，有忤时政，被谪。"《丙辰十月初五日发龙江》："羁人得遣如承檄，日暮登舟似到家。乌鹊定传天外喜，慈闱今夜占灯花。"可知胡布在次年十月初五获释。

胡布师承杨廉夫（即杨维桢，元末明初诗人、文学家、书画家），在元末与东南诗人林鸿、徐贲、杨基等人交往，其诗足堪自成一家。明代胡应麟的《诗数》外编六言对胡布诗评价甚高。说元代没有人能和他匹及："盱江胡布子申集十卷，中有《与方方壶往还题》，又有《寄倪元镇诗》，盖胜国末人。其诗颇能为古乐府及六朝唐人语，第全篇佳者绝寡，又近体抵逻耳。然元人遂无一齿及者，余于书肆敝楮中得之，太半漫灭，惜而摘其数联，如'斧斫云根术，瓢探石窦泉''旭日千门晓，春花万树明''穴深留禹迹，松古受秦封''夕嶂兼空净，秋江得月多'，咸自成语。子申五七言绝亦颇有佳者，《墨菊》云：'彭泽归来后，缁尘点素丝。乌纱漉酒后，挂在菊花枝。'七言如《刻竹》《题梅》诸绝殊浓丽可观。"胡布善草书，与明初书法家宋克不相伯仲。在音律上也有很大的造诣。去世后，谥号"文定"，从祀县孔庙。

王 禄

王禄，字汝学，号一溪。明正德八年（1513）举人。其父王达，以文学名于时，本县士子登门受业者甚多。王禄继承家学渊源，博览强记，文义高古。举乡试后受任平和县令，治理县务有方，惠政卓著，深受民众爱戴。

平和是当时新设置的县，荒凉偏僻，教育不兴，老百姓十分贫穷落后，且境内有盗匪啸聚，犷戾凶悍，扰乱民生。王禄到任后，即与同僚推心置腹相待，从头开始整顿县治，修文庙，开办社学并捐薪俸换置田产以资助教育事业。并建立"申明旌善亭"，以别善恶，树正压邪。同时，立"社稷山川厉坛"，起"社仓养济院"，划辟"万人冢"，饬建谯楼，修缮城堞，开辟校场，筑建屯堡及诸公署、馆驿、衢途铺舍，使该县各项事务逐步走上正轨，打开了局面。而办事费用，均尽量避免浪费，充分利用县政经费结余，并亲自带头和动员本署官员捐出薪俸弥补不足，不增加百姓负担。从此，平和县文教振兴，武备加强，荒屯垦辟，生产发展，礼俗日新，百姓安家就业，生活稳定。

明嘉靖九年（1530），王禄上疏朝廷，请建献帝庙于安陆，封宗王以主其祀，不当考献帝、伯孝宗（意为"不应当将献帝当作父亲，将孝宗当作伯父"），涉二本之嫌。奏疏后，他弃官归家。朝廷大怒，命巡按御史逮治他，罢官为民。平和县百姓，不远千里号泣追送，并于各乡里立石书名，颂其遗爱。

王禄还乡后，在杨溪授课务农，布衣蔬食，勤俭自励，却想方设法自己捐资出力，为家乡建陂坝，修路桥，立义仓，举办慈善福利事业。王禄去世后，乡民感其恩德，为其立牌位春秋祭祀。平和百姓也立专祠奉祭他。《明史》《中国人名大辞典》及《江西通志》等均为他列传或介绍其生平。

王　材

王材（1510 — 1587），字子难，号稚川，王禄之子，为明代中期诗人。明嘉靖七年（1528）举乡试，嘉靖二十年（1541）登进士，改翰林院庶吉士。32 岁官翰林院检讨，管内阁诰敕，补《大明会典》纂修官。嘉靖二十六年，担任礼部会试同考官。嘉靖三十一年（1552），出为国子监南司业；三年后转为北司业；再二年后，复出为南太常寺少卿。再四年后，升南太常寺卿（正四品）。之后代理国子监南祭酒。隆庆帝登基后，被晋升为嘉议大夫。明万历初，又提为通议大夫。

王材学识渊博，"自经史下，若古名家文，宋理学群书，悉习通之"。进入翰林院、国史馆国子监等处任职后，学问更加精进。对国典朝政、官方政纪、天下大事的观察筹划，有了更深刻的理解。他掌朝廷诰敕期间，所起草的文稿，力求简洁，突出重点，体现皇帝的意旨，在体裁上多雄深尔雅之文风。明代初期，科举选拔人才之法，积下不少弊端。王材为了传承和弘扬古代德行道艺的教风，以克己慎独为本，编写了《南雍申教录》引导教化莘莘学子，学子们起初感到很难做到，久而久之，便也收到学成业进之效果。有一年，倭寇作乱，需督促神策门守卫事宜，为拟订加强城池防守事，移交兵部文牒，要求务必节约和减轻百姓负担，工作勤勉可嘉。他主持北京太学亦如在南方主教时一样，循循善诱，言传身教。当时《太学志》年久失修，国子监祭酒郭凿举荐王材负责纂修。志修成后，郭凿十分赞叹，认为是"弈世旷举，将来为不刊之书"。在太常寺掌政期间，各项事务都处理得有声有色，井然有序。最后主持南廷教育机构，南方人士素来就领教过王材的《南雍申教录》，现今亲聆教诲，更觉亲切，相互庆幸。正在王材政绩和名望跃然扬起之际，有的人却出于妒忌，散布他的闲言碎语从旁攻击他，致使被朝廷"搁置"不用。

王材考中进士后，时逢权臣严嵩当政。严嵩检看王材参试文章后很惊奇，召他入见时，只见他身材伟岸，风度端凝，更加看重他，留他在内廷任职。后严嵩独揽大权，恣行擅政。其时皇帝方兴祠祷之事，要选有文才的官员撰写专门文章，严嵩首先想到了王材，便推荐他写。王材不习惯唯命是从，竟然拒绝了这一差事，严嵩十分生气。官场同僚们写这类文章，都一味趋炎附势，歌功颂德，王材不愿阿谀奉承，故不愿受命。后来，严嵩之子严世蕃干预政事，严嵩还暗中庇护他，使之更加肆无忌惮，逞势官场，鱼肉百姓。王材不屑受其指使，不甘与其共事，便以母亲年老须方便照顾为由，请调南方任职。后来，兵部车驾司员外郎杨继盛上疏控诉严嵩"十罪""五奸"，反遭朝廷逮捕入狱，并判死罪。正值王材被调至京城工作，王世贞为王材主考时所录取的生员，与杨继盛关系密切，请王材为杨向严嵩说情营救。王材本与杨继盛素不相识，但仍前往代为求情。严嵩的党徒们以"养虎为患"为由套在王材身上。王材又据理力争，而且语气很强硬。严世蕃本来就讨厌王材"憨气"，由是更是生气。认为王材此举是要坑害严氏父子，又将他调往南方。其后，严嵩被罢去宰相职务，为使严嵩一派获罪，有人反将"养虎为患"之说是王材提出的，说杨继盛之死就是被王材所害。这样，王材反成了严嵩党羽之嫌，并因此丢了官职。其实，他"身历六官而四居南地，与嵩迹甚疏"。

王材去职乡居期间，对家乡政风利弊十分关心，常致言监司守令，陈述己见。他利用公余时间，致力著书立说。所著有《太学申教录》《皇明太学志》《石堂语录》《外制集》《念初堂集》等。他还广泛搜集整理本县籍文人学者诗文遗牍，类编成册，刊为《黎川文绪》，存目于《四库全书总目》集部别集类。卒年七十又七岁，府县乡贤祠均为其设位享祀。他所撰写歌咏家乡风景之组诗《黎川十二景》，脍炙人口，在家乡长期广为流传。

风景名胜

妙 法 寺

妙法禅寺坐落于石陂村妙法村小组境内，最早叫禅鸣院，县志记载始建于宋太平兴国元年（976），寺内《桂黻禅师塔记》载为"建以贞观二年（628）"，由天然禅师肇基。北宋治平初年（1064—1067），改称妙法寺。咸淳年间（1265—1274）寺遭寇焚，尔后无住、雪堂大师重修，改名咸鸿寺。二师归仙后，体不腐，身存寺内。后寺院毁，肉身亦毁。

妙法寺 （张浙华 摄）

　　妙法寺原为白羊寺，寺址建在白羊桥对面五老莲花峰下。传说有一只硕大的雄鸡每天半夜会跑到现妙法寺址报晓，清脆悠扬，就近几个村落都能听见。天然法师尾随雄鸡察看，果见此地山川灵秀，环境优美，确是一个建寺庙的好地方，于是将白羊寺迁至现在的寺址。

　　明洪武年间（1368—1398），智满、春云二师住持再修大雄宝殿，寺刹复兴。因寺僧众多，独立为丛林。继有闽省邵府（今福建邵武市）大愿山虞氏明眼高僧，神通募化，恢宏梵宇，广置田产，东起虎岩漕，南接仙山寨，西至燕子石，北抵溪河边，方圆十余里，竹山、茶山、杂山及水田百余亩之多，僧、工膳寝房屋俱全。此僧说法利生，道高深远，正统年间（1436—1449）敕赐谥号"真空圆悟大岸禅师"。万历末年，僧人桂毂重建，清初毁。清顺治七年（1650），住持梦迥禅师重整梵宇，改名妙法禅寺，刻金匾留存于后。清康熙八年（1669），僧人元杰鼎建。从斯香灯继续，法流远长。清晚期，河塘李氏文晟公、宁寿公、愈通公等先后施田助斋，约二十石，名曰莲池会，每年一次入寺庆斋，即请李氏12人吃一天斋饭。民国36年（1947），宝光大师住持，香客云集。据同寺另一和尚凡海法师介绍，宝光大师系福建人，是最后一期黄埔军校毕业生，法律专家，徐蚌战役（即淮海战役）败后，觉得前程无望，为了忏悔自己的罪孽，遂剃度皈依佛门，投奔妙法寺，主持法席，1953年圆寂。

妙法寺大雄宝殿门额上悬挂着一块墨底金字牌匾，上书"妙法禅寺"四个大字，为清代顺治十二年乙未科（1655）二甲进士黎川樟溪人杨日升于康熙五年（1666）所题。

寺右后方四层石山脚下，有一片成林石塔墓群（含普同塔、优婆夷暨比丘尼塔、质彬禅师塔、无名塔一、惟觉禅师塔、亢脉禅师塔、卓颖禅师塔、无名塔二、桂谷禅师塔、梦回禅师塔等）。始建于明崇祯六年（1633），是寺内僧人圆寂后火化安放骨灰的地方，为妙法寺香火鼎盛时所建。

该塔墓群占地1000多平方米，共有一大九小十座塔墓，依山而建，全部由麻白色砂砾岩建造。每座塔墓均由护栏、塔基、塔身和塔顶组成；塔后护墙上嵌有黑色石质碑铭，大部分碑文清晰。其中，有7座塔能清晰反映出建造年代、塔主和立塔人。该塔墓群对于研究和考证明、清时期的佛教墓葬制度具有重要参考价值。2018年，有关部门进行了修缮。同年，妙法寺塔林被列入第六批江西省文物保护单位。

白 羊 桥

妙法寺前有一座石拱桥，名为白羊桥，正德《新城县志》志写作"白杨桥"，"白杨桥，在三十都，邑人江碧清以石砌建"，据传也始建于唐贞观二年，

白羊桥

为长条石块卷砌的石拱桥，桥面居中嵌有正方形太极图案的板石。桥周围田塅，统称为白羊塅，中有白羊河潺潺流经。在过去交通极为不便的情况下，上游乡民进城必经白羊桥。久而久之，桥两侧便兴起居民建筑，形成一个小驿站，于是逐渐兴起各种商铺和客栈。

乾隆县志载："白羊桥，妙法寺前，里民江碧清建石桥，有屋。"如今交通发达，沿河便道已经湮没，而古桥依然屹立。至今，白羊桥路边还有一块"皇清钦授部院主政加二级江敬堂公神道碑"石刻。

仙　山

妙法寺后龙山的最高峰名仙山，又称船山。山巅巍峨挺拔，高耸入云；站在山巅俯瞰，数十华里的景色尽收眼底。"峰峦叠翠船山冈，四层巨石展奇观。问是为何有此景，神仙挑来担担弯"。在半山腰上，有 4 块巨大圆石叠得整整齐齐，亭亭玉立。石高数丈，每块直径 3 米多，据说最上层平面上还有几行梵文，使该山显得更加古奥与神秘。四层石左侧大约 300 米处，另一座山冈上有一块长条孤石，与之遥相对望，相传一神仙挑石来建寺庙，途经此处，金扁担压弯，巨石脱担，滚落于此，形成了如今的独特景观。

圣 公 岩

"风景这边独好"，站在白洋桥上，举目远眺，约 3 华里的地方，有一云雾缭绕的高山，就是远近闻名、信士所崇仰的圣地——圣公仙岩。圣公岩隐匿在万仞群山之中，四周山峦起伏，苍松翠竹，山清秀美，如同蓬莱仙境，大自然给这里创造了胜景，磐石搭成一个天然岩洞，巧夺天工，岩洞深约 4 米，高、宽 2 米。圣公菩萨端坐在岩洞中，面朝南方，凝视远方，若有所思。

圣公岩虽较陡峭，但远近虔诚朝拜者络绎不绝，香火四季不断。清代，邑人在岩洞前建一简易庙宇，供人凭瞻礼拜。

虎嵊与虎头

大约距妙法寺一公里处，有南北两座大山的山嘴相接，一名虎嵊，一名虎头，中间有一条很窄的溪漕，后人称之为虎岩漕。传说两只老虎经常在此斗殴，啸声如雷，吓得周边乡民毛骨悚然，晚上谁也不敢外出。此事惊动太白金星，老仙禀报玉皇大帝，玉皇派雷公雷母将两边山嘴劈成一道山涧，砾岩河水奔腾涌出，从此再未听见虎啸，民众相安无事。为了利用河流灌溉农田，1949年后在此修筑陂坝。但由于山洪肆虐，时修时毁。1963年，政府拨巨资修建钢筋混凝土陂坝，至今无损。从此，虎岩漕下游的农田，水旱无忧，稳定高产。

逸闻趣事

天然法师袈裟募地

在妙法寺，一直流传着始创者天然法师佛法高超，神通广大，曾以佛法募地建庙的故事。据云，当时本地有个大财主苏某，乐善好施，仗义疏财，与天然法师结交甚笃，经常在一起谈天论地。天然法师向苏财主索要一席之地容身，财主欣然应允，说："以大师身穿宝衣所盖之地奉送。"大师脱下袈裟，掷向天空，施展佛法，只见袈裟如祥云，盖遮田和山共计百余亩。财主无话可说，只得应诺，将此田地尽归寺庙。大师双手合十，口念阿弥陀佛，"感谢员外恩赐良田和山地，其实无须许多土地，所产之谷物够本寺众僧充饥足矣"。因此，只收下庙前约30亩水田以及庙后一片山地，其余的仍归还给财主。财主也感激不尽，两者皆大欢喜。

赤溪风月篁竹村

村庄概况

日峰镇篁竹村，也称篁竹街，古属新城县南坊，位于城南黎河对岸。民国时期，篁竹街改设为寿山乡，下辖畅园、倒港旁、打渔港、鄢家山、上篁竹街、下篁竹街六个自然村。1949年后属篁竹乡。1958年，设篁竹大队。1964年，属栗塘公社。1966年，划归城关镇（今日峰镇）。1984年，启用行政村名。

这里河流环绕，修竹成林，廊桥凌空。明清时期，黎川水路发达，运输以船筏为主，资源丰富，商贾云集。篁竹村面向南津码头，又处黎川通往福建邵武、建宁、泰宁必经衢径和货物流通集散之地。这里经济繁荣，百姓富有，村中有4华里的青石板老街贯穿而过，两边的厅堂院落一律明清古建筑，屋舍栉比，商铺林立，纸行、笋行、药铺、米店、书社、杂货、客栈一应俱全，篁竹村也因这条商业街而闻名，后人们俗称篁竹街。

民国时期，篁竹街人丁兴旺，文化兴盛，当时由张伯甫、梁静甫、黄质甫创办的"三甫阅报读书社"，在县城具有广泛的影响，吸引了一批具有思想学问的青年才俊。"唱话文"是篁竹街最有特色且风靡全县的一种文化娱乐活动。"话文"这种以白话弹唱的形式起于何时无从考证，人们只知道是由盲人们一代传教一代沿袭至今。艺人所持的乐器非常简单，俗称道情，就一段二尺长的竹筒，茶杯口粗，一头绷紧的鱼皮或者猪糕膜，通过拍打振动空气而发出"嘭嘭"的声音，有点类似弹棉花的音响。

篁竹街土地肥沃，盛产的桃李、烟叶在明清时期就远近闻名。篁竹街人非常勤劳，以种稻谷和蔬菜为生。每天凌晨，便有一支挑菜卖菜的大军，跨过新丰桥，穿梭于县城的大街小巷，汇集于街市，这种劳动习惯延续至今，篁竹街目前仍是县城主要的蔬菜供应基地。

双桥晨曦

古建遗存

赤溪风月亭

风月亭位于篁竹村南，四周平畴沃野，有亭翼然。南北通向，长6米，宽5米，高5米。两端门额均嵌有"赤溪风月亭"五个石刻大字，一门联曰：才过怀泉鸟语花香犹在耳；方临赤溪新亭古驿又宜人。数百年来，它为南来北往的过客遮风挡雨，蔽日成荫。

赤溪风月亭

相传风月亭是宋儒李觏读书之地。乾隆年间《新城县志·书院》载："风月亭，在县南五里赤溪，宋儒李觏读书之所。其自言曰'朝朝风扫地，夜夜月为灯。'故以名亭。"

史料表明，风月亭早在明代初年就存在。明代本县教谕陈旒《题赤溪风月亭》诗曰："先生推忠慕幽楼，排得书斋傍赤溪。"说明风月亭原本是一座靠近赤溪的"幽楼"。陈旒的这首诗作大概作于 1482 年—1485 年。另有邓元锡作于 1570 年前后的《和王大司成中春九日潜谷邀游赤岸园作》诗云："江山胜赏天相命，风月高台地故宜（相传赤岸即古赤溪，李说书有赤溪风月台）。"这说明，明万历时期，风月亭相传原为风月台，是一块高台之地。

根据明儒王材、邓元锡、邓篆、邓裴等人诗文描述，赤溪又称赤岸，位于黎河隔岸，即今人认识的篁竹街赤溪岸，风月亭即在篁竹赤溪。几人的诗文不约而同地指出，赤溪这里是一大片桃花园。邓篆《风月亭赋》描述，风月亭是一处规模较大的园林区，南面群山黛岭，北望村里人家，东临黎河流水，西指桑梓阡陌。其中茂林修竹，亭亭如盖；桃园兰圃，鸟语花香；蒿草萋萋，野鹭惊飞；云舒霞卷，水天一色。

旧时的风月亭不仅风景秀丽，主要还是因为风月亭原主人李觏而闻名。李觏（1009—1059），字泰伯，北宋时期著名理学家。正德新城县志人物志载：

> 李觏，字泰伯，邑旌善乡赤溪人（原文注：未析县时，旌善属南城。元学士虞集学记云"方未为县，故直讲李泰伯、尚书邓润甫、直讲王补之、处士吕南公已生于乡，有盛名天下一方之重，已隐然可见矣。"以地考之，赤溪旧有风月亭，洪武二十六年，里人邓继善即旧址建祠祀之。观此，则新城人明矣）。

李觏一生以教授为业，所学以推明圣经为本，不拘泥于汉唐诸儒之说，成就显著。其改革思想大胆激进，所著皆为"愤吊世故、警宪邦国"的政论，被当时誉为"医国之书"。

前有古人，后有来者。时光如赤溪长流，风月与青山依旧。然而，往事如烟，物非人杳。风月亭，亭以人名，古往今来慕者如云，纷纷赋诗感怀，寄托对先贤的无限追思。

新 丰 桥

新丰桥位于黎滩河与社苹河汇合之处，旧为赣闽通衢。两桥相距50余米，互成犄角，构造迥异。双桥形制，一木一石、一廊一拱，珠联璧合，相映成趣，堪称建筑美学上的双璧。2013年，双桥重修后，增置了文化广场、大型水车、水榭连廊、民俗雕塑、景观巨石、台壁浮雕、滨河公园诸景，风景宜人，美不胜收，并以书法楹联装饰各个景点，双桥重放异彩，成为集旅游、观光、休闲为一体的黎川胜景。

新丰桥，是黎川一座标志性古建筑，位于老街南津与篁竹村之间，全长98.6米，宽4.5米，高八九米，5墩6孔，由北而南横跨黎滩河。现存新丰桥是2013年县委、县政府按照"修旧如旧"原则重新修缮的，仍为叠木梁、木构敞轩廊桥。新桥书画其上，诗联其壁，人文景观丰富，成为县城最吸引游人的一处景点。

该桥始建于宋，原为木构便桥，但屡为水圮，百姓深为其苦。明弘治年间（1488—1505），乡绅许式盛、刘恢、朱萱、邓璋、邓垲等人捐资重建，改建为石礅、木梁、蓍屋廊桥。后毁。据邓元锡《新丰桥记》，万历七年（1579）重修时，在因袭前制的基础上，更突出建筑特色。首先，它选址于两岸有石

新丰桥

崖之处，将桥墩设于河床巨岩之上，然后凿岩立基，累石砌墩，使桥墩更加坚固。所以，后数百年，虽然桥体屡遭水毁或自行腐朽，但桥墩岿然不动。其次，在石磴之上横直叠木，构建桥梁，叠木自下而上渐长，以此缩短墩距，形成酷似"鹳雀薮"的桥梁。这种结构大大减轻了洪水对桥梁的冲击，既科学又美观，体现了古人高明的智慧。再次，在相邻的两个鹳雀薮之间搭巨梁连接两墩，巨梁上横铺木梁形成桥面基础，然后在此基础上垫砌条石，形成桥面。桥面两端建桥亭，桥中间建廊屋。桥两侧封以木板护栏，以避风挡雨。两端桥头，铺砌石阶上下桥。桥长二十四丈五尺多（约74米），宽七尺有余（约5.3米）。桥修成后，"行者翼翼，观者啧啧，如履康衢，如登穹室"。明代的新丰桥形制大体如此。

黎川自古为赣闽通衢，与江西、福建八县（市）交界。在古代以水运为主要运输方式下，作为两省漕运源头的黎川，一直是赣闽物资交流的重要集散地。因此，新丰桥的建造，不论对黎川还是对闽赣两省的交流，不论对经济社会还是对军事政治都具有重大意义。新丰桥建成后，立即成为赣闽两省交通要道。平日里，游人商旅频繁过往，晨暮更是热闹，行人摩肩接踵，络绎不绝。两岸民居连薨比屋，炊烟袅袅；桥下码头喧嚣，运船穿梭不停；河畔浣衣女郎，三五成群，捣衣拂水；夜晚水面上渔火灯明，若繁星点点。"买鱼沽酒，行旅如云，走马臂鹰，黄尘掩日"，繁华景象，宛如刘汉时期的新丰市，桥因之名曰"新丰"。

不知从何时起，两端桥引建筑有了变化。桥引处地势开阔，百余平方米，筑高墙围成"桥头院"，围墙两侧开门以通街巷。桥北院两门额书"关津""长途"，南院两门额书"左屏""右蔽"。

新丰桥自明代建成石礅木梁廊屋桥后，经历了多次毁建，但形制基本不变。嘉靖三十六年（1557）九月，该桥焚毁于匪战。直到20年后的万历七年（1579）七月，县令章宗理捐俸倡修，率邑人李贤二、和尚光荣、道士官京槐等人助修，沿袭弘治时的旧貌。邑贤邓澄题写"新丰桥"桥额。

清顺治二年（1645），新丰桥桥面被洪水冲垮。四年，邑人邓祥元捐巨资修建。时隔90多年后的乾隆元年（1736），桥体损毁严重，邑人严绂等人倡议重建。咸丰七年（1857），太平军数万人由福建邵武经熊村攻入县城，与清军激战多日，桥被烧毁。次年，由乡绅筹资再度修复。

1941年，此桥再度重修。完工后，学人章悍冰为桥北门作楹联：一替一兴事关气数；或来或往各有心期。桥南门楹联则为三都人黄鋈夫所作：迹肇前明，八度重修垂旧迹；时当晚季，千方筹措幸成功。时至此际，新丰桥大致经历了8次整修，亦表达了乡人对该桥诚挚的钟爱。1942年5月，侵华日军飞机投弹新丰桥，所幸未投中桥身，桥体未受损伤。1947年，该桥失火，部分桥体被烧坏。是年冬，本县乡绅张伯甫、黄鋈夫、邓若洲、涂捷斌等人捐资修复。据传，民国期间，桥之廊屋还曾设有一间神龛，神龛两侧门柱上书有对联一副，曰"远近青山无墨画；潺湲流水有声诗"。将新丰桥所处环境描绘得有声有色。

1952年6月，特大洪水冲坏部分桥墩。1958年，县政府拨款修整加固桥墩桥体。1984年7月31日夜，桥体木结构意外失火，桥中段被烧毁。1985年1月，县委、县政府决定重修新丰桥。在江西省老建委的大力支持下，桥型基本保持木质廊桥旧制，桥面改建成钢筋混凝土结构，廊桥金顶两侧，增设24幅黎川历代名人诗词及名胜风景画。1986年，新桥竣工。由苏区时期中共黎川县委书记、江西省原省长方志纯题写桥名。

数百年来，新丰桥一直矗立在黎滩河之上，承载着黎川人民的行迹，见证了纷繁世事的沧桑。2013年，再度修缮，新丰桥桥额仍保留方志纯题字。如今，该桥船墩鹊梁，亭台廊阁，飞檐敞轩，雄伟壮观，尽显形制之美。身处老街篁竹两崖之间，横港相依，日峰相映，天蓝水碧，鱼跃鸢飞，月夜渔舟，潺湲诗弦，尽显环境之美。桥身风姿绰约，书画其壁，诗联其柱，题刻石雕，华灯悬梁，长龙卧波，尽显文化装点之美。

作为咽喉要冲，新丰桥见证了黎川诸多重大历史，结识了许多历史名人。北宋名儒李觏曾长期居住在篁竹村旁赤溪岸边，在风月亭治学谈经；李觏高徒、县籍名臣邓润甫也居住于此桥不远处；著名作家张恨水，童年居住新丰桥头，初萌文学情怀；红军总部一度驻扎于新丰桥南的篁竹街；新丰桥之旁，举行过红军历史上最大规模的阅兵誓师大会；国画大师赵望云曾在此处写生……

如今的新丰桥，经一番脱胎换骨，凤凰涅槃，再现辉煌。它高立于奔流不息的黎滩河上，为黎川人民搭建起前进征程上的关津长逵，通往幸福生活的仙津道岸。

横 港 桥

横港桥，位于社苹河与黎滩河交汇处，连接篁竹村与迷姑山（现体育公园）北麓新城路，与新丰桥犄角相望，南北通向，与新丰桥一样，旧时为赣闽重要通衢。

横港桥所在地理位置原本无桥，南宋之前，从这里过河一般靠渡船，渡口由本县孔家所设，故旧称"孔家渡"。由于长时间河水冲刷淤积，孔家渡的河床越来越窄，至宋咸淳年间（1265—1274），堆积的泥沙，渐成陆地。于是，乡民便在此搭建起简易的木桥。明弘治年间，本县绅士邓堦等人倡议重建新丰桥和横港桥，并将新丰桥改建为石磴廊桥，而由于资金有限，横港桥仍重修成木桥。

木桥抗冲击能力差，使用寿命较短，前后历经数次重建重修。清乾隆二年（1737），乡绅邓士楚、许枚、邓嘉、严绂、璩云标、赵瑛、黄朝辅等人捐资再建，为二墩三孔卷甍石拱桥，桥墩、卷甍、桥面均以长条麻石筑砌，

横港桥（冯忠 摄）

桥面长 40 来米，宽近 5 米，高近 8 米，桥体坚固宽敞。为了适应江南水乡多雨的特点，桥面搭建砖瓦结构廊屋，长约 16 米，虽不轩朗，但也不逼仄，可供行人蔽日、躲雨、避风。廊屋两侧外墙中间，各开一个弧形石条砌成的直径约 1 米的窗孔，窗孔左右又各开一扇长近 2 米、高近 1 米的砖砌的花窗，有效地解决了采光、通风的难题，还可以观赏桥外的景色。廊屋内，石板为凳，供行人休憩。廊屋两端的桥面边沿均砌有高约 1 米的实心护墙，行人无坠桥之险。两端引桥，板石横砌，行人可缓步拾级而上。桥堍（指桥两头靠近平地的地方）设有石槛，既可防台阶松动，又可防当时流行的独轮车碾压大桥。修复后的横港桥美观漂亮。邑人邓士楚连赋二诗赞叹：

　　五色穹窿认剑滨，彩虹气象压江新。
　　朱楼画阁联芳岸，白石清溪带远津。
　　水月光摇栏槛影，风花香醉往来人。
　　鸣珂不翅当年迹，鸡犬新丰别样春。

　　河山秀发两河滨，架海神鞭奏绩新。
　　何处帷裳渐下岸，谁家榆柳隔通津。
　　标题莫诧升仙客，行踏先期进履人。

便拟诗成鑱柱石，杖藜来勘百花春。

本县文儒何日熙和诗道：

半月斜临黎水滨，横江图画故园新。

梁成渤海歌平政，涉利丰于乐坦津。

南市绿杨欹枕梦，北田烟雨咏虹人。

年来踏遍霜前迹，侧帽徒惭五柳春。

同治八年（1869）夏，社苹河山洪暴发，大水冲破两甍；当年秋，全县筹资修复。光绪十六年（1890）春，再遭洪水，横港桥损毁严重。乡绅仍依乾隆时旧制重修，并请邑人陶思侃题写桥额"横港桥"，涂启心题写廊屋内两门额"仙津""道岸"。民国时期曾对廊屋做过局部修缮，但始终保持清代原貌。

2013年，重新修缮横港桥，主要是加固桥墩桥面，重建廊屋，两侧增加一副楹联"孤峰系扁舟，先贤苦心登道岸；虹桥卧绿水，后人如意渡仙津"，使横港桥更美化、亮化、人文化。修缮后的横港桥，仍为石质结构、中间封闭的月牙形单曲三孔石拱桥。

菖蒲桥

1934年底，时为《大公报》记者的著名画家赵望云来黎川写生，其中之一就有"黎川战迹（七）——拆断后之菖蒲桥"。

菖蒲桥，位于新丰桥上游约1里余，是磨市街与篁竹街（村）的来往通道之一。乾隆县志载："菖蒲桥，木梁，往赤溪路。"道光县志载："乾隆年间，菖蒲桥被水漂流。"至清末，县城南市一带还有昌文桥、平政桥、菖蒲桥、新丰桥、横港桥，西门外有惠德桥、安济桥，北有吴家桥，共8座桥梁。1949年后，除新丰、横港、昌文三桥外，皆毁。1993年县志载：民国期间，菖蒲桥几度倒塌和修复，后于抗日战争后期倒毁。观察赵望云的素描画面：菖蒲桥有三个石礅，木梁，中建廊房，无桥头堡。按同治县志地图，菖蒲桥好像有五个墩，桥中有廊房，图注"此系往三都大路"。据知情人说，此桥为木桥，宽约两米，河床没有石礅，但桥上廊屋供祀水神。

菖蒲桥始建时间失考。不过，明万历年间，邓元锡经常是渡船到对岸赤溪的。确定有菖蒲桥记载的是清雍正十一年（1733），当时的乡绅涂瑞很喜欢篁竹村的般若寺，也就是今天的莲花寺，"爱其清幽"，遂设馆于此。他说般若寺"去城五里，在新丰、菖蒲二桥之南面，平畴数百顷，仰眺则箫曲、会仙诸峰皆在目焉"。可知他进城回家之时，常过往于新丰、菖蒲二桥。而他的密友陈道、族兄涂登，经常过二桥去与他诗酒酬唱。彼时的赤溪，"居民以种桃为业，花时烂若云锦"。从诸多古诗文获悉，明清时期，篁竹的赤溪岸有种植桃树的历史，花季之时，是本地文人骚客赏游的好去处。

非遗传承

赛 龙 舟

每年端午节，篁竹村还会举行龙舟竞赛。这天，14名健壮的村民充当桨手，从艄公殿里扛出长约20米的龙舟，祭过香，拜过艄公后，龙船上的一名锣鼓手便鸣锣击鼓，在引航员的指引下，五彩龙舟从篁竹街码头出发。河面上，只见桨手们奋力划桨，几条龙船向目标冲刺。此时，黎滩河两岸站满了观看的群众，他们点燃鞭炮，高声呼喊，为队员鼓劲加油，桨声、

横港桥下赛龙舟

欢呼声、鼓声、鞭炮声交织成一片。

花　灯

篁竹村中秋节晚上的佛会，要大闹三天，每户门前挂上花灯，每家还须派人手持花灯，到篁竹街的莲花庵，由庵内老者领着准时出发，手提花灯绕整个村庄的家家户户游园，所到之处必须鞭炮迎接，整个村子热闹非凡。遇到重阳、春节，舞长龙、跳狮子、踩高跷必不可少，因此当时的篁竹街有"篁竹省"之称。

红色故地

潘　家　大　屋

第二次国内革命战争期间，篁竹街作为红军革命活动的根据地，篁竹街人民始终在红星的照耀下接受革命的熏陶和血与火的洗礼。1931 年 5 月，红一方面军进驻篁竹街，并着手创建建黎泰革命根据地。黎川是中央苏区的北大门，第五次反"围剿"的主战场，朱德、周恩来、彭德怀、聂荣臻、罗荣桓、罗瑞卿等老一辈无产阶级革命家和英勇的红军在这里进行了长征前夕最为艰苦的革命斗争。

1932 年 10 月，遵照毛泽东、周恩来的指示和部署，中央红军总司令部、总政治部由福建建宁迁入黎川篁竹街潘家大屋。12 月 30 日，中国工农红军历史上最大规模的一次阅兵誓师大会在这里举行，红一、三、五军团共 7 万多指战员和 1 万多工农群众集结在潘家大屋前的李树坪，接受中央革命军事委员会主席和委员的阅兵和引领宣誓。会上，周恩来总政委、朱德总司令、刘伯承参谋长、王稼祥主任等领导讲了话，盛大的场面给闽赣边区广大群众以极大的鼓舞。

1933 年 7 月 5 日，中国工农红军第七军团正式宣告成立，潘家大屋成为红七军团临时总司令部，萧劲光被任命为军团长兼政委。至今，在潘家大屋墙壁上，中国工农红军总政治部当年留下的"共产党十大政纲"等标语，仍墨迹清晰，保存完好。

　　至今在篁竹村的许多老屋墙头、门庭廊榭还保留有红军时期的宣传标语和口号，在四里长街的青石板上仿佛还留着老一辈革命家清晰的脚印，民间坊里还流传着朱德、周恩来、彭德怀在新丰桥、横港桥上横刀立马指挥打仗的故事。2018年，篁竹村的潘家大屋作为红七军团指挥部、政治部旧址被列入第六批江西省文物保护单位。

红 军 标 语

标语内容：

共产党十大政纲

一、推翻帝国主义的统治。

二、没收外国资本的企业和银行。

三、统一中国，承认民族自治权。

四、推翻军阀国民党的政府。

五、建立工农兵代表会议（苏维埃）政府。

六、实行八小时工作制，增加工资、失业救济与社会保险等。

七、没收一切地主阶级的土地，耕地归农民。

八、改善士兵生活，分配士兵土地和工作。

九、取消一切军政府地方的捐税，实行统一的累进税。

十、联合全世界无产阶级和苏联。

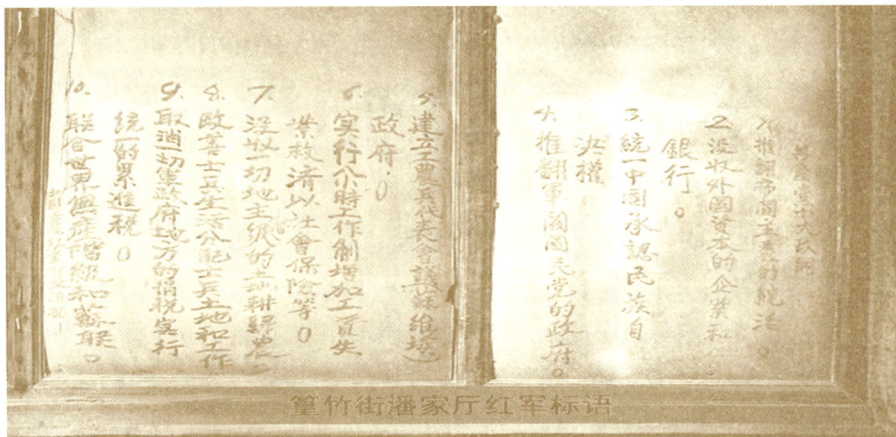

潘家大屋红军标语

名关古驿飞源村

村庄概况

厚村乡飞源村位于黎川东部，距县城 35 公里，东部与福建省光泽县止马镇接壤。因境内有飞鸢岭而得名，后谐音成今名。明清时期属新城县东兴乡三十四都，1949 年后属飞源乡。1958 年，设飞源管理区。1961 年，设飞源大队。1984 年，启用行政村名。

飞源村古代是"八闽晋京官道"——福建光泽杉关，由水路通往中原的必经之地。由于地处闽赣边界古驿道，过去是两省边民从事茶叶、中药材和闽笋等特色产品贸易的集散地。当时的飞源村十分热闹和繁华，形成了一条集街市、客栈为一体飞源镇。清代县志记载："三十四都，镇一村一，飞鸢镇，后村（即今厚村）。"

南宋著名诗人鲍照在前往福建时途经飞源村，曾经写下了脍炙人口的诗句："古驿入杉关，烟光锁翠岚。夜来风景好，宿处是江南。"今天的飞源村，322 国道穿村而过，不仅保存下了当年鲍照笔下"烟光锁翠岚"的江南美景，经过秀美乡村建设，村容村貌整洁如画，面貌焕然一新。

古建遗存

飞 鸢 岭

飞鸢岭，位处杉关西侧稍下方，最早叫悲猿峤，后叫悲猿岭，再改为

杉关悲猿峤

飞鸢岭。县志载,在杉关之前,山高不及二里,长则五里有余,众壑相附,望之似险,履之甚平。

谢灵运有一诗,县志仅载"朝发悲猿峤,暮宿落硝石"两句。有一股发源于杉关附近的飞猿水,一泻而下,穿越本县东境,注入硝石,融入旴江。大意指谢灵运早晨从悲猿峤出发,薄暮之际驶行到了与南城交界的硝石镇。

悲猿峤为什么后来会变成飞猿、飞鸢,甚至飞源的名称?北宋初年的乐史《太平寰宇记》:"落硝石,去飞猿馆百十有五里。"明代《舆程记》:"自硝石至五福镇六十里,又二十里为飞猿,又十里为福建光泽县之杉关。"因为乐史是北宋初期的人,由此可知,自北宋起,谢灵运诗中的悲猿峤已改称"飞猿"了,而且此地还设有驿馆。能设驿站、驿馆的地方,自然是官道必经之地。同治《新城县志·飞鸢驿》:"在县东六十里。宋绍兴间建。淳熙间,县令王从吉改为巡检司。元因之。洪武三年,巡检董成祖重建,后裁革。驿今迁杉关,属福建。"也就是说,明洪武三年时,朝廷撤掉飞鸢巡检司,将飞鸢驿站与杉关驿站合并,由福建省统一掌控。

较乐史年纪小106岁的北宋学者王得臣(1036—1116),他的《麈史》(仅存三卷)记载:"我出使福建时,自江西的建昌军抵达福建的昭武军(今邵武),路过有一地叫飞猿岭者,在昭武的西北面。(倘若返江西)越过飞猿岭,即到了南城的硝石铺。按谢灵运'朝发悲猿峤,暮宿落硝石'的诗意,是说飞猿岭山势颇高,其山石滚落之后就消失了。今天所说的飞猿、硝石,实际都是岁久俗传的讹误而已。"在王得臣看来，改称"飞猿"，是悲猿岭的"俗传之讹"所致。这个说法准不准确呢？清代邑人鲁九皋持不同意见，其《双溪居士传》载，"飞鸢岭，盖谢康乐诗所谓悲猿者也。其山磅礴郁积，岩壑窈深，故多猿云。曰飞鸢者，方言之讹也。"意即其地名称呼源于黎川方言的误读所致。

据《考古录江西》卷3《山阜·悲猿岭》转引《搜神后记》（托名陶渊明所作）载："临川东兴，有人入山，得猿子，便欲将归。猿母自后随至家，此人缚猿子于庭中树上以示之。其母便搏颊，向人欲乞哀状，直谓口不能言耳。此人既不能放，竟击杀之。猿母悲唤，自掷而死。此人破肠示之，寸寸断裂。所谓悲猿，即此事也，后人因以名岭。"由此可知，当时东兴县（即三国期间的黎川县古称）有人捕获了一只小猿，不肯放走，母猿打脸哀求也不见效。猎人宰杀小猿后，母猿则"自掷"而死。经剖尸，母猿肝肠寸断。因为这个故事，当地人便将捕获小猿的地方称作"悲猿岭"或"悲猿峤"。我们相信，这个"悲猿岭"的故事更有传承性，也符合荀子"名无固宜，约定俗成谓之宜"的说法。今查黎川第一部官方县志，即正德《新城县志》，里面已没有"悲猿""飞猿"之名，仅有"飞鸢"的称谓。

黎川三都朱氏《流源考二》载：五世祖朱凤，字朝阳，号梧冈。生宋太宗至道元年（995）。壮年时纠集义兵保护江闽边界，灭寇有功，擢升为总江闽监察御史，建衙门于杉关岭下的东兴乡，开通悲猿岭，易"悲猿"为"飞鸢"。如果此说属实的话，那么，说明从北宋起，悲猿、飞猿就被改为飞鸢，而改名之人，就是三都朱氏家谱中的朱凤了。唯独不知何时起，再被改之为今天的"飞源"了。

飞源古亭桥

飞源亭桥位于飞源村中古驿道上，从东至西共有两座，当地人称上廊桥、下廊桥，架设于两条溪流之上。桥面为大麻石铺成，桥身均为麻石卷砌单孔，桥上有木制廊亭，两边有木制护栏，下设木凳，供歇脚。其中西面亭桥的桥身内置神龛，常有村民在此焚香祭拜。据村民反映，此道通往洵口街，原为杉关入关之后，去往洵口和黎川县城的必经之道。因为位置重要，入关之后的商贾及旅人常在此歇脚，因此商业繁荣，旧时在此地设有飞鸢铺，一度成为飞鸢镇。现在亭桥仍为村民去西边山丘地带劳动的主要通道，常有村民在此乘凉、聊天，成为村中的民间"信息中心"。

飞源古桥

风景名胜

杉 关

杉关位于黎川县厚村乡飞源村与福建省光泽县止马镇杉关村交界处，有"闽西第一关"之称。历来为兵家必争之地，也是闽赣民众往来的隘口之一。汉代，福建与江西、浙江一带，"限以高山，人迹所绝，车道不通"，交通极为不便。魏晋南北朝时期，由于北方汉人不断入闽，福建加强了与外界的交往，水陆交通有了一定的发展。北人南下的陆路交通线大致有三条：一是由浙江经枫岭关、仙霞关进入闽北浦城；二是由江西经分水关进入闽北崇安；三是由江西新城经杉关进入光泽、邵武。

杉关始建于唐广明元年（880），距黎川县城约35公里。明洪武三年（1370），杉关隘口"增雉堞，甃以石门，而阁其上。商贾蹲趾交道，置税焉"，地方政府在杉关适时发展商业，立铺建市，兼设驿站，供过往官员及商人歇息换马，或交割产品，征收税赋，贸易渐兴。明提学冯挺《儒学改建碑记》云："川、湖、江、广，从杉关为优，则光泽固咽喉之地也。"意思是说往来两湖、

杉关图

两广、四川、福建之间，途经杉关是首选之地。清咸丰七年（1857），杉关毁于兵燹，光绪四年（1878）复建。杉关两翼城墙，大多凭依山脊构建，外侧用石块砌垒，显得高深陡峭；内侧比较平缓，易于攀登，有的地段铺设石磴，利于兵丁游走。

古代关隘的最大作用，就是"屯兵扼要"，军事目的是非常明显的。杉关自不例外。据统计，自南宋绍兴元年（1131）至清康熙十五年（1676），凭据杉关或路过杉关的农民起义军就有10多次。朝廷频繁调兵遣将，悍兵把持，如宋代的韩世忠、元朝的王溥、明朝的张楷、清朝的许贞等将领均率所部奉旨守关。

南明隆武二年（1646），即清顺治三年，朱聿键命郑成功镇守闽北三关，即杉关、仙霞关等，抗击清兵。当年正月，抗清将领、岭南三忠之一的张家玉（1615—1647）进入黎川，与知县李翔招募乡丁防守，自带亲军、乡勇200余人与清兵激战于城南。在这场号称"保卫福州门户的屏障"——黎川之战中，因众寡悬殊，张家玉中箭受伤，退走杉关。清咸丰六年（1856），太平天军打到黎川，几进几出杉关。同治三年（1864），太平军3000余人

经杉关进入黎川。任何一次由赣经杉关入闽，或自闽经杉关入赣的战争，黎川县及光泽县均成为重灾区。

民国早期的杉关村，最多时有住户 200 余户，每天进出杉关的独轮车近 200 辆，来往客商有二三百人，均要在此停留歇息。那时的杉关村几乎家家开客栈，从事餐饮、住宿等服务行业，最多时有商铺 70 余家。

闽西第一关

要塞险关，虽为兵家相争之地，亦孕育了一方水土，丰富了人文历史。杉关虽然地处偏隅，却也有不少官宦学子途经于此，留下了精彩的诗文。

谢灵运（385—433），南朝宋文学家，与鲍照、颜延之并称"元嘉三大家"。他留下一句"朝发悲猿峤，暮宿落硝石"，最早出现在本县正德县志中。诗句中有两个地名，一为悲猿峤，即今黎川县飞源；一为落硝石，即今南城县硝石。充分表达谢灵运曾游历过古黎川，并顺流而下，在硝石夜宿。此后，路经此地的文人，其诗文中总少不了谢灵运的身影。

著名边塞诗人鲍照（414—466），深受临川王刘义庆欣赏，公元439年，刘义庆赴任江州刺史，鲍照随之来到江西。因思慕8年前任临川内史的谢灵运，便来到黎川，访求古迹。他道经洄口，行至杉岭，夜宿于此，欣然写下《夜宿新城》一诗："古驿入杉关，烟雨锁翠岚。夜来风景好，宿处是江南。"

有意思的是，在江西省道"0公里"的标志处，赫然立有一花岗石路牌，东向"福建"，西向"江西"，将江西置于杉关口外。不过游人更可爱，往往在指示牌前两脚分叉，留影纪念，以示"脚跨两省，神游杉关"。

赣闽省界界桩

仙台清淑龙安村

村庄概况

龙安镇龙安村，位于黎川县通往南丰县的 G322 国道上，西川龙安河穿村而过。明清时区属新城县东兴乡四十三都，旧时曾设龙安镇。1949 年前属龙安乡。1958 年，设和平大队。1969 年，改称红卫大队。1971 年，改名龙安大队。1984 年，启用行政村名。

古老的西川，自武夷山脉的会仙峰、邱家隘等地汇水而下，浩浩荡荡，流至一处，一河两岸，东岸称龙溪，西岸称平溪。"予黎之西，山水奇秀，源发于闽，自是而鹭巅、仙台诸峰磅礴崒崔，大河瀯洄环绕如襟带，其清淑之气，往往挺生倜傥非常之士"。龙溪与平溪两地合称"龙安"，而贯境畅流的西川，一般称作龙安河，直下中田，汇入盱江。

历史源流

"龙安"地名，按今可见文献最早或出现在北宋熙宁九年（1076）乡贤王向所作的《石笼记》中，其语云："龙安自陂下东入其山，蹑浮云而上之极十里，有群石环会突立，石岭瀑布双注……"

今之龙安村在旧四十三都。其西面，就是赫赫有名的仙台山，峰峦秀耸，苍郁阴森，俗称大山岭。之所以称"仙台"，乃因此地流传有"余仙姑"的故事。盘旋公路迤逦而下，长约四五里。在没有开通高速公路之前，大山岭是前往省城的必经之路。坐在车上，常让人晕头转向，肺腑颠挛。山巅之上，有始建于元至正元年的真应观，明初改为慈明寺西来庵，后来改为仙台观，也就是今天的仙台殿了。

与仙台山遥望的东面，今天镇政府所在地的山脊，名半岭，曾经有殿，故称作半岭殿。传说半岭殿下有两口井，一如龙眼。后人为图吉利，遂改为龙安。在龙安河古渡口，有一块巨石，"石下潭深莫测，川水环绕东岸，激之成声，夜静如

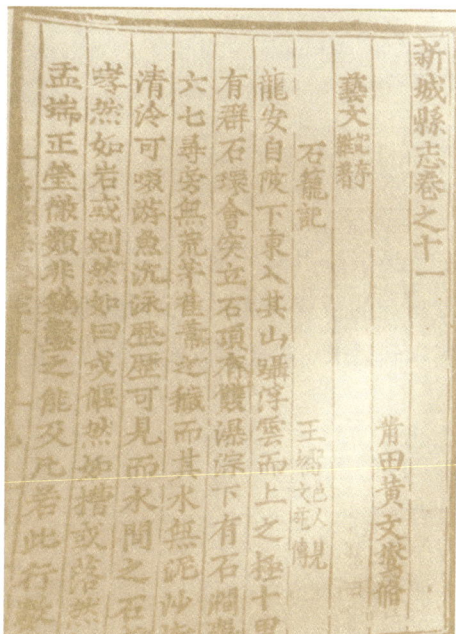

《石笼记》书影

闻更鼓"，所以称作更鼓石。相传更鼓石上有龙的一只脚印，另一只脚印则在今龙安中学靠山上，叫蛤蟆石。

龙安是古代本地进出南丰县的官道之一，大致途经里笼、潭水泉、流坊、朱山、五通、院前、东堡、隘上、南丰。因为地处孔道，商贾往来辐辏，所以在此建有渡口、公馆、驿站（即龙安铺）。"龙安，故有古渡，路通闽广，道介新丰，络绎往来待济者众。无论春水涨盛，波涛汹涌，难于历涉；即平时滩激湍流、廻塘深渚，鲜有不病其褰裳者"。龙安旧为古镇，交通发达，商旅不绝，街市繁盛。但时至今日，尤以福银高速公路建成以来，龙安地理优势不再，繁华渐远。岁月沧桑，龙安村古建渐次破败，所剩无几。残存的江家厅，门额似有"仁居"二字，还有稍微古朴的照壁；老街上有一古建较为雄浑，古韵沧桑，有所颓圮，亟待修缮，据说是吴氏祖居。另有祭祀刘、关、张的三义殿，门楼比较完整，不少于 200 年龄，怀疑为龙安公馆的旧址。

本地姓氏，以吴、黄、胡、李居多。吴、胡多居龙溪；黄、李多居桥背的平溪，而蝘游冈，则为黄氏故居。在古人眼里，龙安，乃节义之乡，最出名者当属黄端伯。

🖊 古建遗存

义 仓

吴宗灏祖祠义仓，由中田陈守誉的夫人吴氏将嫁妆购买 260 亩田地，其出产的粮食便为吴氏义仓来源。嘉庆十年（1805）夏，龙安大饥，人们买不到稻米。吴氏家人便商量从义仓中捐谷数百石。

🖊 历史人物

黄 端 伯

黄端伯（1585—1645），字元公，一作元功，又作"符公"，号迎祥。生平嗜佛，尝镌私印曰"海岸道人"，故又称海岸先生。崇祯元年（1628）进士，任职宁波府推官，五年（1632）丁内艰归，八年（1635）移补杭州府推官，十年（1637）丁外艰。1645 年 8 月，在南京殉国。清军统帅豫亲王多铎大叹"南来硬汉，仅此一人"；吴伟业《南国死难》称"南都之破，明臣殉难者十二人，以新城黄公端伯为首"。

黄端伯一生，可以很清楚地划分为四个阶段。一是入仕前的 43 年中，多在家乡耕读，所交游者也多为本邑名士。二是考中进士，任宁波推官起，至杭州推官丁外艰归，共 8 年时间（其中丁内艰又两年半），主要宦游吴越，交游逐渐广泛，禅理越发艰深。三是自杭州归家后，到乙酉年（1645）任南明礼部主事，其间也有 8 年，多数时间与方外之友交游，故有癖嗜浮屠之谓。四是入南明弘光朝为官，直至殉节，还不满一年。

吴 际 蟠

吴际蟠（1750—1817），初名喜，字达甫，自号壶舟道人。他于乾隆四十一年（1776）游学于中田鲁九皋门下，是桐城文学"新城学派"的重要骨干。一生著述颇丰，有《壶舟初稿》8卷、《壶舟续稿》若干卷、《水灾善后录》1卷、《闾里富教约》1卷、《家庙义仓规》1卷等。他的著作几乎全部失佚，仅在县志、家谱中留下数篇书札、序语等。

逸闻趣事

仙台山余仙姑

余仙姑，宋代南丰余氏女，其母梦见吞灵芝而有孕。自幼灵异，发誓不嫁人，父母久默许。长大后及笄，男方家备厚重彩礼和华丽马车迎娶余仙姑，说："这还不够满意吗？"余仙姑说："我要坐我父亲养的那匹白马。"

仙台山寺

余父答应了她的请求。余仙姑于是反坐马上，任马所之，追者不及。很快来到了新城四十三都沙溪（龙安沙溪）之山顶。此处白云笼罩，常人不能至。余仙姑在此终年礼拜白衣大士，日食山花野果。修持有年，父母劝之不得。有信众来访，仙姑以竹篮往山腰运水烹奉，山下人望之，似在云雾中；山顶有白衣大士随其上，屡显异迹。于是乡人请建庙宇，名其额曰"余仙姑殿"，名其山曰"仙台山"。四方朝谒纷纷，祈嗣者尤感灵验。

所谓山不在高，有仙则灵。今龙安村大山岭岭峰仍有仙台山寺，四时祭拜者众。元末明初文人刘绍写有《仙台山》一诗，收录于《元音遗响》。

邵武襟喉极高村

村庄概况

熊村镇极高村位于黎川东部与福建省光泽县接壤，距县城 30 公里。明清时区属新城县礼教乡二十九都，1949 年前后属三区中极乡。1958 年，设高站大队。1979 年，改为极高大队。1984 年，启用行政村名。

极高村有极高隘，东北接福建光泽县李坊乡百岭村，距坑村小组 8 里路。极高隘与极高村都因极高岭而得名。"近地毛家隘，系往来要冲，峻险无亭，日中雨晹，行者颇患无息隅，屡致疲劳喘乏"。

极高以江氏为大族。《江氏宗谱》记载，明洪武间，江氏由余干县白马岭迁居。清代县志《人物志》中记载的江正权、江捷登、江捷能，都是该地江氏闻人。比如明嘉靖年间的江以义，县乡绅士、贩夫走卒，无论认不认识他，都呼其为"极

极高毛家隘图

高江君"。自宋迁居于此的江氏，也有人入列极高巡检司，此人名赐录，江氏 10 世祖，"得授极高巡司"。

历史上极高村为黎川东部通往福建的重要通道之一，加之为熊村河的上游源头，自古商贾繁荣，县志记载为"邵武襟喉"。第二次国内革命战争时期，红军多次由此经过。

极高岭曾设有极高巡检司。村中保存有江氏家庙、大士阁、万寿宫、槐花古殿、将军古殿等古建遗存。

古建遗存

极高巡检司

极高巡检司的前身是石陂寨，北宋熙宁十年（1077）改为石陂巡检司。南宋绍兴元年（1131），石陂巡检司士兵叛乱。平息之后，将巡检司迁往七里妙智寺，绍兴七年，迁长义溪西面，九年，复迁长义溪东面。元至正末，巡检江赐禄迁到二十九都极高岭，改名极高巡检司。明洪武三年，巡检周郁重建，后迁二十七都水口，仍称极高司。

再后来，又将极高巡检司迁往六都德胜关，驻守时间将近百年。明末改迁三十三都洵溪（今洵口）。清顺治初年，毁于寇。再移置洵口石硖铺，巡检曹兆麟倡议大家捐款修建。道光二年，巡检李嘉曾重新修复。直到清末的县图，石硖该地还标有"极高司"三字。

巡检司，多设在远离县城的关津要口。始于五代，盛于两宋，金及西夏也有类似设置。元因宋金遗制，所设巡检司主要为州县所属捕盗官。在元代官署中，巡检司是品秩最低的一种。该组织于元朝时，通常为管辖人烟稀少地方的非常设组织，除了无行政裁量权之外，也没有常设主官管，其功能性以军事为主。明朝依其例沿用，不过佐以行政权力。《明史·职官志四》："凡在外各府州县关津要害处俱设，俾率徭役、号兵，警备不虞。"巡检、副巡检均为从九品，掌"缉捕盗贼，盘诘奸伪"之职。晚清，中国人口大增，对应的县治数量并无增多，于是一些州县所设的巡检司在数量与功能上日渐增多，也增有通判等官职设置。

极高巡检司有上千年历史，来此任职的人员极多，但史料记载未详。《中华方氏族谱》有"方菊樵，庆元五年（1199）任极高岭巡检"；《浮山县志》有"高林，任江西新城县极高岭巡检"。据本县宏村《余氏家谱》载，余君正，字养政，号竹庄，生于宋淳祐七年（1247），后由秀才征入石陂寨，以抚寇功补建安县主簿。

江 氏 家 庙

始建于明代，占地面积约 600 平方米，建筑庄严宏伟，是该村较为典型的明代宅第建筑。据《极高江氏宗谱》记载，极高江氏始祖由宋仁宗宝元年间由"饶州馀干县（现余干）白马岭迁居邑南礼教乡二十九都极高魏家坑"。

江氏家庙

大 士 阁

始建于明代，原位于极高村峨峰山顶，后移建于极高河边北岸，占地面积约 200 平方米。阁内塑有关公、周大将军、五谷大仙、五通大神、韦驮天将等神像。本地又称关公庙，作为纪念关羽关云长的神圣殿堂，承载着深厚的历史文化底蕴和民众对忠义精神的敬仰。

每逢重要节日或纪念日，信众们纷纷前来敬香祈福。他们怀着虔诚的心，祈求关公保佑平安、事业顺利、家庭和睦。这种信仰不仅仅是对神灵的敬畏，更是对

大士阁

关公所代表的忠义、勇敢、诚信等美德的追求和传承。

历史人物

江 正 权

江正权，字燮庵，清代极高人，寄居福建邵武从事商业经营。热心慈善事业，每逢灾害灾荒都踊跃捐资赞助。江正权生有四个儿子，三个居住在福建，第二个遵从父亲要求，居住在极高祖籍地，守护祖先墓地。遵循父亲遗志，乐善好施。道光三年（1823），捐资修建县城安济桥，后来又捐资 200 两为黎川书院膏火。事迹载同治《新城县志》卷 10《人物卷》之孝友。县城老街修建有江燮庵公祠。

江 捷 登

江捷登，极高人，急公好义。遇岁荒歉，减价平粜。乾隆五十年（1785）疫病流行，有病死买不起棺木的给以棺殡，无处埋葬的则施给墓地。儿子南圃、东堂，亦有父风。事迹载同治《新城县志》卷 10《人物卷》之善士。

江 捷 能

江捷能，极高人。乾隆丙午岁大饥，江捷能从相邻的福建买来稻谷减价平粜。嘉庆十年（1805）又大饥，江捷能还是从邻县买谷平粜。村中有人家穷困无法生活，欠债难还，已将儿子卖给寺庙做苦力，江捷能代其还债，并将他儿子赎回。他的儿孙也和他一样行善积德，深受村民爱戴。事迹载同治《新城县志》卷 10《人物卷》之善士。

积德之家中站村

熊村镇中站村与极高村相连，明清时区属新城县礼教乡二十九都。1949年前后，属中极乡。1958年，设中极大队。1972年，改成中站大队。1984年，启用行政村名。

因为同处于闽赣通道和熊村河上游，中站村历来是往来商贾和旅人休息的重要村落。村中还保存有几栋清代古宅，古宅沿着石板古道两旁而建，这些宅子朝路的一侧都开有比较阔的木窗，方便售卖货物和客人住店接洽。但都已残破不堪。

中站汪氏为黎川望族，祖上为隋文帝时期的越国公，历代为官为侯。其中一个后代汪文秀，中进士在徽州绩溪为官，他第六个儿子汪道安在婺源为县令，此为婺源汪氏始祖。宋祥符四年（1011）间，山寇暴乱，婺源守军守不住城，支裔汪叔献带家人迁移到抚州临川八十二都乌顿（今临川腾桥乌顿）安家落户。叔献的孙子辈出了一个大文人汪革。汪革（1071—1117），字信民，号青溪，江西临川腾桥人。宋绍圣四年（1097）进士，北宋诗人，"江西诗派临川四才子"之一，著有《菜根谭》①。汪革生了六个儿子，长子名澄，字伯奇，奉诏为翰林院侍读。汪澄生了五个儿子，长子名友直，字仲举，号承务，为黎川汪氏之始祖。

---

① 章军华：《东南大学学报（哲学社会科学版）》2009年第2期。一说是明朝洪应明编著。

仲举公爱好医学，发愿以医济世。他从乌顿出来游历，经过多处，来到了黎水三十九都胆源（现荷源乡胆源），在此安家，以行医为生，行事端方，正直慷慨。疑难杂症无不细心治疗，有穷困者鼎力相助不图回报。根据宗谱记载，第十世耀宗公于明初迁居中站。此为中站汪家的源流世系之大概。

诗礼传家，行善积德。明清时期的中站是一个相对比较繁华的山村，汪氏家族为商者众，为学者也多，不乏侠义忠勇之士。相比于黎河上下游的达官显贵之家来说，中站没有水运之便，却有往来闽赣的山路之捷，也因此造就了汪家的商贾经营之道，造就了一种豪侠仗义超然不群的风气。

中站汪氏以慈善闻名于乡，同治《新城县志》卷10之《人物志·善士》记载了中站汪家多位人物。

古建遗存

汪 氏 家 庙

汪氏家庙始建于清代早期，位于中站村中古道南侧，前有宽阔的青石

汪氏家庙

板地坪，大门面北而立，四柱三间，柱为红石，后来被石灰覆盖过。门当门簪都已缺失，门额上镌刻"汪氏家庙"四个大字。墙高5米多，宽将近15米，墙顶用砖砌成花式檐口，整体庄重威严。上面已经爬满了藤蔓，给整个墙体增添了一份历史的沧桑感。

历史人物

汪 善 弼

汪善弼，字际臣，号质君，汪源太高祖。际臣公少年即开始读书，却总是考不上功名，于是就去到处游历经商，日渐富裕。10多年后回到家乡，念及耀宗公在中站开基至今10代想建祠堂却总是没有实现，于是他就开始倡议，并率先捐助大部分银两用于修建宗祠，终于得到家族的支持，没几个月，汪氏家庙就建起来了。

汪 积 久

汪积久，又名学海，字汇珍，号纯斋，汪善弼次子，汪源高祖。他襟怀潇洒，少年开始攻读举子业却屡试不中。于是潜心研学，不再热心考取功名。平生好为善行，家存仅百石粮，仍在青黄不接时候悉数碾成米平抑物价。壮年丧妻不再娶，他的岳父母都劝他续弦，他顾念夫妻情深，坚不肯从，艰苦抚育两个儿子长大，乡邻皆赞其忠义。名字被列入了县志"忠孝"之列。他曾著有文集20卷，惜已不传。

汪 敏

汪敏，又名发敏，字登岸，号筠庄，汪积久的幼子，汪源曾祖。汪敏从小丧母，家境并不富裕，却为人洒脱豪放。他不善于农耕，喜欢结交朋友，听说客人来访，鞋子都来不及穿就飞奔出去迎接。《汪氏宗谱》上这样形容他"丰姿卓莹、器宇渊深、究心文艺、报志青云",他善于钻研古文,精通书法,游历武夷名胜留下多处题咏。当时他往来福建与一个姓吴的茶商做生意,各自赚了3000两银子。有个名叫颜奇璋的广东人,也在福建做生意亏损,彼时翻过山岭,来到中站,觉得无颜回去,万念俱灰,就找了一扇窗户上吊。那会儿正好是夏天的晚上,汪敏在院子中赏月,听到有喘息声,循声而至,把他解救下来,问清楚了缘由,将自己的3000两银子悉数给了对方,以抵他的亏损,他一路小心回家,好好经营。过了几年,颜时璋带着6000两银子千里奔波回到中站酬谢汪敏。

汪家藻

汪家藻,字尚毓,号凝轩,汪敏长子。道光甲午十四年(1834)涨大水,导致粮食绝收,一斗米涨至600文。汪家藻拿出2000石谷子(古时一石等于十斗)平抑市价,并开设粥棚日夜施粥,周边的灾民活下来的不计其数。虽然以经商为业,家藻却性喜怡情花卉,尤其喜爱兰菊,在宅子的四周都种上了兰花菊花,超然不拘。

汪声雯

汪声雯,字凤林,号梧冈,汪家藻独子。汪声雯小小年纪就很有勇气。祖父因为祭田的事情和人家起了纠纷,告到官府,官府三次不受理,他都帮着祖父把诉状呈上去,后来终于解决了纠纷。才16岁,就被父亲派去苏杭做生意,风传带去的数千两银子折损殆尽,汪家藻闻讯亲自赶去,结果是已经获利三倍以上。他擅长武术,以此护卫邻里安全。中站靠福建边境很近,多有匪盗,一个晚上盗七八家,挖人家的砖墙盗取金帛后扬长而去。汪声雯闻讯操起木棍去驱赶,强盗持刀砍他,他面无惧色把一个强盗追得走投无路只有跳河,其他的都吓得丢下东西跑了。就这样,汪声雯一个人把被抢的东西夺了回来。后来强盗不甘心,又先后三次到村里偷盗,汪声雯率乡亲直捣匪穴,抓住了强盗头子扭送官府,土匪头子后来死于狱中。至此中站这地方就鲜有偷盗事件。他往来福建做生意,家产渐渐丰厚,生性仗义疏财,每年饥荒时期都碾米平抑物价数十年。他堂弟臣书欠了詹姓人家 700 两银子，他如数帮他偿还。有个叫黄宇模的乡邻去世，家道中落，汪声雯置备家产帮他抚养遗属。他遇到一个叫涂鸿翔的人，穷困潦倒，汪声雯送他 500 两银子让他好好经营。邵武郡修考试的贡院，汪声雯也捐助了不少银子，郡守奖了一块"润及风檐"的匾额以彰显他的精神。看见乡里没有义仓，就带头倡议捐款捐物修建起来。平生最惋惜的就是自幼读书不多而喜欢结交读书人，很多读书人听说后都来到中站结交他而成了朋友。

汪 源

汪源，汪声雯之子，又名鸣珂，字韵珊，号石琴，中站汪氏第 24 世，清晚期藏书家。生于道光乙酉五年（1825）九月十八，卒于光绪乙未二十一年（1895）正月十二。江西省图书馆及黎川图书馆馆藏有多部钤有"汪石琴手收藏书"藏书印的古籍，品相完好。其中黎川图书馆收藏的汪源手书《石琴文集》扉页钤有两方印曰"琴癖书颠""石琴"，可见他为琴痴为书狂的程度。

汪石琴所在的咸丰同治年间，与之有交游的县邑文人目前可考的有涂氏家族的涂茂荃。涂茂荃作有《七月三日夜与石琴小饮，时石琴将有武夷之游并以送别》。诗曰：

离怀暗淡酒千巡，话到知交倍有神。
争战不知何日定，杯盘能得几回亲。
莫谈尘世难平事，且息云山自在身。
寻得文公读书处，相期筑室避嚣尘。

汪石琴藏书印

赣闽通衢资福村

村庄概况

荷源乡资福村古称资溪、资福桥，位于黎川县北偏东资福河边，距县城15公里。因资福河从村前流过，桥因河而得名，村因桥而闻名。明清时期属新城县东兴乡四十一都，1949年前后属资福乡。1958年，设资福公社为资福大队。1960年，并入茶亭公社。1960年，由茶亭划出属资福公社。1984年，启用行政村名。

资福桥之所以百里闻名，是因为它作为闽西入赣的水上交通要道，素有"上赴闽地行日落.下达建昌百二里"之说。千百年来，闽西的农副产品经闽西第一关——杉关入赣，再经厚村、洵口、资福古驿道陆路进入建昌府，也可经资福河顺流而下，然后出江入海。资福桥正好处于闽西进入内地的水陆交通要道上。现在的资福村前还有"老码头"遗址。据记载，古时的资福河上舟筏来往，川流不息。村前设有数个停靠码头，货物、船客上上下下，络绎不绝。驿道上三五成群结伴而行的车夫，手推着用树木制成的独轮车（俗称鸡公车），载着数百斤的货物，像扭秧歌似的艰难前行。沿途鸡公车发出"吱呀吱呀"的叫声不绝于耳。当地流传的童谣：鸡公车，路路啼。不吃米，专吃泥。推车客，汗淋漓。打赤膊，晒脱皮。形象地反映了当时车流之多和车夫之艰辛。还有肩挑手提货物、徒步往来闽赣两地的挑客，一起组成了这闽赣边界的运输大军。这些人凡到达资福桥后.都会在此歇脚、住宿。资福桥由此成为闽赣边界通行之地。

　　资福地杰人灵，人才辈出。南宋末年，黄氏由福建迁居。明代资福的黄仕旭家族，三代在朝为官。黄仕旭自己官至四品，明洪武年间以拔贡应诏授锦衣卫校尉，升指挥使；其子黄忠接父职，明永乐初授指挥使。同族黄允元，明天启年间授戎改尚书府听用把总，崇祯年间以随征收复遵化建功，升授蓟州守备。这些人功成名就、衣锦还乡后，在家乡建造了很多门庭气派的府宅，以光宗耀祖。至今在资福，仍可看见"大夫第""翰林第""儒林院"等古老建筑。近代以后，资福更是俊采星驰。民国时期，资福有名的开明绅士黄扩民先生私人出资，创办黎川较早的现代学堂——资福竞强小学，培养了一大批当地优秀人才。

资福翰林第

　　资福保留下来最灿烂的文化遗迹当数资福塔。这座始建于宋代的古塔，虽经千年风雨，塔身仍无半点倾斜，凝聚了先人的建筑艺术与智慧。古塔六面七层，高10丈，每层收缩均匀，整体协调美观。塔身用青砖砌成，石灰粉刷．每层每面都绘有佛像。塔的层檐都飘棱挑角，上盖琉璃瓦，下挂风铃，微风吹过，叮当作响，与河对面玉山寺的晨钟暮鼓遥相呼应，甚为奇特。相传嘉庆年间，有位秀才从茶亭上游乘船来到资福，时值黄昏，看到一轮西沉红日活像一个火球，与古塔交相辉映，极为壮观。触景生情，即兴赋诗一首：远眺宝塔入天云，古刹钟声伴彩铃。金碧辉煌落日处，疑是李靖下凡尘。从此，资福村随着资福塔更是声名大振，有"千村万村不如资福村"之美称。

历史人物

周 璘

周璘，字华峰，号十樵。清代拔贡，考授内阁中书，出补湖南辰州同知，调任宝庆同知，后任澧州知州，先后代理长沙、常德、岳州、靖州等地知州，升江苏嘉定府知府，以所辖铜厂亏损，削职归乡。

周璘在宝庆任职时，南楚（此处指湖北南部或湖南北部）苗族民众叛乱，蔓延至武冈、新宁一带。周璘起兵弹压诸骚乱苗寨山民，分兵驻扎隘口，往来策应，叛乱苗民有所收敛。他又精心策划善后事宜，妥善交换搭配好苗民和汉族百姓的田亩，以杜绝争端。又组编保甲，创办义学，选招苗民子弟入学，并保护及安抚苗民3000余众，使他们得以安居乐业，这些都不是一般官吏所能想到做到的。他所任职之处，所作所为，都是本着以民为本、顾全大局、安定社会秩序为原则治理的，自身节操端肃清廉，正气凛然。去职归田后，依然"十樵一书生"。他在政务之余及退隐以后，勤于写作。曾搜集编撰古代名臣、名儒传志并作绪言成4卷，名《则古编》，所著《城绥礼阳图说》1卷、《十樵随笔》1卷，藏于家，后散佚。

黄 仕 旭

黄仕旭（1419—1496），字东升。他形体魁梧，气质非凡。明洪武年间，以拔贡应诏，授锦衣卫校尉，升指挥使，前后十八载"奋身以为国用"。

黄 忠

黄忠，字孟荣，指挥使黄仕旭之子。袭职锦衣卫。永乐初（约1404年前后）

因随跸护驾有功，升授指挥使。

风景名胜

资　福　塔

资福古塔坐落于黎川县荷源乡资福村境内，县内三大主河之一的资福河（又称"东川"）从塔侧流过。

始建于宋嘉定十四年（1221），清代进行过修缮，为国内罕见之砖塔，塔身七层六面，高23米，庄严挺拔，直插云天。层层挑檐，红墙青瓦，翼角微翘，风铃叮当，给人以雄伟古朴之感。层间塔墙假门朝外成佛龛，画有佛像，这些佛像有的手执净瓶，有的端坐莲花，有的合掌默坐，有的拈花微笑，形态优美，出神入化。塔顶琉璃覆檐，黄金鎏顶。沿着塔内二层攀行至顶，凭窗远眺，群山如黛，峰峦叠翠，田畴交错，村舍纵横，资福河像白沙飘带，潺潺向龙湖流去。古塔、绿水、黛山、石桥、田舍、古树、鲜花相映成趣，构成一幅浓淡相宜的天然画卷。

塔自唐代开始"华化"退出寺院后，塔的形式和内涵也便随着中国化而变化得人情味起来了，特别是塔舆学的兴起，导致风水塔的蓬勃发展。在这种潮流下，资福砖塔应运而生。由于历史的变迁，风霜雨雪的自然侵袭和兵燹火焚的人为破坏，黎川境内许多古建先后湮没于历史红尘中，独资福塔岿然而立。资福砖塔建筑的比例均衡，装配适宜，结构严谨，形式古朴，充分反映了古代黎川劳动人民的智慧。经过800年的风雨洗礼，始终牢牢屹立在资福土地上，演绎出丰富无穷的历史韵味。

在资福民间多年来流传着一个关于思前街（离现在的资福街约2华里，去南城龙湖路边上）建资福砖塔的传说。宋代思前街是闽赣水陆交通码头，但由于每逢山洪暴发，沿河经常发生淹死小孩的悲剧。思前街平时也有小孩在河边失踪，不知下落，群众人心惶惶，甚至流言四起。有一年，思前街来了一个南城风水先生，叫杨先知，他对村民说："河水为患，小孩失踪，都是乌风、铙钹两个潭内的蛇妖作怪，若能兴建宝塔镇妖，一定能消除水患，风调雨顺，人畜兴旺。"古人历来迷信风水之说，这个故事虽有些荒诞，但也并非空穴来风，想来这样一座宝塔的兴起，也应不是某个人的心血来潮或兴之所至。据资福村《陈氏家谱》记载："陈福三公，名庆五，乐为善事，名誉不朽，世人称为长者。于大宋嘉定十四年（1221）在蓝田屋基之侧造塔七层，以镇乌风、铙钹二潭之妖。"这位陈福三公是一个退休的朝廷命官，在当地有很高的知名度，根据传统习惯和群众要求，无偿献出自己的宅基地，建造宝塔，镇压蛇妖，造福乡梓。这等善事、好事当然受到时人称赞，载之家谱，光照后人。相传，自从建了宝塔后，不仅再未出现过小孩游泳淹死和外出失踪不归的情况，就是山洪暴发时，有人不幸落水冲入河中，也都能化险为夷，被人救起。群众说："这是蛇妖的头被镇压在塔下，尾巴却藏在南城龙湖乡聂家自然村，它怎么也摆动不了，再也不能为害了。"

宝塔建成后，当年塔门前曾挂有一副对联："宝塔镇乾坤，插云金碧拱千尺；惠日泽乡梓，倚汉峥嵘玉一峰。"开宗明义，点出了造塔主旨。

朝代更替，物换星移。历尽沧桑的资福砖塔身上留下累累伤痕；风雨侵蚀，使塔铅华消尽，砖石斑驳。昔日画栋雕梁、钟鸣鼎食的思前街已是一片废墟，遗迹无存，只在白发老人的记忆中空留一丝惆怅和叹息。更为可悲的是20世纪末有人竟企图将鎏金塔盖盗走，但因及时发觉，已追回并保存在县文化局。光秃裸露的塔顶已生长一片野草和几株数米高的小树，在寒风中无言地诉说被遗弃的悲哀和透骨的冰凉。2010年，在当地政府支持下，群众群策群力，重新修葺塔身，让千年古塔重添异彩，再现

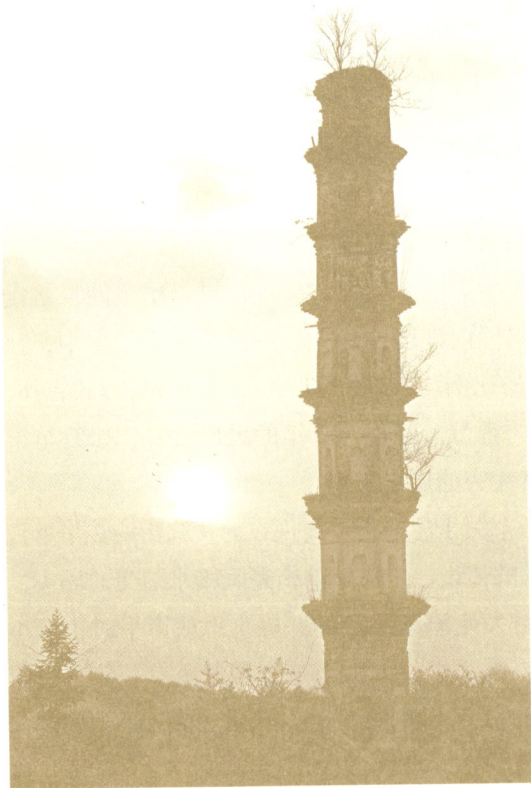

资福塔　（朱天才　摄）

昔日迷人魅力和辉煌。现已申报为省级文物保护单位。

逸闻趣事

思桥成梦

资福河发源于赣闽交界的牛皮滩、大山嵊，再从这流入盱江、抚河，是黎川的三大干流之一。自古以来，村前的资福河上只搭架了二尺宽、离水面仅一尺高的简易木桥，进出村庄的人都从"低水桥"上通过，一到春夏季节，遇上稍大洪水，"低水桥"就被冲毁，村民只能靠摆渡过河，有"隔河千里遥"之痛。村民们思桥成梦，遂用桥来给村庄命名。当地流传的一首歌谣表达了村民对桥的渴望："徒有虚名资福桥，往来过渡等心焦。谁人若圆思桥梦，为君竖碑作歌谣。"20世纪70年代，政府将"低水桥"改建成水泥礅的木桥，桥变宽、变高了，村民们出入更方便安全了。20世纪80年代以后，村前资福河上相继建起了两座钢筋混凝土大桥，汽车穿梭其上，彻底圆了资福百姓的思桥梦。

东仙山寺的故事

繁荣的经济孕育了资福深厚的文化。从前资福有两座露天戏台，一座建在天尊殿旁，另一座建在现资福小学旁，外地的戏班子常年在此演出，剧种有采茶戏、三角班等。场场演出观众都是摩肩接踵，气氛热烈。资福村还有三座百里闻名的古刹：东仙山寺、玉山寺、张王殿。位于村东的东仙山寺有一段美丽的传说。相传很久以前，资福河是从东仙山脚下流过。有两个自称是福建来的貌若天仙的年轻女子乘船而下，至东仙山寺时，二位女子突然不见。船夫心中疑惑，难道落水不成？但又未听到落水声，遂寻路上山，至山顶时，只见二块貌似乘船女子的石头立在眼前，顿觉惊奇，倒身便拜。认为是菩萨现身，指点要在此建庙。于是回家后逢人便大肆宣扬此事。不久，村民果真在此建起了东仙山寺，千百年来香火旺盛。

📝 红色故地

资福桥[①]战斗

硝石战斗后，"左"倾路线领导人不接受此次战斗失利的教训，又命令红一方面军深入敌军堡垒地域间隙中去攻打黎川东北方向的资福桥。

资福桥位于硝石东南、黎川之北，距黎川和硝石各约20公里，也是敌人进攻黎川苏区巩固的前哨阵地之一。敌方从洵口战斗失败后，以大量兵力死守硝石、黎川县城和资福桥等地，企图凭该三处据点作为进攻闽赣苏区的前沿阵地，并防守我军袭击。自10月18日起，敌人加强对资福桥的守备，调第八纵队部分兵力开赴资福桥待命。敌第六师驻玉山寺至西村南侧高地、鄢家山至资福桥河岸之阵地，对硝石、百顺、黎川城、荷花庄形成警戒；敌第九十六师由武家洲西侧、东仙山和石子坑嵊至麻坑河岸之阵地，对荷花庄（今荷源）、石峡、莲塘、胶洋形成警戒；敌守备第六师一部驻余家炉东侧、麻坑河岸起至大老殿、盘际嵊到官山之阵地，对胶洋、桐埠、硝石形成警戒；敌第五师守天尊殿、罗盘嵊一带；敌守备第六师1个团（欠1营）为预备队；敌薛岳副总指挥率领第九师、十一师、十四师、九十四师进抵资福桥附近的潭头市及其附近，并以一部驻严和镇（今南城县严和乡）待命。因此，资福桥及其附近国民党军共布兵7个师，设防严密。

10月18日晚，中革军委下达资福桥战役计划，命令红一军团向黎川东南角移动，作为第二梯队准备协同红三军团、红五军团等部，在资福桥地区同敌人决战，并指定由彭德怀、滕代远统一指挥战斗。具体部署是：以第三师（欠第七团）和第十三师为右翼队，由红五军团军团长董振堂、政治委员朱瑞指挥，从资福桥北面向敌第八纵队碉堡外的目标进行连续猛烈攻击，以求牵动敌军；第十五师为左翼队，位于资福桥、潭头市以南的池源、

---

① 资福桥即今黎川县荷源乡资福村，之前很多文献资料中都误称为"资溪桥"。本书引用资料时若出现"资溪桥"即指资福桥。

芦油一线，与右翼部队配合行动，并截断黎川、资福桥交通；红三军团为突击主力，控置于洵口、石峡一线，准备突击被牵动的敌军；红一军团控置于湖坊地区，准备增援红三军团的行动，在敌军被牵动时实施猛烈打击。

10月22日，资福桥战斗开始，红五军团第十三师从资福桥以北之苏元、大元向敌猛烈袭击，红第三师和第十五师也勇猛向敌进攻。但薛岳、周浑元率部坚守阵地，很少出击，红军连续攻击三昼夜，仍未牵制敌军。23日晚，红军获悉敌七十九师正由金溪经南城东进，企图增援资福桥，立即组织多次截击，同时继续向资福桥堡垒之敌猛烈进攻，虽杀伤俘敌1000余人，但仍然未能牵制敌军主力，也未能占领资福桥和潭头市，反使部队暴露于敌军堡垒之间，日间不断遭敌机轰炸，晚上露宿旷野，部队实力消耗很大，仅红五军团第十三师就减员过半。在这种情况下，红一方面军首长遂于26日决定放弃在资福桥地区与敌决战的计划，命令第一军团经八都开至黄元川（今中田乡潢源村）地区，第十九师、二十师仍回金溪地区，第三军团、第五军团等部退至石峡、洵口、湖坊地区，或构筑支撑点，或准备截击敌军。资溪桥战斗即告结束。

（资料来源：《中国共产党江西省黎川历史（第1卷）》，中共党史出版社2020年3月版）

北廪凝苍点山村

村庄概况

　　日峰镇点山村位于县城北部，北通南城县，东接本县荷源乡，距县城7公里，因境内点山（也称廪山）得名。明清时期属新城县旌善乡十三都。1949年前后属资福乡。1958年，设点山大队。1984年，启用行政村名，属裘坊乡。2004年，裘坊乡并入日峰镇，属日峰镇。

　　境内点山突兀峻拔，矗立于古代通往南城的官道旁，为明清时期文人

远眺廪山

聚集讲学之地。明代学者邓元锡在廪山修建廪山精舍，明末清初科学家方以智曾在廪山驻锡，写就《药地炮庄》一书。山下公路至今仍为县城北部通往南城县的便捷道路之一。

点山所在的"北廪凝苍"为古黎川十二景之名胜。

古建遗存

廪 山 古 寺

廪山寺位于黎川县城北部 7 公里处的日峰镇点山村廪山。同治年间《新城县志》之《山川》记载："廪山，在县城东北十里，小平原中忽然有一山峰峻拔圆耸，高数百仞，俗呼'点山'。阴阳家说：此山乃邑之仓廪，因名。上有廪山寺。"明代邑人陈楫诗云："雄峰积翠郁嵯峨，峰下行人雨一蓑。不缘地力耕耘苦，安得天田蓄积多？"

廪山海拔不过 330 米，位于古代黎川通往建昌府的官道路侧，在县城高处往北远眺可见孤峰耸挺。因黎川历史上曾为南城所辖，且南城为建昌府府治所在，故清代《南城县志》（卷 5）对廪山也有记载："廪山在县城（南城县城）东八十里，高数百仞，延袤数十里，原名敛山。"宋治平年间，因廪山颓无寸草，寺僧食、行不便，寻逾岁纪，庙屋梁陈木朽，于是将"上兰院"迁建于南城境内的宝方，易名"宝方院"，后更名"宝方寺"。

廪山禅寺于南宋光宗赵淳绍熙元年（1190）始建，距今 800 多年。

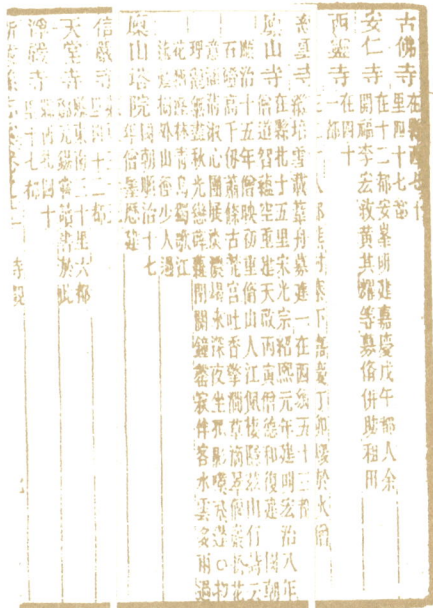

县志记载廪山寺、廪山塔院

明弘治八年（1495），道智蕴空和尚重建。天启六年（1626），德和和尚复建。清顺治十五年（1658），映初和尚重修。凛山寺的兴盛，大约在明末清初。

复兴凛山禅寺的是常忠及其弟子慧经，以及隔代法嗣方以智。

凛山寺虽比不上本县的寿昌寺与福山寺规模大，却有众多的文学家、理学家和佛学名家交游于此，也是古黎川的文学渊薮之一。

因罗汝芳与凛山有法缘，其子罗轩（字叔安，法号复初）曾在凛山寺潜修了近20年。明代理学家邓元锡也曾在凛山居住。万历六年（1578），邓元锡居于凛山撰写《易绎》。王材异常欣赏，后来将这些文、图统称为《五经绎》。

明清两代，凛山寺院香火旺盛，士人也愿莅此礼佛。三教盛行之际，邓元锡自然也不免崇佛，在凛山与住持僧常忠禅师交契，并以居士身份在此讲学。因为元锡颇为颖悟，深悉禅理，故与常忠偶有吟唱。常忠的徒弟无明慧经，后成为曹洞宗的中兴之祖。

今天的凛山，偏于一隅，人迹罕至，徒留古道悠悠。在距离山顶30米处，有明显的建筑遗迹，包括十分平整的地面和墙基石基及护墙，还有凛山寺的古石碑刻。翻越30米山壁到达山顶之后，为一块约莫20平方米的平地，只有杂草，不长乔木。视野开阔，放眼望去，黎川城郭，以及和南城交界处的民舍村居尽收眼底，蜿蜒曲折的黎滩河宛似玉带经山下向北飘去。

历史人物

蕴空常忠法师

常忠（1514—1588），明代曹洞宗高僧，江西建昌南城人。号蕴空，世称蕴空常忠禅师。常忠禅师为小山宗书的法嗣，尽得小山宗书玄旨后，辞归建昌府，隐于麻姑山。一日游至新城县凛山，喜其八面秀拔，乃结茅其地，世称为凛山禅师。常忠禅师在凛山清修，不与外界交往，独与当时名儒罗汝芳、邓元锡论性命之学，后二人俱为常忠所点化。

正是这个常忠禅师，传衣钵于无明慧经，从而奠定了曹洞宗的中兴。慧经17岁偶阅《金刚经》，矢志为僧。依止凛山跟随常忠学诸经义，执侍

3 年。后辞常忠，挂单结茅于峨峰山（今黎川县洵口镇中棋盘），苦苦参究 3 年。八月的一天，忽有所悟，作偈曰："欲参无上菩提道，急急疏通大好山。知道始知山不好，翻身跳出祖师关。"继而返黛山，将偈语呈常忠，遂得剃发受具足戒，许入室，得印可，为曹洞宗第 26 世，时为万历三年（1575）。

现在的黛山寺旁，仍有蕴空常忠法师墓。

邓 元 锡

邓元锡（1529—1593），字汝极，号潜谷，黎川县城人。为明代知名理学家、文学家。曾享祀郡邑乡贤祠及豫章理学名贤祠，列传于《明史》《江西通志》《中国人名大辞典》《中国文学家辞典》。曾在黛山修黛山精舍潜心治学。

据旧县志载："元锡生，颖秀而庄，志气高广。"当时，读书人都以"金榜题名"为志向，他却不以为然。他的老师黄天祥也觉得元锡才华出众，品德超群，便不以科场夺魁所需来限制其攻读范围。因此，邓元锡得以纵己所好，博览群书。别人以为"不利举子业"的经史子集，他偏偏嗜读精研，这为他后来的著书立说，打下了坚实的基础。

明嘉靖三十四年（1555），邓元锡中乡试第三名。嗣后，他弃谢功名，西走吉安，问学于邹守益、刘邦采、刘阳诸贤达。通过相互切磋，对治学的认识更加深刻。他说："学必阒然退藏，有遁世不可拔之志。"他认为"浮世功名"是和做学问相背驰的，决然避开它。于是，他自号"潜谷"，大家都称他"潜谷先生"。邓元锡本欲拒入仕途，但由于其嫡母张氏一再强令他赴考，才不得已勉强几次前往应试。归来后，更加闭门谢客，潜心治学，专事著述，历寒暑 30 余载，终于成为当时驰名海内的学者。

方 以 智

方以智（1611—1671），字密之，号曼公，又号鹿起、龙眠愚者等，安徽桐城人。崇祯十三年（1640）进士。官翰林院检讨。弘光年间，为权臣马士英、阮大铖中伤，逃往广东以卖药自给。永历帝时，被启任左中允，复又遭诬劾去官。归家后，投南京天界寺觉浪道盛门下，法名"弘智"。云游江南各地。曾在黎川廪山寺等几处寺庙里住持多年，一时名人无不从之游。

方以智在顺治十五年（1658）抵赣，从庐山、南城赶赴黎川寿昌寺后，数年间陆续驻锡过黎川的廪山、龙湖、南谷等寺。第二年，即顺治十六年（1659）春，方以智离开寿昌，远游宁都。七月，回到新城，开始住持廪山寺，涂国鼎之子涂斯皇、广昌揭暄等人从学。方以智《竺和上约会鼓山同礼东苑，已而圆寂。遗书言传灯事，故师过寿昌，扫廪山塔》诗回忆道：

> 磨得青萍倚石眠，拂衣而起金刚穿。
>
> 十年冷地疏泉源，塔顶再红白日圆。

且道今来一扫，将以何者了此时节因缘？确然卓笔冲苍天。

因为当时廪山禅寺破败未修，难以容身。南城徐芳、新城杨日升、涂斯皇、涂景祚等人即倡捐斧资在廪山为方以智建精舍以栖身。有了廪山精舍的安稳之所后，方以智准备修复廪山塔院。康熙《新城县志》载："廪山塔院，皇清顺治十七年（1660）僧墨历建。"建造过程中，寿昌寺众僧前来襄助，给予了大力支持。

方以智在发愤著述的同时，还秘密组织反清复明活动。清康熙十年（1671）三月，因"粤难"被捕。同年十月，于押解途中自沉于江西万安惶恐滩殉国。在学术上，方以智家学渊源，博采众长，主张中西合璧，儒、释、道三教归一。他一生著述达400余万言，多有散佚，存世作品数十种，内容广博，文、史、哲、地理、医药、物理，无所不包。《清史稿》有其本传。《建昌府志》及《新城县志》人物卷"寓贤"项均介绍其生平。

山水如画皮边村

村庄概况

　　洵口镇皮边村古称皮家源，位于黎川县东北，洵口镇的东部，黎川至资溪的公路边上，距县城 31 公里。明清时期属新城县东兴乡三十六都，1949 年前后属皮源乡。1958 年，设皮源大队。1984 年，启用行政村名。

皮边古樟

这里山清水秀，生态环境优越。资福河上游支流西坑水和蛇栖坑水在这里汇聚成皮边水，绕村而过。村口一株古樟遮天蔽日，已有600多年历史。村民大部分都姓"皮"。明代晚期，皮氏由抚州迁居至此。

大革命时期，因处于与资溪交界处，在皮边成立了黎川第一个党支部，革命的星火由此燎原黎川大地。红色革命历程和绿色自然生态交相辉映，今天的皮边村，以其淳朴、自然的品性，在如画山水的衬托下，展露出独特的历史色彩，也将迎来更加美好幸福的明天。

风景名胜

通 天 府

离皮边村不远的东华山，海拔961米，黎资（黎川——资溪）公路从南麓盘旋而上，最险的一段被称为"通天府"。这里四周群山围裹，竹林万顷，绿意醉人。有时候万籁无声，云海翻卷；有时候又松涛阵阵，丽日晴空。

旧时村民以为此山能通天，并在山顶建有东华山寺，周边信众常往求神，以为灵验。山下梯田依山势而变化，幻化出不同的曲线。有的如蛾眉新月，有的如五线乐谱，春夏秋冬，都展现出迷人的景致。

姐 妹 瀑 布

在皮边村东边约莫5公里的山里，还藏着一处姐妹瀑布，一处坐落在山脚下，一处坐落在山腰。被人们唤为"铁炉坑瀑布"和"决镰嵊瀑布"，现

淘口姐妹瀑布

在也称"洄口瀑布"。因为山里植被保护良好，森林覆盖率达到95%，瀑布常年水量充沛，哗啦啦的瀑布声在山里分外清晰，周边的村庄也长年被水汽氤氲，这里空气中的负氧离子含量极高，非常有利于人的身心健康。近年来，慕名而来探寻姐妹瀑布的游人也越来越多。

逸闻趣事

皮阁老传说

相传很早以前，这里出过一个"皮阁老"。"皮阁老"是怎么来的呢？"皮阁老"原来是宫廷掌扇的小官。一次，皇帝坐殿的时间久了，这位掌扇的官累得有点支持不住，身子摇摆不定。皇帝发觉，忙问怎么回事？他连忙回答："我老了，不行了。"听了这句话，皇帝仔细望了望掌扇官的脸色，随口说："是觉（音ge）老。"掌扇官连忙跪下，口称："谢万岁封我阁老。"皇帝金口玉牙，君无戏言，说了话就算数，就只好真的封他为阁老了。后来，"皮阁老"告老还乡回到家乡，皇帝赐他骏马一匹。准他在乡里骑马周游一天。马行之处，是山就山归他所有，是田就田归他所有。这马早上一出门就直往山地走，上半天走过了好几座山，这山就为"皮阁老"所有了。下半天走田，没走多少路，缰绳突然断了，马便停下来了，没走过多少田。因此，"皮阁老"的家业是山多田少。过去皮边的山几乎全归"皮阁老"所有，但田只有十分之四是他的。

红色故地

黎川第一党支部与皮源暴动

第二次国内革命战争时期，就是从这里，点燃了黎川大地革命的火种。

在那风雨如磐的岁月，中国革命以农村包围城市武装夺取政权的正确道路刚刚确立。为了把赣东北根据地与中央革命根据地开辟的赣南、闽西区域

黎川第一党支部

连成一片，1928 年冬，中共信江特委委员吴先民来到黎川、资溪交界地区开展革命活动，秘密发展党组织。1929 年春，吴先民在皮家源发展了刘姨婆、周成宗等 5 人加入中国共产党，建立了黎川县第一个党组织——中共皮家源党支部，地点设在皮边村黄家大厅。1930 年 2 月，中央信江特委决定在黎川、资溪等边界地区进一步发展党的组织，成立了中共茶山特别区委。当时黎川、南城一带交通不便，这些地区食盐供应都由福建省的邵武、光泽当地运来，飞鸢为由闽入赣必经之地，国民党政府在飞鸢设立盐卡，敲诈勒索，引发盐商、盐贩不满，导致由闽经飞鸢入赣的食盐逐渐减少，造成黎川、南城、抚州一带食盐供应紧张，影响人民日常生活。茶山区委了解掌握了飞鸢盐卡的情况后，指派聂显书等共产党员到皮源，组织反盐卡的斗争。1930 年 5 月间，区委在皮源召开了资溪、黎川、南城三县交界地区十几个党支部的党员会议，讨论和决定了攻打飞鸢盐卡。会后，几百名群众手拿梭镖、大刀、扁担，分路向飞鸢进攻。愤怒的群众直捣盐卡，卡官、团丁不战溃逃。这就是黎川县有名的皮源暴动。这次暴动，是党组织领导黎川人民进行武装斗争的第一次胜利，在黎川县革命史上具有重要的意义。星星之火，从此在黎川的大地上燃起了燎原之势。

历史的车轮不停地向前滚动，80 多年过去，昔日硝烟弥漫战火连天的皮边村已经建成了一个秀美宜居的村庄。这里山青水碧，四季景色宜人。

洵溪河日夜不息，荡涤着黑暗的过往，也带来了清澈明净的时光。为了牢记这段革命的历程，让红色精神永存，革命丰碑永驻，皮边村在上级的帮助下修复了皮家源支部成立的旧址，在村口的大樟树边建起了皮家源革命纪念广场，并在广场边上的竹林中铺设了游步道，可以俯瞰整个村庄，让每一位来到这里的人们能够缅怀这段不凡的历史，珍惜来之不易的今天。

瑞溪彩云五通村

村庄概况

西城乡五通村，距县城 40 公里，古称"瑞溪·彩云里"，即由"瑞溪"和"彩云里"两个大村坊组成。明清时期属新城县德安乡四十七都。1949年属五芦乡。1958 年，设五通大队。1984 年，启用行政村名。

五通村整个村的地形山貌恰似一个巨大的"山"字，东面的杨梅岭、中部的寨岭峰、西面的大脑嵊连绵逶迤，构成村庄南面的绿色屏障。山间林木葱翠，沟壑纵横，良好的植被蕴涵着丰沛的山泉，山泉在三峰之间汇聚成两条小河缓缓向北流去。

小河沿岸有石山、白下、周家、熊家、流坊、邱家堡等村落，潺潺的溪水流淌千百年，滋养着沿河的村庄，带给人们无尽的祥瑞，因而人们将这条小河称为"瑞溪"，沿河的村坊也因此统称为"瑞溪"。

位于东面两峰之间的上湾、下湾、际下、桥头、桥上等村落统称"彩云里"。村前五通河自南而来，她的源头比"瑞溪"更远、河水更丰，河道迂回婉转在开阔而层次错落的田畴间，仿佛一道彩云自天空款款飘来。

一方水土养一方人。清朝本县文人李畏崖给该村一位廖姓朋友所写的传记中所说："黎之西有曰瑞溪，离城七十里许……其基园秀，双流环绕而三峰尤奇，其锐为笔，其方为屏，其斜为旗……中有杰人卓然物出。"该村目前 1200 余人，有廖、杨、吴、熊、张、蒋、周、邱、丁、曾等姓在此融和共生，其中廖姓人口占半数以上。

古建遗存

廖 氏 家 庙

据《廖氏宗谱》记载，宋末元初，廖氏开始来到这里开创家园，肇基祖廖循理自临江（今江西吉安新干）先迁黎川县郊前田，至其三世孙廖孟常任陕西巡宰，任满辞官，"见瑞溪山水灵淑而知其足以发祥宗人昆季"，因而举家迁至瑞溪彩云里，到目前已传近30代，其人丁最盛时一代男丁就有700余人。

为纪念祖先功德，廖氏族人于康熙二十八年（1689）在彩云里中央的风水宝地建起了一座气宇恢宏的宗祠。目前该宗祠依然巍然屹立村中央，其背倚青山，古木参天；面临河水，视野开阔。祠宇为砖木二进四合院结构，占地近3亩，由广场、廊厅、大门、前厅、天井、回廊、下厅、正厅、义仓、厨房、后堂等组成。虽然历经300余年，由于修缮不断，祠堂保存完好，青砖黛瓦，飞檐斗拱，古朴依旧。

祠堂大门原为左、中、右三扇，据说，古时开门规制严格。1949年后一度被公社、大队征用为办公场所，也曾在里面开办过供销社、卫生所，还做过村小课堂，因而大门结构修改，目前仅开中门一扇。

祠堂正厅前额悬挂一块巨大的"隐高渭水"匾，匾书笔力雄健，用墨厚实，貌腴骨劲，可惜两边的题记和落款不知何时何故被铲除。经查族谱，这是廖氏族人德杰公八十寿辰朋友送的寿匾，出自黎川名人黄因莲之手。黄因莲乃清代诗人、书法家，乾隆六十年（1795）进士，历任翰林院编修、浙江乡试副考官，还先后担任江西省著名的白鹿洞书院、豫章书院、盱江书院等处主讲，其书法造诣深厚，时人评其书法有宰相刘墉的风格。

祠堂的天井全部用条石铺就，方正平整，整个屋宇显得十分亮堂。前厅、下厅、正厅层次分明，所用椽柱由小到大，柱脚石均为上圆下方的鼓形石，造型庄重，雕刻精美。大厅是开放式结构，两侧的厢房是义仓，是用来储放宗族醮产谷物的仓库。据宗谱记载，该族人于明清期间开始创建醮产，丰储荒赈、救饥济灾、勉学劝读、修桥补路，在助力公益方面发挥了很好的作用。

　　下厅西边墙上镶嵌一块石碑，石碑记载着祠堂的历次修缮纪年和大事，也镌刻着廖氏族人的家训："敦孝弟，崇祭祀，尚勤俭，重耕稼，劝读书，急供课；禁争讼，禁淫邪，禁盗窃，禁砍伐，禁私宰赌博，禁酗酒逞凶。"这"六劝六禁"的家训深深地刻写在宗祠墙壁上，也深深地印记在族人的心目中，让廖姓儿女世世代代保持着忠孝尚礼、诚信淳朴、崇文重教、勤俭持家的优良传统。

　　五通村人向来崇文重教，秉承耕读传家的思想，历史上仅廖氏就有太学生 70 余人。这种"劝读书"思想在当代得到发扬光大，今天，五通半数以上的家庭都有大学生，研究生、博士生也不少，获得中高级职称的有 10 余人，其中不乏工程师、会计师、企业高管、校长、教师，这在一个人口仅千余人的小山村应属不易。

　　在五通村口的牌坊上有一副对联：五彩云里风淳德厚千秋颂；通达天下民安物阜百业兴。朴实的文字很好地概括了五通的风物人情，也寄托了五通人朴素的美好愿望。

廖氏宗祠

五通石桥

古时五通河道上有三座桥，最上边的叫麻边桥，它凌空飞架在高峭的峡谷间，先是木板搭就，后改建为石拱桥，给人高耸险峻之感。中间的叫中桥，桥身是木质结构，因为建在村中人烟稠密处，所以这桥的通行最繁忙，加上桥面两边建有扶栏和座椅，因此这桥也成为夏夜人们纳凉消暑的好去处。目前该桥虽已被旁边的水泥板桥取代，但河道两边的石砌桥墩依然存在，仿佛还在诉说当年村落的恬静与洒脱。

五通石桥

最下边的一座桥建在中部山峦延伸的最末端、瑞溪河与五通河"二水"交汇处附近，为单孔拱桥，造型优美，石材方正，建于清康熙年间，初始桥东有风雨亭一座，如今风雨亭已去，但桥身依然完好，只是从爬满青藤的侧身和踏痕深深的桥面石上可读出岁月的沧桑和时世的变迁。因此桥是古时全村出村的必经之路，人们将它取名为"五通桥"，有"一桥通五路"之意，全村也由此得名"五通"。

逸闻趣事

观 泉 子

　　在彩云里一带，有一条水渠从上游际里村小组流经廖氏祠堂门前，常年活水流淌。水源来自四五里外的深山，全程均用石块垒砌，规整严实，一路流经各村堡，在每个村落的门首，都建有规格一致的挑水、洗刷码头，共七八个。说起这水渠，背后还藏着一则故事。据说，明嘉靖万历年间，五通乡民廖轲"立心质直，制行端方，赴公如私，自其少而已然"。他见族人每日都要到很远的地方挑水饮用，十分辛苦，于是不惜工费组织人力挖渠引泉到村庄门首，以便族人汲饮。为了纪念他的功绩，大家亲切地称呼其为"观泉子"。

安所公刲股疗母

　　廖氏族人把孝行作为"百行之源"予以重视和旌扬。相传，瑞溪的廖安所，家父早丧，与母亲熊氏相依为命。安所公对母亲非常孝顺，昏定晨省，数十年如一日，甚得母亲欢心。"曩者母氏偶有违，和衣不解带，汤药亲尝，行住坐卧，悉形愠色，愈而后已"。母亲69岁时忽得恶疾，服药无效，家人都以年高体衰不能痊愈而要放弃医治，唯有安所公呼天号泣曰："吾少失怙，所依者，唯母也，吾无母何以至今日。"于是连夜焚香祈祷，并亲割自己右股一脔肉，和汤煮给母亲喝下。或许真是应了"孝广天地厚，人伦动鬼神"这句话，母亲不久果真奇迹般好起来。人们都说这是孝行感格所至，并在宗族传记中将"安所刲股"与"王祥卧冰""孟宗哭竹""黔娄尝粪"等经典孝道故事相提并论，为此，当时的郡院还赠予"孝隆刲股"褒扬匾。

星火燎原湖坊村

湖坊乡湖坊村位于黎川县城东北面 20 余公里处，原名浒坊，后谐音成今名，为乡政府所在地。根据《许氏家谱》记载，许氏家族于南宋淳熙年间迁入。明清时期属新城县礼教乡三十一都，1949 年属湖山乡。1958 年，设湖坊大队。1972 年，属湖坊公社。1984 年，启用行政村名。

湖坊村是第二次国内革命战争期间中共闽赣省的诞生地。闽赣省是中央根据地的重要组成部分，是连接赣东北根据地的通道和纽带，是中央根据地的东北大门，战略地位十分重要。老一辈革命家周恩来、朱德、彭德怀等曾在此地从事革命活动。1933 年 5 月，中共闽赣省委、省革委成立，领导机关设在湖坊桥头龚家大屋，1933 年 6 月 4 日，闽赣省军区在湖坊吴氏家庙成立。

闽赣省前后历时两年（1933 年 5 月—1935 年 5 月），管辖了现在福建、江西两省三明、南平、抚州、鹰潭等 5 市 21 个县市的全部或部分区域，面积约 2 万平方公里，人口 100 余万。中央苏区反"围剿"战役中的许多重大战斗在这一区域发生，以萧劲光为军团长的红七军团在这里组建。土地革命时期，闽赣省苏区广大军民为革命的胜利进行了艰苦卓绝的斗争，做出了巨大的牺牲，作出了重大贡献。

红色故地

闽赣省革命旧址群

湖坊中共闽赣省委、省革委，省军区、红军检阅台旧址群位于江西省抚州市黎川县湖坊乡湖坊村。

闽赣省委、省革命委员会旧址为龚家大屋。闽赣省是土地革命战争时期在中央革命根据地内建立起来的一个省，是中央革命根据地的东北门户，是以闽北、信（江）抚（河）、建（宁）黎（川）泰（宁）三块革命根据地为基础建立起来的，并根据周恩来同志的建议，闽赣省委、省革命委员会、省军区都设在黎川县湖坊乡，从而开始了历时两年的闽赣省革命战斗历程。

闽赣省军区旧址为吴氏家庙，占地面积约 600 平方米，建于明末清初。1933 年 5 月，闽赣省成立时省军区司令部设立于此，时任闽赣省军区司令员兼政委的萧劲光同志在此办公和居住。2013 年，投资 50 多万元对此旧址进行修缮，现成为红色旅游景点之一。

闽赣省委、省革委会旧址

闽赣省军区旧址

　　红军检阅台位于花门楼，与吴氏家庙相对，建筑面积 260 平方米，是当时经贸、休闲、娱乐中心。检阅台前有一广场，号称湖坊广场。该检阅台为当年红军进行文艺表演和革命宣传的平台，1933 年，红军驻扎在湖坊时，周恩来、朱德、萧劲光等老一辈无产阶级革命家在此检阅台上检阅部队及发表演说，号召人民起来打土豪分田地。此检阅台几经修缮，2011 年，进行了一次大规模修缮，2013 年，又稍微修缮，基本保持了原貌。方志纯等老革命前辈曾多次来此视察。

　　湖坊中共闽赣省委、省革委，省军区、检阅台旧址群作为闽赣省领导机关的创建地，具有重大的革命纪念意义和保护价值。

　　2019 年，被列入第八批全国重点文物保护单位。

红三军团指挥部旧址

湖坊红三军团指挥部旧址位于营心村娄家村小组（旧称山头）娄家厅，面积约 600 平方米，该大厅建于 1931 年，为一厅八房式建筑。楼上楼下、里里外外墙壁上均有红军标语和漫画，特别是木板楼上存有纸质红军标语，这在全国都少见，具有很高的文物保护价值，彭德怀曾在此居住和指挥部队战斗。1933 年 11 月下旬，红三军团在湖坊休整训练，12 月上旬，所属部分部队从这里集结出发参加团村战斗。

红 军 桥

红军桥长约 30 米，宽约 4 米，原名"广福桥"，始建于明代，是二拱石桥。红军于 1933 年驻扎在此时，常在此桥过往，并在桥下河边挑水、洗漱、洗衣。该桥于 1952 年毁于洪水，1953 年，按原貌重新修建，后经多次整修，2016 年，又重新加固，现成为红色旅游景点之一。

红七军团驻地旧址

湖坊红七军团驻地旧址位于湖坊乡湖坊村，建于明末清初，包括邱家大厅、许家大厅、张家大厅、黄家大厅、吴家大厅、赵家大厅、王家大厅等。1933 年，红七军团将士驻扎于此，目前这些大厅主体结构保存较好，有些墙壁上还留有红军标语，其中许家大厅大门石匾上 1937 年抗日战争时期题写的黄埔军校校训"亲爱精诚"四个大字格外醒目。

红 军 广 场

红军广场位于闽赣省革命旧址后河道旁，面积约 10000 平方米，是红军当年操练和接受检阅的场所，广场旁边沿河处为红军晾晒衣服场所，河内为红军洗漱的地方，2013 年，投资 300 多万元进行整修，面貌焕然一新，现成为红色旅游景点之一，也是人们接受革命传统教育和休闲的场所。

湖坊红军广场

湖坊革命烈士纪念碑

　　革命烈士纪念碑宽约 80 厘米，高约 120 厘米，位于万寿宫旁。万寿宫始建于清朝，当年红军在此休息居住。1933 年，未撤退的红军被国民党军队逮捕并在万寿宫前被杀害。新中国成立后，当地群众在万寿宫前立石碑纪念牺牲战士，将当时牺牲的杨鼎仍、李水生、黄求福、赵希仔、琚羡保、黄术仍、黄禄仔、赵下完等 8 名湖坊籍烈士的姓名刻在了石碑反面上，该石碑正面则刻着"革命先烈纪念碑"七个大字。

红 军 标 语

湖坊红军标语

标语内容：

创造铁的红七军团，保障分田胜利。

非遗传承

"坐戏盘"庆丰收

每年的农历七月十二，湖坊村都会举行一年一度的庙会节，其中有一项儿童"坐戏盘"活动，这项民间艺术活动因民间传说而得名。每年收割了早稻，栽下了二晚，村民们有了空闲，用竹木制成小轿，以彩绸、纸花、金银首饰装点，称为"戏盘"，内坐 10 岁以下的儿童，由四个壮汉抬着，从寿王殿还愿出来后，便沿村巡游。一路上锣鼓和唢呐吹打，经过的农家燃鞭炮迎接，并施以挂面等食物，甚是热闹。据说，村头的寿王殿灵验，

湖坊庙会

村民求签如愿后，都在七月十二日，带着小孩向寿王殿的神仙还愿感谢。这天，寿王殿的管事将村民的香火钱收集起来，从外地请戏班来连唱三夜，村民免费看古装戏。

湖坊村的四个村小组还各扎一条龙灯，等到晚上八九点钟时，四条龙一齐出动，沿村庄舞一圈，之后，舞龙者一路直奔寿王殿，在殿前合力劲舞。据说是下凡的神仙很留恋人间生活，需要用神龙将神仙们赶上寿王殿，保佑村民平安健康，庆祝来年丰收。这一天，家家户户都早早地准备了酒席，热情招待各方来客。这一盛举，已延续 200 多年，方圆百里都有人前去参观做客。

湖 坊 草 菇

湖坊特产草菇以其肉质嫩滑、味道鲜美、高蛋白、低脂肪、无污染而享誉久远，名声在外，有"放一朵，鲜一锅，香一桌"之美誉。

根据湖坊村民回忆：闽赣省革命委员会成立后，1933 年 6 月底，周恩来到湖坊指导工作，其间邵式平和萧劲光陪着周恩来走村入户，来到农民尧贵仂家，看到总政委来了，尧贵仂一家忙着泡茶煮糖水蛋。由于物质条件极其匮乏，翻箱倒柜在家中根本找不到做甜蛋的糖。无奈的女主人只好将眼光盯在烘焙中正散发阵阵余香的干草菇上。草菇煮蛋端上桌，清香之气随风而来。吃起来又香又鲜，周恩来啧啧称赞，"湖坊草菇真是天然味素"。这以后，湖坊草菇的名声就越传越远了。

魅力独具德胜村

村庄概况

德胜镇德胜村，位于赣闽交界处，距县城 20 公里。明清时期属新城县丰义乡六都，为通往建宁、泰宁的必经之地，民间多以德胜关称之。1949年前后均属东山区德胜乡。1958 年，设德胜大队，1984 年，启用行政村名，曾经为省属德胜关垦殖场场部及驻地。

1999 年 11 月，经江西省委、省政府决定将江西德胜企业集团（原江西省国营德胜关综合垦殖场）成建制地移交给黎川县属地管理，2001 年 3 月，江西省民政厅批准撤销垦殖场成立德胜镇，2004 年 8 月 19 日，德胜镇正式挂牌成立，镇政府驻地德胜村。2013 年，镇政府驻地迁往距县城更近的德胜新区。

境内德胜河为黎滩河主源头，发源于海拔 1100 多米高的百家畲村眉毛峰北麓，溪水出了红水岭（在县南六都德胜关，原名洪水岭，因地势原因春季多山洪得名）后顺着山间的峡谷曲折北上，流经天堂岩下，在里茅店的三溪桥与来自四望岭（赣闽省界叶竹隘一带）九折山的溪水合流至石湾，又合东骇岭（福山东五里，今新店村东海一带）麈落潭水，经东山，下白杨围石壁潭（今黎明村一带）、更鼓潭（今潭溪乡三都村附近）、赤岸（即赤溪，今潭溪芦陂到日峰镇篁竹街一带）与熊村水合流后，流经县城，然后在新丰桥下与发源于福山的社苹水合流北上进入盱江。

历史的车轮行驶到今天，随着黎川——泰宁省际高等级公路的改建拓宽，赣闽通衢的区位优势日益凸显。多种元素的文化积淀和不凡的历史，武夷山腹地丰富的自然生态资源以及知青文化和农垦文化的传承,遍布国内外德胜关人的人力资源,惠民水库的建成等都是德胜借势腾飞的资本。在保留农垦建设风貌的基础上,依托优秀的生态环境,推广和开发采风、写生绘画、休闲养生、生态旅游基地是未来的发展方向。德胜关,正蓄势待发,扬帆起航。

古建遗存

德 胜 关

《关隘考》载:德胜关,本名碙头岭隘,后改置关。《建昌府志》载:(新城)县南五十里有德胜关,在马嘴岭下。《读史方舆纪要》卷86《江西四》载:德胜关,始名"关上村",是黎川与福建通商的重要通道,到明清时期,已发展成重要商埠集散地。

德胜关图

明末袁氏民众由福建迁来。明中嘉靖三十九年(1560),因对明末朝廷不满,袁氏举行起义。朝廷派知府王逊镇压,守备王址血战殉难。官府军队最终得胜,改名"得胜关",后谐音成今名。关上老街至今仍存有青石古驿道。

嘉庆水灾石刻

借助河流的便利以及丰富的森林资源,历史上的德胜关成为闽赣两地往来的通衢,边界贸易繁荣。因为山高林密,峡谷陡峭,在雨季也极易引发山洪暴发。清嘉庆七年(1802)夏,黎川大水,南部德胜关上游的茅店,以及西南部的宏村，西北部的中田等处溺毙丁口数千余，淹没房屋17000余间。尤其是德胜河水将上游一带村庄横扫殆尽。大水过后，有人进入茅店，见此惨状，将所见刻在河边一块巨石上，200多年间逐渐被野草和泥沙所淹没。2010年，黎川南部再发大水灾，德胜河水咆哮肆虐，将这块记载着嘉庆水灾的巨石重新冲洗出来：

皇上大清嘉庆壬戌七年七月十五日子时，洪水克来，此石为记。当日茅店、官川房屋田地一片成州（洲），淹死人丁一百数十有余。水迹至五通半山岭之高，茅店只剩邓姓房屋一所，官川只剩彭宅老屋一栋。直下新城，上下大桥尽冲去，只剩横港、新丰显神通。又至西城、横村（今宏村镇）、丁吴（今宏村镇丁路村）淹死人口数千有余，细事难此言尽。

嘉庆水灾石刻

这次水灾不仅导致了巨大的人员伤亡，同安巡检司、中田的仁和仓、县治前的屏墙，均无幸免，不被冲坍，就被冲毁。县志载：嘉庆壬戌七年七月十五，邑大水，平地水深丈余，冲倒大西门城垣30余丈，冲刷大西门外一带城墙及附城河岸 80 余丈。洪灾后，粮田成洲，沙土成堆，也导致了长期的饥荒和社会秩序的混乱。

井 水 老 屋

井水老屋为清代建筑，坐落于德胜关井水村民小组，东面临德胜河，距马嘴古驿道仅数百米，为德胜村红色文化、农垦文化的历史见证。

井水老屋

1933 年 9 月，闽赣省省委机关从黎川县城迁驻在此。邵式平、方志纯曾在此进行革命战斗。1957 年 12 月 23 日，国营德胜关林农牧综合垦殖场成立，省直机关 500 多名干部来到德胜关，开始"开发山区，建设山区"。上山干部抵达德胜关的第二天，就在闽赣省委旧址井水村召开了中队长以上干部会议，会议号召大家发扬邵式平等老一辈革命家"不怕困难、不怕牺牲"的精神，为山区开发建设贡献自己的智慧和力量。

马嘴半岭驿道

马嘴，位于武夷山西麓的德胜关南偏东，德胜河边。因此处山形连绵，

马嘴古道

远看如飞奔的骏马从南向北奔跑，到此呈马嘴状，而被称为马嘴。马嘴村依山而建，有半岭古道连通闽赣两省，具有重要的战略地位。明清以来，从半岭古道上来往的商人络绎不绝，他们把福建的山货从这里源源不断地运往黎川县城，再通过水运运到更远的建昌府、豫章郡等地。

1933 年 9 月，中共闽赣省委、省革委会机关迁至马嘴岭下德胜河对面的井水村一栋民居，马嘴半岭古驿道成为红军进行革命活动的交通要道，也因此形成了具有革命传统意义的马嘴半岭红军驿道。

红色故地

德胜是一块红色的土地，是闽赣苏区革命老根据地之一，也是红军第五次反"围剿"中著名的团村战斗的后续战场。1933 年 7 月，闽赣省领导机关从湖坊迁驻黎川县城南津街的邓氏家庙。同年 9 月，黎川城失守，闽赣省委机关又迁驻黎川德胜关的井水村（现德胜村井水）。1933 年 11 月，迁驻福建建宁县城。当时在井水的闽赣省机关领导是邵式平、方志纯等。

在那长夜漫漫的日子里，德胜人民为了革命事业做出了巨大的贡献与牺牲。第二次国内革命战争失败后，由于国民党的严重摧残，昔日重要的商埠通衢德胜一带人烟稀少，交通闭塞，丰富的经济资源得不到开发利用，经济处于落后状态。

农垦新城

1949 年后，邵式平同志对这一段革命历程念念不忘，并对德胜关情有独钟。1957 年，在他的建议下，省市机关、南海舰队转业军官 500 余人来到了德胜关，创建国营德胜关林农牧综合垦殖场，总场场部选址于德胜村的司前。德胜，这个已经逐渐要被人遗忘的山村，借此得以涅槃重生，迎来了一段艰辛创业、曲折发展。走向辉煌又逐渐没落的时光。

到 1990 年的 33 年间，两代农垦人发扬"艰苦奋斗，勇于创新"的农垦精神，德胜关旧貌换新颜，楼房连片，商场林立，市场繁荣，商品琳琅满目，工厂机器日夜轰鸣，影剧院、老年人活动中心、银行、职工医院、幼儿园、

农垦小镇

中小学、招待所、电视转播台、直通省城的专线班车等配套设施应有尽有。江西电炉厂、江西电力整流器厂、耐酸泵厂、丝织品厂、工艺美术厂、长江钢琴总装厂、机械厂等生产的产品达到当时的国内先进水平，带来了极好的经济效应。

其中江西电炉厂生产的电炉出口欧亚6国，成为全国电炉行业五大技术指导厂之一。1980年4月，为中国首次发射太平洋远程导弹火箭生产电热设备，获得中共中央、国务院、中央军委贺电嘉奖而闻名全国。鼎盛时期江西电炉厂有职工753人，7个生产车间，厂房占地面积9万平方米，成为一艘当时的工业航母，领军经济发展的风骚。德胜关成为黎川人眼里的"小上海"，商业最繁华，思想最开放，穿着最时髦，美女最漂亮，男子最帅气，县城的人都经常往德胜关跑，以至于黎川人常说：去小上海玩哟。

德胜村黎家湾的半山坡上，有一所特殊的学校：共大德胜关分校，全称为江西共产主义劳动大学德胜关分校。它筹建于1958年6月，同年8月1日正式开学，隶属德胜关垦殖场领导，学校实行"半工半读、勤工俭学"，学习与生产相结合，政治与业务相结合的"又红又专"的办学方针，学制4年，学生毕业后发给中专文凭，统一分配工作。在创办初期，办学条件极为艰苦，校舍、学生寝室都是用竹子、芭茅搭成的茅棚。

1968年9月，共大德胜关分校正式移交给黎川县，更名为黎川县共大，成为黎川县的一所普通高中。10年间，共大德胜关分校共向社会输送各类专业毕业生1000余人，许多同志后来成为黎川县及德胜的中坚力量，为黎川县及德胜的经济建设做出了一定的贡献，被称为黎川的"黄埔军校"。这段特殊的学习经历，在老共大人的心中，形成一种不解的情结。

在德胜村，外来的文明、文化和本土的农耕紧密结合，让本土村民受益匪浅。这里有一批特殊的人群，他们就是下放知青，绝大部分来自上海和扬州，他们带来了大都市的文化、先进的理念和信息。因为德胜关的繁华，下放在其他地方的知青也纷纷想办法往德胜靠拢，以至于一度最好的医生、最好的教师都在德胜关。

"可断言，更好的文章，还在后头"。这是当年邵式平同志视察德胜关时提出的殷切期望。相信在不久的将来，独具魅力的德胜关，将以更加迷人的风貌傲立于黎川的东南。

东岩世家沙溪村

村庄概况

沙溪村，即今湖坊乡营心村陂下村小组。距县城25公里，明清时期属新城县三十一都。1949年后属湖坊乡营心村。

沙溪村东南即为黎川东部最高峰东岩山。山下溪流汇聚，流经沙溪、湖坊，成为黎滩河支流之一的湖坊河。

嘉庆十九年（1814）的《江西新城沙溪傅氏家谱》里有如下记载："傅氏自宋迄今历数百余年，世远人繁，枝分叶散。前代居凤凰岗迁徙沙溪。考古建昌不曰府曰军，且其时唯有南城南丰两邑。故吾地吾黎之在当日曰'上五乡'，曰'黎滩镇'。而沙溪原南城地，至宋绍兴八年（1138）分置新城，沙溪始隶新邑，今即南乡三十一都也。"

黎川清代县志三十一都，有村三：湖坊、丁坊、沙溪。《江西通志》记载"沙溪在新城县东南二十里，发源于岩岭，宋傅权居焉"。

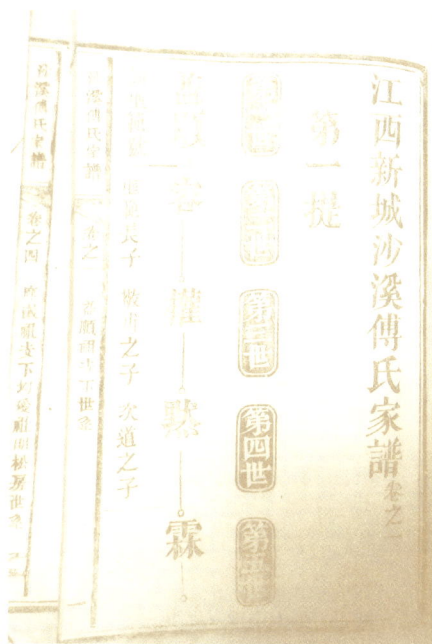

沙溪傅氏家谱

傅氏家庙

根据家谱记载，可知傅氏家族开基祖益顺公傅垂范在宋初从南城凤凰冈（今南城登高山）迁到新城沙溪。傅垂范的祖上系由上饶铅山的沙溪迁到南城厚坪荷塘，后迁凤凰冈。傅垂范迁居到离东岩山不远的新址后，为了纪念上饶祖居地，于是将新居地命名为沙溪，以示不忘祖先之恩泽。

自宋代迁居至沙溪之后，傅氏家族进士榜上屡屡登科，父子、兄弟、叔侄进士让人叹为观止。在文风蔚然的两宋时期，傅家有记载的进士就有21人。

北宋名儒李觏与傅家渊源颇深。傅垂范辞世后，李觏为其撰写了《处士傅君墓铭并序》。傅家多名子弟拜李觏为师，在《李觏集》中可见多篇与傅家有关的文章。傅氏家族后分迁下游的傅坊、傅家楼等地。至今在潭溪乡文青村的傅家门楼上还有"咸趾东岩"的匾额。

由于沙溪位于通往福建的道路上，明清以来累遭兵祸。导致这一带人口锐减，村落毁坏严重。如今的沙溪村民基本已经外迁，仅留一户留守，仍为傅家后人。村外还有一座很老的石拱桥，老人们说，桥名为沙溪桥。沙溪桥后被洪水冲毁，现已被水泥桥替代。

历史人物

傅垂范（998—1065），字祖德，号对岩，沙溪傅氏始迁祖。他从小笃学慎思，孝亲悌友，在同辈人中出类拔萃。因父亲和兄长早逝，他便在家乡山野以耕作维持生活，奉养母亲。他对母亲孝顺至极，对体弱的哥哥也精心侍候，求医煎药，亲手喂药喂饭；听医生说需用人肉作药引，他便"割股入药"。他的为人得到乡里老少敬仰，凡有纷争，只要他出面调解，便圆满解决。在他的引导下，周边百姓互帮互助，亲睦友善，民风淳朴祥和。

傅垂范辞世后，李觏为其撰写了《处士傅君墓铭并序》。铭曰：

> 君少笃学，见称其侪。父殒兄落，欲进不谐。有田宅畔，有宅田隈。既耕且养，日优游哉。君之事母，室为便户，夜再三起，既讯安否。君之事兄，兄尝病苦，医需人肉，爰割其股。族有斗死，将质于官，碍君其间，缩不忍言。闻善已若，见恶愀然。教子与孙，居如师门。维孝维悌，于君罔怼。

傅　野

傅野，字亨甫，李觏之弟子。他自幼志向远大，品端操正，巍然而具慕效古豪杰之风度。与兄弟们先后登科不同的是他却屡屡考试不中。宋熙宁中期，当时的建昌郡司理江州籍王韶仰慕傅野之才学，便将他推荐给郡守。傅野因此才走上仕途，调至明州定海（今浙江定海）任县尉，后来"归隐于沙溪之东岩"，去世后归葬枧源（今湖坊乡枧源村）。同邑文学家、诗人吕南公为其撰了墓志铭。他的著作有《通稿》20卷，丞相、邑人邓润甫为其作序。李觏不仅应傅野之请为他父亲做墓志铭，还写有《送傅野》一诗赠给自己的得意弟子，可见他对这个学生的喜爱。

傅　权

傅权，又名傅拳，字次道，北宋诗人，李觏之弟子。他自幼刻苦学习，并在离家不远之东岩山峰顶搭架棚屋，诵读其中。北宋熙宁三年（1070）考中进士。授任福建建宁军观察推官，工于诗。曾巩与其诗文交往，称赞其诗文立意高远，辞藻隽美，夸他："足下之才，可谓特出。自强不已，则道德之归，其孰可御。"所著有《东岩集》。学者称其为"东岩先生"，明正德间《建昌府志》及清同治间《新城县志》均载其生平介绍。《江西诗征》存其《夜守东岩寺》《再游广福院》等诗作。《临川文化名人研究指要》简介其生平。

傅 翼

　　傅翼，字翼之，李觏之弟子，北宋诗人。李觏作有《傅翼甘圃》诗云："老圃君何学，中心切养亲。从来啜菽处，便作采兰人。百行当无愧，三牲未足珍。孝廉方察举，勉勉詎长贫。"他好学能文，文行俱高。宋熙宁六年（1073）考中进士，授任江西永丰县令，算是有官俸以养奉亲人，但仍不得施展其才。官位至此终。所著有《甘圃集》，北宋文学家、县籍诗人吕南公为其《甘圃诗集》作了序。《江西诗征》《宋诗纪事》存其《过悲猿岭》《福山寺》等诗作。《临川文化名人研究指要》介绍其简略生平。

傅 汝 舟

　　傅汝舟，字晓窗，北宋诗人。他博学多才。宋熙宁六年（1073）考中进士，但史料中未有其入仕为官的记载。他工于诗。为了弘扬与介绍先世诗学诗风，他创立"义试诗会"，特聘邓秀实（茂生）为师，每日与来自各地的文学名士相互唱和，交流技艺心得，一时作者云集。《江西通志》介绍其生平。

傅 梦 泉

　　傅梦泉，字子渊，号若水，南宋理学家。曾与同族圣谟、仲昭、齐贤、克明等求学于心学开山祖陆九渊门下；而梦泉更兼师从朱熹等大师。他为人志气高远，敏锐通达；在对待学问上，则以辨明义利为先。他讲学于曾潭时，慕名前来者，莫不倾心敬佩，多所感发。朱熹认为傅梦泉"气质刚毅，极不易得"；陆象山也指出，"义利之辩"像梦泉所析，是切中了要害。又说"凡事过去，不须滞泥，子渊自不如此，已得所"。他与周必大（南宋著名政治家、文学家）论道五书，周叹称他"擒龙手"。当时，黄元吉、邓文范等人被称为"陆门高弟"，但他们却自认为比不上傅梦泉。

　　南宋淳熙二年（1175），傅梦泉考中进士，被授任湖南澧州博士。后调衡州，主持石鼓书院，著有《石鼓文集》。那期间，周必大正主持长沙教务，想考验一下傅梦泉讲学水平，乘他未事先做准备，突然来到，请傅升座讲解《易经》。他从容不迫，登台侃侃开讲，全场为之振奋。周公离座而起，趋前称赞道，今日得见，果然名不虚传。

后来，傅梦泉被选调任宁都知县。那里素来被称为难以治理的地方。他到任后，全心抓好道德教化工作，不到一年时间，取得了很大变化。再后来，上级调他到清江任通判。他一如既往，勤恳工作，不幸病故于任所，他去世后，被敕祀于乡贤祠，县里将他的绘像置于学宫享祭祀。又建专祠于"玉虚观"侧，供后学弟子们瞻仰参拜。《江西通志》载其生平介绍。

风景名胜

东 岩 山

"岩岭者，县之主山也，故称东岩山"。这被称为东岩的山，在县东40里，叠嶂拂空，周边五峰络绎层围亦名岩岭，旧有"五老梅花"之称。山上有东岩寺，由于山高，常年云雾缭绕。

东岩山，民间又称为仙山，海拔1054米。之所以被称为仙山，是因为山上曾经建有神坛，大旱年份上山求雨往往灵验，于是被称为仙山，久而久之，仙山就成了东岩山的代名词。

东岩山

东岩时雨为古黎川十二景之第一景。明代思想家邓元锡也曾读书于东岩山，并留有诗作。

咸丰六年（1856）二月二十九，太平军将领张三和率部攻占建昌府。三月二十四太平军骑兵百余人由东门攻入黎川县城，在县城南市杀死7名百姓。三月二十八，杨希闵"檄榜城外"招兵买马，起兵于东岩山下的河原（今湖坊大排）。后因寡不敌众，最终又因军饷匮竭而散遣队伍，携子读书东岩山寺，后离开家乡避乱远走福建。

历史遗存

邹 公 新 路

东岩山北面隘口曾经有古道叫作"邹公新路"，连通江西和福建。傅权为此作记：

> 东岩之阴（即指山的北面），崖谷深邃，林莽窈窕，如行隧中。不见天日者十有五里。奸人恶少往往倚为窟穴，椎埋肤箧，岁尝有之。绍圣四年，宜黄邹天锡为南城县尉，闻其事，曰："清奸除盗，吾任也。"明年季秋，遂相便利而辟之。易险以平，易幽以明。行人舒愉，居人晏休。因名曰"邹公新路"。

这条古道历史上为赣闽两地交通的重要通道之一，岩岭隘也为省际重要隘口。现在除了一些猎户和采药人，已罕有人通行。

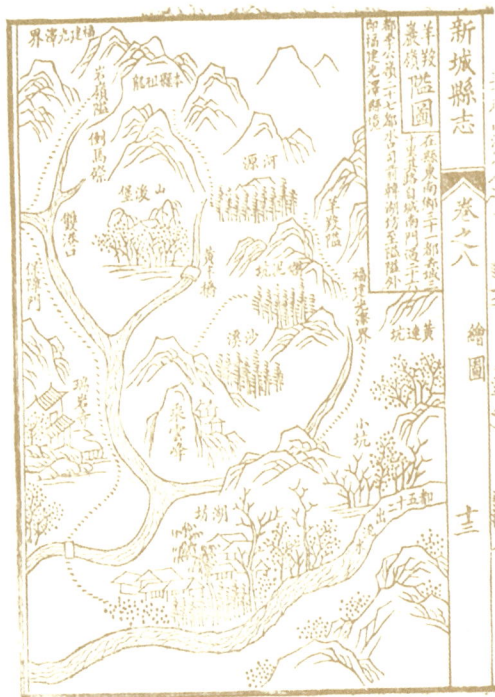

羊羧岩岭隘图

仙 山 庙 会

　　仙山脚下一带村庄每年八月初四都有庙会。庙会在"广王殿"门口开阔地带进行。殿里供奉的菩萨被村民们说成是"太子"。传说中，英俊潇洒的太子游玩到了此地，正是丰收的前夕，村庄田畴如画，仙山如梦似幻，太子被这美妙的风光所吸引，不肯离去。于是村民们赶紧在太子停留的地方盖殿筑堂，为太子遮风挡雨，也祈求太子给一方土地造福。

　　庙会这一天也就成了一年中的好日子。外出的纷纷归家，户户喜气洋洋。准备好美味的食品，燃香点炮，恭迎太子光临自家的庭院，也让福气、吉祥来到自己的家门。

仙山庙会

商贾交会五福街

村庄概况

荷源乡五福街村，在荷源正北 4 公里河塝上，明清时期属于新城县东兴乡四十都，历史上曾为一较为繁华的镇，今为荷源乡畲上村的一个村民小组。村前有一条河，源起于赣闽之交的杉关，经飞鸢、洵口、石硖、五福，下注资福，名资福河（东川）。正是这条旧时的黄金水道，奠定了赣闽边界交通运输线，孕育了五福街昔日的繁华与荣光。

《读史方舆纪要》卷86《江西四》载："五福镇，在县东北二十五里，为江闽往来必经之道，置公馆于此。商贾交会，民物辏集，屹为大镇。"

资福河在五福段被称为五福河。历史上曾有 18

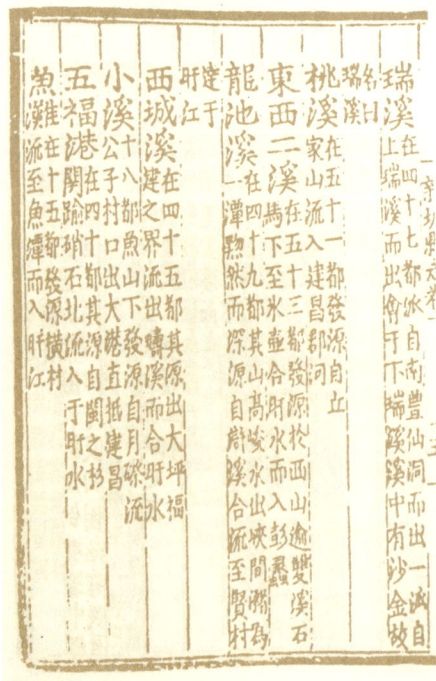

明代县志记载五福港

个码头，现存 4 个遗址。就此一段河水，深处达 10 米以上，浅水处有石滩。1993 年版县志载，茶亭至资福航道（途经五福），载重 0.5 吨的小筏，通航期一般每年 4 至 8 个月。

尽管不能行驶大船，运力有限，但自古官道依河而筑，故多能水陆并进。行经至此，举目高冈，远眺杉关，迢迢复迢迢，怕难觅驿栈，过往客人不得不驻息下来。久而久之，五福遂成大集镇。

因为五福村位于东部水陆交通要道上，明代以来，五福累遭兵燹，是以渐渐衰落。

古建遗存

明代官府在五福镇建有邮驿，叫"五福公馆"。明代理学家罗伦《新城县治重修记》载，他的同年好友吕讚在新城任县令，修建了县署公舍后，继而"置邮于五福"。那一年，为明成化九年癸巳（1473）。吕讚，明成化六至十年（1470—1474），任新城县令。

张元桢《五福公馆》记得更清楚。他说，因国家太平无事日久，人口繁殖很快，黎川也是途通四方，公私人员往来络绎不绝，因而一些僻地傍岐，也成了大道，而五福更为江西和福建之间古已有之的通衢大道。如果两省官员来来去去而中途没有食宿之处，实在有违"钦朝命崇王人意也"。为此，明成化九年（1473）秋，新

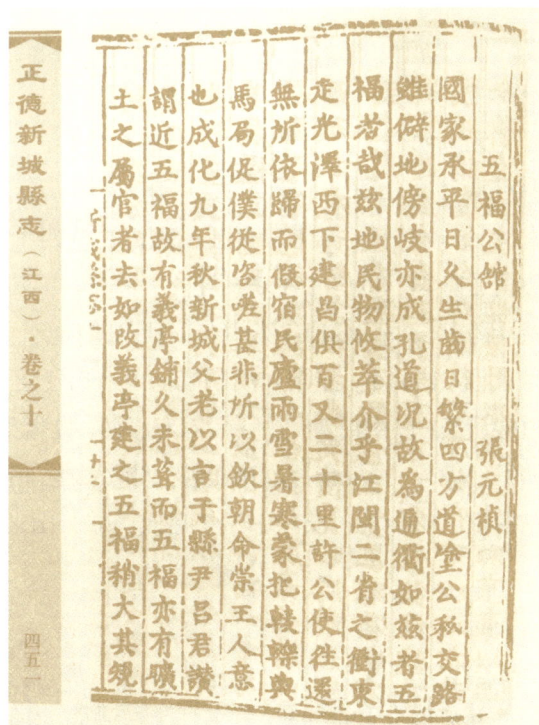

《五福公馆》书影

城父老向一县之长吕讚报告，说五福附近原来建有义亭铺，只是年久失修；倘若将义亭移建到五福，稍为扩大规制，实在可以作为"公使驻节之处"。五福邮驿共耗费白银 250 余两。

莆田人、新城县学训导郑思亨作《题五福公馆》，云：

> 闽省杉关已尽头，新城接境楚名州。
>
> 岭高弗敢鞭疲马，溪浅才容驾小舟。
>
> 农舍养鱼多作沼，人家依岸总为楼。
>
> 忽思五福从兹得，翻使萧然一夜愁。

他提到了由于"岭高"，故"溪浅才容驾小舟"，真实地反映了当时的地貌与运行状况。王天禄为郑思亨《次韵》云：

> 江右闽关两尽头，飞鸢高处若瀛洲。
>
> 黄花林里鸣啼鸟，纸马桥边问小舟。
>
> 石硖泉通彭蠡水，盱江水绕豫章楼。
>
> 太平时景无人唱，五福均膺岂用愁。

万 寿 桥

元末明初，五福仅有渡口，没有桥梁，两岸人家出行、沟通极不便利。明洪武年间建桥，石磴木梁，桥中有屋，名五福桥。后改称万寿桥。本县人涂景祚作记云："邑东有五福镇，距城四十里许，为江闽孔道。其仕宦、商贾、舟车、负担之往来，昼夜无停晷。河流自硖溪奔注，抵硝石入大江。镇所跨有长桥，名曰'万寿'，所从来旧矣。日久渐圮，涉者病之。"清康熙三年（1664），涂景祚的姻亲杨国魁捐资建造石梁桥，并在桥头兼建一庵，道旁设茶，以供渴者。总耗银六七百两。乾隆十年（1745），五福乡民官镇远、熊世经等人，捐资倡建卷砌石桥，四墩三瓮，横广一丈八尺，直长一十五丈多，花白银二千余两，乾隆十三年建成，并买山地，收租赡修。

红 殿

五福街头曾有红殿，街尾有汪家祠堂，相距 500 米左右，均设有巍峨牌楼。特别是汪家祠堂，恢宏大气，说话有回响。牌楼于 1958 年前后被拆毁。

✎ 历代兵燹

同治县志载：明嘉靖四十年（1561）正月，闽寇 3000 余出杉关，守备李宁拒战于枫窝（今厚村丰弋），打不赢，只得退守县城。恰好此时南昌、抚州援兵赶至，闽寇连攻城不下。第四天，闽寇由胡寮岭（六都入泰宁路）返回福建。九月，闽寇 300 余出杉关，流动打劫洵溪、五福等处，县民饶九率兵拒战于五福，最后战死，官兵殉难百多人。十月二十九日，闽寇 3000 余人从光泽水口村出风扫岭（三十八都），掠劫洵溪、五福，进而掠劫八都礁下（今属南城）。官兵拒战，寇兵复退入中田公村（十七都），从八、九都过上蓝（属南城）绕行。监军佥事徐栻、参将戚继光、绍兴府通判吴成器带领浙兵追逐，贼寇再由五福、洵溪过湖坊（三十一都）、中站（二十九都）越黄土岭隘还闽。

清代咸丰年间，五福村又多次遭受太平军过境，五福村雪上加霜，渐渐沦落。至今在五福村沿河一带还留有多处古码头遗迹，在默默讲述着曾经的故事。

唐相开基郑家山

村庄概况

　　中田乡竹际村郑家山村小组，距县城30公里，地处海拔较高的周公嵊（旧称鱼山）里，山北接壤南城县，西临南丰县，东南接连中田的胜山、栖灵山。这里山深林密，环境优美，俨然一派神仙福地、世外桃源，让人恋恋不舍。

　　据《郑氏族谱》记载，郑家山郑氏远祖是唐代的郑亚、郑畋。郑畋曾祖郑少邻自荥阳过江入闽，至郑畋父亲郑亚自闽迁居旌善乡集贤里（现中

竹际村

竹际古村

田乡竹际村一带）。郑亚，字子佐，由进士拜给事中，贬循州刺史，死在任上，葬十八都戈坊冷水坑。郑畋，字台文，唐代名相，平黄巢乱，卒于官，敕葬黎源东坑右山岭上窠内。郑畋18岁考上进士，在唐朝僖宗的时候，拜相位，功名事业昭著。因郑畋曾任集贤殿大学士，因此，这地名就改成集贤里。这里是郑畋开基之地，所以称为郑家山。

郑家山地势险要，易守难攻，后方山脉连绵，下有水上交通。公口前有两条河，黎河、龙安河。二水合流而出经抚河往鄱阳湖而去。郑家为了逃避动乱，子孙在此繁衍生息。因此，山上祖居叫郑家山，山下郑畋之子居住地被叫公子村，而出水路的关口就叫公口，开辟的田产叫郑家墈等等。

隐匿于三县交界处的郑家山，山中有几条蜿蜒崎岖的山道，可以从北、西、南方向通向南城、南丰、黎川等地。这些山路，虽经千年风雨洗礼，仍保留古韵风味。郑家山的山顶或山腰间，都曾建造过很多寺庙或道观。据当地老者称，这些寺院、庙宇、道观等古建筑很有气势，也很有历史的沧桑感。村中随处可见参天古树、旧石板桥以及乡村古老街市的建筑遗存，可以看出当年的繁华与兴旺。

261

历史人物

郑畋（825—883，一说 825—887），字台文，河南荥阳人。桂管观察使郑亚（字子佐）之子。唐武宗会昌二年（842），登进士第，被授予秘书省校书郎、汴宋节度推官。六年（846），登书判拔萃科，授渭南尉、直史馆。大中中，因父亚与李德裕交厚，废斥十余年。咸通中，累迁翰林学士、中书舍人、户部侍郎。十年（869），贬梧州刺史。僖宗即位，召还任兵部侍郎。乾符四年（877），任门下侍郎、集贤殿大学士，成为宰相。广明元年（880），出为凤翔陇右节度使。以抗击黄巢功，加同平章事，充京西诸道行营都统，进检校司空。中和三年（883），被宦官田令孜排挤出朝，改任检校司徒、太子太保。同年，儿子郑凝绩将其接往陇州（又说彭州或壁州）居住。不久在其地病逝。死后，赠太尉、太傅，谥号文昭。南宋洪迈称晚唐宰相中惟郑畋可入"一时名宰"之列。南宋黄震的《黄氏日钞》评郑畋"出将有破贼之功，入相有运筹之益，功成身退。南宋黄震，伟唐末诸相，惟畋优焉"。郑畋著有《玉堂集》5 卷，《凤池稿草》《续凤池稿草》各 30 卷，均佚。

正德《新城县志》卷 8《名臣》记载："（唐朝）郑畋，邑之旌善乡集贤里人。唐咸通中，由翰林学士出为梧州刺史，政暇游览，多所题咏。官至宰相，谥文昭。子凝绩，户部侍郎。"（原注：来源于一统志）

正德《新城县志》卷 6《祠庙》："郑府君庙在县西北三十里。旧志云：棲灵山南高峰上有此庙，故老相传云，山之下乃邑之旌善乡地，有唐丞相郑畋子户部侍郎凝绩之墓在此。庙盖侍郎墓庵也。"

郑 凝 绩

郑凝绩，字裕圣，唐相郑畋公之子，行四上舍。侍父为凤翔节度使，征黄巢之乱。僖宗幸蜀，遣凝绩诣皇帝行宫，凝绩于汉州追及僖宗皇帝，中和元年至中和三年七月随驾成都。官兵部侍郎，后随父传檄天下，破贼有功，升其为兵部尚书。《唐文拾遗壁州郑凝绩尚书》评价："尚书玉树一枝，金山万仞，雅望全腾于八海，华资缓步于五云。汉丞相之传经，永光儒室；

周司徒之善职，固属高门。况乃于国于家，曰忠曰孝。"

"大唐中和岁次癸卯，畋乃引疾去位，入见帝。帝以其诚，至七月初蒙允，季秋，子凝绩自兵部尚书拜疏乞郡迎养，惬得壁州长史"。后僖宗迁凝绩为彭州刺史、龙州刺史、左司郎中、京兆少尹、刑部侍郎诸官爵。卒后归葬故里黎川十八都邓坑（今竹际村村委会旁），公居家尽孝在朝秉忠，子侄莫不敬畏，归故里之子孙尤盛，后散居不一，夫人饶氏，子绍余。

晚唐诗人李洞非常钦佩郑凝绩之为人，曾作诗《感知上刑部郑侍郎》颂扬曰：

寄掩白云司，蜀都高卧时。邻僧照寒竹，宿鸟动秋池。

帝诵嘉莲表，人吟宝剑诗。石渠流月断，画角截江吹。

闲出黄金勒，前飞白鹭鸶。公心外国说，重望两朝推。

静藓斜圭影，孤窗响锡枝。兴幽松雪见，心苦砚冰知。

缘杖虫声切，过门马足迟。漏残终卷读，日下大名垂。

平碛容雕上，仙山许狄窥。数联金口出，死免愧丘为。

郑 凝 缵

郑凝缵，唐相郑畋公之子，行七上舍。侍父为凤翔节度使，征黄巢之乱，以父功封金紫光禄大夫户部侍郎。

公随父传檄天下，破贼安天下后，因避黄巢部将朱温篡唐，携侄绍余俸父兄骸归故里。黎川县旧志多以他在故里的情况作为郑畋、郑凝绩在故里的记述参考。

2017年农历七月，郑氏后人在郑氏祖山的最顶端找到一座郑凝缵的墓，墓土里有两块不同年代，由不同世代裔孙重修的墓碑，碑石上均书："唐故祖户部侍郎、金紫光禄大夫郑公凝缵之墓"，该墓地与族谱中记载的完全相合。

风景名胜

竹 际 瀑 布

俗称鲫鱼滩瀑布，位于旧时胜山，中田大山嵊后方，竹际村往中田的古道之间。当地传说有鲫鱼跳龙门处，所以俗称鲫鱼滩瀑布。明进士王材曾书古黎川第十二景《胜山瀑布》："涌地浮天不自由，长风一道四时秋。何须海上乘槎去，坐见银河白日流。"顺古道而上就是《新城县志》记载的"月明磜"，再上就是大山嵊，峰峦耸秀，绵亘数里。

1931年至1933年间反"围剿"时期，红军穿梭其间，在周边诸多山头留下红军炮台遗址。

竹 际 古 道

竹际古道

竹际古道，是竹际村保留最完整的旧时古道，它是竹际人民翻山越岭的最原始缩影，曾有首打油诗这么形容竹际：有女莫嫁竹家际，上岭下岭累息气……由此看出当初的艰难。古道上的古石桥历经时光洗礼，石阶上布满青苔和落叶，至今仍然坚固异常，成为古村时代变迁的见证。

反"围剿"时期，红军进驻中田，在竹际等地进行游击战斗，以郑家山所在周公嵊山为第一前沿，通过两条古道与中田、黎川的大部队进行联络。一条古道过鲫鱼滩瀑布，一条自竹际古道出中田。

📝 逸闻趣事

郑侍郎的传说

郑家山周边留下了许多代代相传的美丽传说，最为人们津津乐道的便是"金打头，银上颈，玉缠腰"的郑侍郎。据传：郑侍郎戍守边关，在一场大战中，英勇杀敌，身先士卒。在战场冲杀过程中被叛将偷袭，砍去头颅，身死沙场。他的死激起守军的愤慨，将士们冲向敌军阵地，大败叛军，夺回郑侍郎尸身。可惜郑侍郎的头怎么也找不到，后来族人只能带着遗憾，不远千里将郑侍郎运回故里安葬。皇帝得知，命人按照侍郎模样用金子打造头颅安上，并赐予银护项护肩、玉质腰带等等，为其打造将军荣归故里形象。为了使侍郎得以安归故土，防止坏人盗墓，族人在故地为其修建九山十八墓。"九山十八墓"的传说在 20 世纪 80 年代，还在本地引发不小的骚动，周边乃至南城、南丰的人都纷纷前来寻找郑侍郎墓，寻找"金头银项玉腰带"。

郑氏改姓趣话

由于郑畋父子平叛黄巢，杀敌无数，后来黄巢部将朱温夺得天下，诛杀朝官及他们的后人。传说，郑氏为了免遭灭族残害，迫不得已改姓，路遇外人，有称是"过路"的，有称"做伴"的。称过路的就改称"过"姓，实际上过氏是因为亚公所葬地戈坊的戈而改（方言中"戈""过"同音）。称做伴的便改称"潘"姓（方言中"伴""潘"同音），于是有了过氏和潘氏两大家族。这两大家族仍居住在郑家山附近，他们的家谱都称祖先是郑亚、郑畋父子。

月 明 礤

月明礤，在县西北四十里，高百余仞，阔一里许，上无草木之秽，月出必先见，故名。

中田《宁氏族谱》记载：宁氏鼻祖太四公，讳世基，字孟宽，原籍西蜀，唐末时期为殿中侍御史，五代梁时出守饶州刺史，后守建昌路。太四公，没来抚州之前，时常梦见自己来到一处叫着月明礤的地方，豁然开朗，有种心旷神怡的感觉。后来等到他来到建昌所治之地，果然就有一个地方叫月明礤的，在今旌善乡十八都（现在黎川县竹际村），后来到了该致仕归家时，民极留之，因此定居在此。

宁氏开基于月明礤，于月光先见处修建庙宇，基址至今依然可见。

澜溪高远长兰山

村庄概况

西城乡长兰山古称"澜溪""澜山"或"长澜"，是全县海拔第二高的自然村，约620米，原是黎川县最偏远的一个行政村。明清时期属新城县德安乡四十七都，1949年属河樟乡。1979年，设长兰山大队。1984年，启用行政村名。2004年，并入丰南村成为长兰山村小组，距县城60多公里。

村子四面环山，毗邻福建省建宁县黄坊乡。去村山高路远，交通不便。公路盘山而上，曲曲折折，路边葱翠如黛，风光宜人。村子不大，登高俯瞰，整村好似微缩版的贵州西江苗寨景观。村落高低不平，房子错落有致，村居建筑多以吊脚楼式木板房为主，原始而古朴。少数砖瓦房，为现代新建房屋。卵石小道上长着青苔，一些木屋已坍塌。村中两口水塘可供村民洗刷。据《黎川县地名志》，1984年，该村有49户281人。曾姓居多，清顺治年间迁居于此。

村中植被茂盛，地处山区，珍稀植物繁多，尤以红豆杉为最，村四周青山灌木，稍远茂林修竹。村民种稻伐木，制笋烧炭，农耕自给。村有耕地1400多亩，大多是散布在大山沟谷中的梯田，仅能种一季稻。

40多年前，有上海知青32人下放小村，八年峥嵘岁月，经历人生大考。末了留书村墙："昔日流汗水，青春无悔。今朝出智慧，人生壮美！"这是一群有情有义的真情人。返沪数十年，耿耿不忘长兰，用实际行动反哺第

长兰山村

二故乡，在上海倡导实施"老区幸福工程"项目，支援黎川农村公路等基础设施的修建，为西城乡捐资建设希望小学，给长兰山的困难户寄春节慰问金等。

从 20 世纪 90 年代开始，村里人纷纷外出打工，人口便不断减少。而今在此居住的，仅有几个老人和留守的小孩。偶有来客访村，或为猎奇者寻幽探奇游山玩水；或为原居民怀念乡愁忆苦思甜。穿行村里，清幽寂静。有板房崖立，吊台高悬，远眺飞翼。石道静卧，高低蜿蜒，不知去向。路边野草，勾脚撩人，似牵衣待话。偶遇孤老，客情似亲，擂茶以待，知无不言，唠嗑不止，似相见恨晚。日起日落，春去秋来，山村似被大千世界遗忘，长伴青山，寂寥而孤独。

古建遗存

朱 道 嵊

在长兰山界地，有一处"鸡鸣两省三县"地带，即壤接建宁、黎川、南丰三县，名曰朱道嵊。《南丰县志》将此寨称作"朱何嵊寨"，虽与"朱道嵊寨"有一字之别，实为同一寨子，"高峻难上，外险中夷，唐末山寇朱从立据此，曰朱何嵊砦，曰马鞭隘，江闽界也"。从石牛洞至朱道嵊寨约5里。

朱道嵊环山垒石砌墙，形成一座颇具规模的山寨。寨内丛林密布，鸟兽云集。山寨墙体周长三四里，高七八尺，面积约150亩，至今遗存东、南、

朱道嵊古寨门

西、北四道寨门。墙体下方，隐见排水沟，是古人排放寨内积水的设施。

四座寨门，保存较完好，仅东门有点坍塌。站在东门放眼望去，对面为建宁县的鹰嘴寨，两山山麓狭窄地带，便是九曲原的田畴了。

在东门与北门之间，辟有一条通车简道，直达朱道嵊。道路左侧不远处仍有一段石板古道，循级可上。寨墙边有一处坍塌废弃的砌石房屋，应是碓寮，即先民引水碓米的地方。

从西门右转约一里许，至天心潭。正德、同治《新城县志》载："（位于县城）西八十里，四十七都。山岭上有塘数亩，水流建宁之东溪。"此地又名王家湾。所谓"天心"，是指这些潭属沼泽地，深不可测，人禽可陷，竹篙也打不到底。天心潭面积约20亩，如今成了甲鱼放养基地，池中杨树矗立，颇富景致。

朱道嵊西北面为西城乡的螺蛳嵊村，徐氏明代迁居于此。螺蛳嵊西面毗邻南丰县太和镇樟坊村上源村小组。

朱道嵊巅，有拜仙坛，海拔827米，孤立着一处颇为气派的坟茔，营葬一个名叫朱道德者。朱道德，据说是建宁县溪口镇杉溪村人。碑文"朱公道德真仙"，上题"福地回龙祖山"，落款"万历丁酉年十二月吉旦，曾门重修"。由此可知，该墓在明万历二十五年丁酉（1597）重修，说明朱道德是万历之前人氏。该嵊可能因朱道德在此修行得名，清代邑人杨世萃说，"澜山有峰曰朱道嵊，乃地之胜迹，上有仙室，颓塌有年"。距碓寮不远处的寨内，新修一处寺观，悬匾曰"朱道嵊"。匾额左镌"乾隆戊寅（1758）春仲"，右刻"新邑西城杨庆民、长澜曾岳尊"。根据民国《建宁县志》

记载："朱道嵊，其山纡迴，展布数里。宋末，山下居民朱某于山巅结草为庐，清修得道，羽化于此，故以为名。山上窝平，宽数十亩，有庙曰迴龙峰，里人旧建，祀朱仙者。遇岁旱，居民虔祷之必得雨，灵异甚著。庙左，一峰高峻，陟其顶，有朱仙墓，名拜仙坛，可远瞻四处，有'白日风扫地，黑夜月悬灯'之胜。其山左属南丰、新城二县界，右麓为蓝田堡、东坑、黎源，趋前为狐狸隘，均通新城小道（去治六十五里）。"

逸闻趣事

红 豆 杉

长兰山村里一棵古老的红豆杉尤为醒目，它默默仁立于村东高冈，似阅尽世间沧桑，成为一道独特的风景。古杉直径一米多，高不过五六米，树冠颓圮，粗根裸露，饱经沧桑。据悉，苏区时期，红军驻扎长兰山。一天，红军战士将衣服晾晒在古树，没想被国民党军发现，随即引来飞机轰炸，村子几乎被毁，古树未能幸免。几年后，树干又长新枝。不久，古树边老屋失火，殃及古杉，新生树枝再毁，幸好保存树干。现在的树枝是后来新生长的。长兰村民视树为护灵，

长兰山红豆杉

偏爱有加。有客商出巨资欲购古树以做根雕，遭拒，古树得存，护佑村头，迄今生机盎然。

云雾村庄百家畲

　　德胜镇百家畲村，是黎川海拔最高的村庄，位于赣闽交界的叶竹隘，黎泰公路从旁边蜿蜒而过。明清时区属新城县丰义乡六都，1949 年前由樟村管辖，途经九坊，下层坪，入岩泉，抵樟村。今属德胜镇茅店村。

　　叶竹隘是黎泰公路的制高点，海拔 1200 多米。第五次反"围剿"敌我双方曾在此斩关夺隘，70 余年后的今天，硝烟虽已湮息，革命事迹仍犹生动鲜活。从叶竹隘至百家畲，一路向西，降级而下，全程 10.7 公里，均为崎岖颠簸的羊肠小道。一到百家畲，本以为从云间到了凡间，不承想其海拔为 1125 米，下降才不到 100 米，车子却绕行了近一个小时。

　　村中，一条小溪从东向西潺潺流经，其水九折，过水口，注入燕子潭，经岩泉，汇龙头寨水库，为龙安河的源头之一。沿小溪从源头到水口，数个小庄园棋布，分别为里屋（上屋）、中屋（外屋），统称里墩；再下则为外墩，集居江、谢二姓，故又名江家；江家对面是陈家，陈家又分老屋下、新屋下，塝下则为丁家。立于此地，四面环山，杨家岭（海拔 1513 米，县第一）、莲荷峰（海拔 1493 米，县第二）、眉毛峰（海拔 1438 米，县第三）三座大山，三足鼎立，环拥百家畲。北面是社背窠；南面是杨山岭（杨家岭），岭后就是建宁县溪源乡桐荣村，因距溪源才 20 里，距德胜 30 里，所以村民多往溪源赶墟；后背稍左（东北面）是莲荷峰，二十世纪六七十年代曾建有对台军事瞭望哨，一个排的民兵值班防哨，80 年代初撤掉；正前方（西面）为水口，福兴殿茕立于彼。水口之外，有一峰突兀耸起，正是赫赫有名的眉毛峰。

　　当年徐霞客绕行社苹福山时，远眺一山更比一山高，最后登临会仙峰（海拔 1355 米，县第四），"登会仙绝顶，则东界大山俱出其下，无论箫曲、

百家畲古道

应感矣。自会仙西至南丰百里，东南抵建宁县亦百里。其西侧有数家斜界迷阳洞南，为大山寥绝处"，大有一览众山小的感觉。由于乡音不通，"数家斜"可能是百家畲的音讹。

　　溟溟海气接诸蛮，界此鸦飞不界山。
　　下到钟声乱樵唱，半峰炊影幻云鬟。
　　秋归晚角昏筎里，人老长鑱短铁间。
　　回首云山开倦眼，江烽明处夕阳殷。

　　——这是晚清邑人涂茂荃所作的《登百家畲隘岭》七律，也是目前黎川古籍文献中的唯一发现。涂茂荃，黎川涂氏第22代后裔，一生未得功名，仅以授徒为业，娴于诗文。

　　上阕点明百家畲隘岭壤接"溟溟海气"的福建，且以俏皮的口吻申说闽人为蛮夷，连乌鸦都不会飞过边界。梵响钟鸣伴随着山间樵夫的嘶鸣乱唱，不成音调，唯见半山峰的炊烟、云雾席卷而起，袅袅娜娜，层层叠叠，有似女子高耸的环形发髻。由下阕可知，此诗作于秋季傍晚时分。薄暮之际，辛勤而晚归的农夫，荷着锄杖，哼着小曲，回首而顾，近黛远苍，似乎也倦眼迷离，疲惫待息；而西首诸峰，披上余晖，绚丽斑斓，层峦叠嶂。

　　百家畲，一个优美而又常让人歧误的名字。容易误会的是"畲"字，

百家畲古村

在此不是指少数民族畲族，而是指粗放的耕地，即刚刚开垦的生地。百家畲纵深不过二三里，最宽处约三五百米，却名之"百家"，可以想象当年人口之密集与繁富。时至今日，空留数十栋木板危房，以及贪恋祖田、祖山、祖坟的老人，而昔年最高峰时有90多户400多人口。1987年《黎川县地名志》仍有"46户，243人"的记载。蕞尔弹丸之地，謦欬此起彼落，鸡犬相互闻问。村民姓氏主要有朱、谢、陈、丁、巫、江等。二十世纪六七十年代，常年有三四十名小学生入读，教室地点名高桥，上下两层，下层储谷，上层课读，初中转至茅店村。时有知青被派到这里教书，带来些许大都市的时髦气息。

三山环抱的百家畲，惟惜高处不胜寒，田畈沿溪密布，恍似世外桃源。20世纪70年代偶尔种植田七、白术等经济作物。村里有山地十几嶂，靠山吃山，原有做片板用的大杉木出产，今天皆是郁郁葱葱的山竹，经济效益较低，所以最多的就是笋仓了。田少溪浅，当年也有泥鳅、小滩鱼；1949年前发现过老虎，1949年后还有岩羊光临过。

状元故里芙蓉洲

村庄概况

　　熊村镇芙蓉洲村，位于黎川县城东部熊村河边，距县城13公里。明清时期属新城县礼教乡二十八都，今为熊村镇下街村的一个村小组。福银高速黎川至熊村段，从村东穿过。

芙蓉洲村

这里四面环山，中间田畴如画。云雾从山间涌起又平复，若隐若现中，一个隽秀的村庄静卧原野，好像娇俏的姑娘，蒙着面纱，不肯轻易示人。云开雾散的时候，阳光从云层中投射下来，像羽毛一般轻柔地拥抱着村子，这时候，远山是青的，天空是蓝的，丰收的稻田是金灿灿的，白墙黑瓦，绿树四合，一幅超凡脱俗的清雅画面映入眼帘。让人忍不住要去探寻和叩问。

蜿蜒的熊村河水绕着山脚流过，滋养出一块丰腴的沙洲，因沙洲盛长芙蓉花树得名"芙蓉洲"。《黎川县地名志》载："芙蓉洲，原此洲上盛长芙蓉树，故名。"

古建遗存

张 氏 家 庙

芙蓉洲的张氏家庙，主祀"状元"张渊微。张渊微（1201—1268），字孟博，一字益博，号平斋，张介长子。张渊微的父亲张介为宋绍定二年（1229）进士，后任湖北机帅，举家迁居新城县北坊。张介生张慧子、张宣子二子，慧子即张渊微。张渊微登宋理宗淳祐七年（1247）丁未科状元，从仕20余年，官至吏部侍郎。1246年，大水冲毁南城龟湖，次年张渊微即考取状元，这则传说一直流传于坊间。

根据村人讲述，张氏家庙原在芙蓉洲下游不远的考田村。状元张渊微系考田张氏，芙蓉洲张氏与考田张氏一脉相承，家谱亦称《考田张氏宗谱》（宣统二年六修谱）。据《道光癸未三年（1823）修祠宇记》（《考田张谱》卷十四）："吾始祖正三公居址考田立基开族，迄今数余百年，人丁椒蕃，支派流长。宗庙始剥，非宋即明，无可记。"说明最早的张氏家庙在明代之前创建于考田，但具体建立时间不详。到道光三年，考田家庙"奈柱椽年远，亦难御其风槫，是祠宇斜颓不堪"。于是全族捐资修缮，"鸠工修整，工费年余，始行告竣。门楼匾额犹如鼎新，以妥祖灵，不忘先人始创之力耳"。

考田今隶属潭溪乡五星村，芙蓉洲属熊村镇下村村。两村相距不过二三里，在古代均属于新城县二十八都。考田今无张氏家庙，亦无张氏居住。

芙蓉洲张氏家庙

而芙蓉洲张氏家庙是本县主祀张渊微的唯一祖庙，因此闻名。

历史人物

张 渊 微

张渊微（1201—1268），字孟博，号平斋，宋理宗淳祐七年（1247）丁未科状元。

张渊微自幼勤奋好学，敏慧超凡，"日诵千言，通五经，尤长于《春秋》"。入"太学"后，更加学识出众，在家乡享有很大名气。他才思敏捷，挥笔立就，所著诗文，斩截、峻刻。但由于秉性刚直豪爽，不附庸风雅，不顺应时俗，从青年到中年，其应试的文章，屡屡不为京考阅卷官所赏识。直到宋淳祐七年（1247），才逢慧眼识珠，在参加京考的部试、会试、殿试中一路顺畅，连连获优，取进一甲后，被宋理宗赵昀亲自点为状元。

在他考中状元的殿试张榜公示后，按照往常惯例，皇帝要邀请新科进士共赴"琼林宴"，这是古代参加科考的生员们梦寐以求的荣耀。尤其是位居榜首的状元公，更可趁此机会在琼林宴上崭露风采，荣享风光。但因这次张榜之时，恰逢六月酷暑，张渊微想到久旱无雨，禾苗枯焦，农民心急如焚，便带领全科进士奏请皇上，免赐琼林宴，以省下开支，用于救灾赈济。宋理宗为其恤民之举所感动，采纳了他的建议。由此可见，张渊微忧国忧民之心境。

金榜夺魁后，张渊微被朝廷命铨次馆阁，进呈书目14900余卷，后授予签书昭庆军判官，任秘书省著作郎，兼任崇正殿司封。经几次升迁后，被提拔至礼部侍郎，转吏部侍郎，成了朝廷六个部中，主管全国官员考察、任免、升迁、转调的副职主官。

此期间，私通外敌、谎报军情却骗得皇帝信任、被封为太师的贾似道掌管军国大事。而品质庄重、崇尚义节的张渊微对贾似道的专权擅政、倒行逆施十分不满，多有抵触。结果，被贾似道贬为"集英殿修撰"，从相当于正三品直降到了从六品。以后，才又起任饶州知州。但尚未启程赴职而卒于原任所，时年68岁。

据旧《新城县志》载，张渊微务政之余，勤于著书撰文。其所著诗文，已辑成《平斋集》付印，但目前尚未发现该书。他以"里中子"（即同乡后辈）的名义，为家乡先贤、北宋时期大思想家、理学家、教育家李觏著作《盱江集》撰写的"后序"一篇。文中起首便提出："贤太守之为邦，崇乡贤，风后学，凡以因敬梓者之心，而教易行。"他要求任职地方的官员，应崇敬当地的先贤，以教化后人。他认为，如果大家都有一颗热爱乡里、敬重乡贤之心，则便于对后人有深远而富有益处的影响。寥寥数语，诲意良深，期望殷切。虽属古人之训，在数百年后的今天，仍不失为至理名言，值得后来当政者铭记并遵循。

张渊微殁后，皇帝遣使赐恤甚厚。本县进士其同僚云南节度使、判官黄鼎为之撰写行状，载于黎川《考田张氏宗谱》。其事迹亦载入《宋史》。

附 记

📝 诗文荟萃

杉 岭[①]

鲍 照（南朝）

古邑旧名杉，烟光锁翠峦。
夜来风景好，宿处是江南。

石 门 寨[②]

危 固（宋）

石门崖壁最难攀，屈曲溪流入乱山。
不放红尘容易到，未应长把白云关。

东 岩[③]精 舍

李 觏（宋）

像设彼何时，高僧白衲衣。

① 杉岭，今杉关。
② 石门寨，今华山镇洲湖村。
③ 东岩山，位于黎川县湖坊乡大排村。

水寒吞日气，树老惯霜威。
幡影捎天近，钟声落谷微。
可怜成道易，无事即无机。

登东岩绝顶

傅　权（宋）

直上三千丈，天高势可穷。
蛟龙泉窦小，云雨旱时通。
斜日霏微外，群山隐见中。
长安望不见，双泪洒秋风。

夜宿东岩寺

傅　权（宋）

夜宿给孤园，悠然魂欲仙。
恐惊沙上月，莫吸石间泉。
露落萤初度，风回鹤欲眠。
更瞻峰岭气，非雾复非烟。

宿吉祥寺①

傅　权（宋）

夜来投宿上方天，满室氤氲宝篆烟。
一觉烂眠闲梦少，不知红日到窗前。

宿飞猿峤②

傅　翼（宋）

参差茅屋带村烟，驿路崎岖石岸边。

---

① 吉祥寺，位于湖坊乡石陂村。
② 飞猿峤，今厚村乡飞源村山岭。

风物画成三谷景，溪山分断七闽天。
夜猿乘月悲霜树，秋石和云泻陇泉。
谢守游来几百载，何人能为续佳篇？

福 山①

朱 熹（宋）

迢迢百里外，望望皆闽山。
皎日中天揭，浮云也自闲。

周湖温泉②

虞 集（元）

不到兹山四十年，重来山色尚依然。
一拳砮石藏阴水，千仞云崖永沸泉。
冷暖已知神话妙，炎凉岂为世情迁。
登临怅恒诚多感，兴在孤云野鹤边。

仙 台 山③

刘 绍（元）

仙台何穹窿，蔚当霄汉表。
二仪割天险，耻接群峰小。
沧溟环其左，华岳备列曜。
虎啸风出林，鲲化云起沼。
烟萝秋可掬，璧月夜还照。
山人茅宇深，罢瑟发清啸。
濯尘坐磐石，习静穷要眇。

---

① 福山，社苹乡社苹村福山
② 周湖温泉，即华山镇洲湖温泉。
③ 仙台山，位于龙安镇龙安村。

兹山与凭陵，气岸成二妙。

吾知双龙物，秽迹沈光耀。

烈气不上腾，张公复何诮。

游福山寺^①（二首）

罗　伦（明）

云和草树拂天香，无尽光中见紫阳。

万籁一空天似水，满船风月武夷堂。

洗天雷雨过南山，佳气无边紫翠间。

长笑一声空浩劫，白云飞尽老僧闲。

游箫曲峰^②

何　屋（明）

箫峰佳致冠南州，冠盖同来亦胜游。

黄菊可人思靖节，紫阳行处即丹邱。

溪光潋滟清堪掬，山色周遭翠欲流。

莫道兴阑无一事，江湖犹抱杞人忧。

登会仙峰^③绝岭

黄　仪（明）

孤峰跨群岭，峥崒拔天半。

蹬道悬古藤，幽洞吞绝汉。

顶摩三曜斜，气嘘九云乱。

① 福山寺，位于社苹乡社苹村福山。
② 箫曲峰，社苹乡社苹村福山主峰。
③ 会仙峰，位于岩泉国家森林公园。

钟磬下天风，杳杳空中散。

黎川十二景

王 材（明）

东 岩 时 雨

积翠长封玉岭泉，苍龙伏洞日高眠。
炎风岁岁三农望，肤寸神膏遍九天。

西 岫 初 阳

危峰四望壁苍苍，管领朝阳与夕阳。
城市江村惊晓梦，便疑峰树是扶桑。

南 屏 展 黛

玉帐金屏锁翠烟，霓旌芝盖满南天。
何缘飞步千峰岭，尽写灵奇与世传。

北 廪 凝 苍

三峰矗矗贮中田，高廪何言岁十千？
始识太平元有象，陈陈终古咏丰年！

黎 水 清 纤

百道飞泉一道流，千回石濑万回洲。
洋洋不改山中色，处处澄鲜任去留。

箫 峰 奇 耸

灵峰万仞入层云，灵鸟高翔故不群。
自是人间少清听，未应箫曲不长闻。

竹 山 腾 骥

千山盘伏雾重重，黄竹追风旧八龙。
应念西池吟白雪，却从南国化青峰。

潭 峡 廻 龙

小作驾舻寄碧溪，林汀鸥鹭伴停栖。
等闲放棹双龙峡，满目霞光万嶂低。

赤 溪 风 月

独抱遗经草满庭，竹风梧月对南屏。
桃花流水年年在，谁向寒溪问客星。

剑 阁 云 山

杰阁凭高俯碧城，山高重叠水光迎。
何须剑气冲牛斗，秋月春云万古情。

周 湖 温 泉

灵泉百里寄荒原，朔雪严风只自温。
何日兰亭修故事，莫教沂水落空言。

胜 山 瀑 布

涌地浮天不自由，长风一道四时秋。
何须海上乘槎去，坐见银河白日流。

东 岩 山

邓元锡（明）

甚爱岩游乐，闲来散客襟。
瓢分云液白，衣带石花深。
不减山阴兴，终衔谷口心。

高山流水意，尽付一囊琴。

望虞山[①] 诗

方以智（清）

高卧山头不见山，别从南谷望云间。
有时风扫青螺顶，一笔参天自破颜。

虞山山房怀人六章

张士裕（清）

维彼虞山，堂构其巅。春风一榻，春云一编。
既读我书，亦守我元。钟敲好雨，磬落疏烟。
雨歇烟往，风物倍妍。矧兹有怀，搔首长天。
长天四望，蔼蔼芊芊。有怀不获，俾我屡迁。
苔封石道，菌馥岩前。迟君之来，山花欲然。
花发杜鹃，鸟啼杜鹃。君犹未来，静抚五弦。

九叠谷[②]

涂景祚（清）

每闻岩壑奇，灵气兹钟结。
吾乡有福山，东南称秀杰。
其中郁嵯峨，岭涧多盘折。
谁将九谷传，黄公抱高节。
陵古降且升，相因成凹凸。
位置桥与亭，梯栈于焉设。
蜿蜒忽迷离，题名一以别。
百丈涌飞泉，如练澄冰雪。
我欲登其巅，牵萝时断缺。

① 虞山，即点山，位于日峰镇点山村。
② 九叠谷，位于社苹乡社苹村福山。

283

何如展画图，卧游亦幽绝。

中　田①

蒋士铨（清）

万壑千岩里，人家古义门。
安闲到鸡犬，礼让及儿孙。
地失啼饥苦，寒知挟纩恩。
天边德星聚，今在鲁连村。

乐岁收遗穄，凶年有宿粮。
社名通德里，家立广仁庄。
廪系三农望，村排仲子仓。
豚蹄祀田祖，处处祝丰穰。

宿栖灵山②

陈用光（清）

曲径梯浮岚，肩舆到山顶。
俯槛眺晴晖，列罟见乡井。
山腰云乍吐，脚底絮铺岭。
俄闻风雨声，挟浪走万顷。
夜来檐溜断，喧寂忽异境。
心共星斗明，思接江湖永。

悲　猿　岭③

张士裕（清）

清溪一道夹高枫，落叶风飞满道中。

---

① 中田，中田乡中田村。
② 栖灵山，位于中田乡中田村。
③ 悲猿岭，位于今厚村乡飞源村。

日暮行人过欲尽，猿声何处雨濛濛。

九　曲　水①

王槐植（清）

曲水名来胜迹传，波流展转自潺湲。
一泓清映黎川月，千里源通李岭泉。
浣砚应教腾雾出，化龙还许抱云眠。
楼台烟火前村满，静听鸣珂落九天。

樟　村②

张际亮（清）

岭上一涧流，送我二十里。
涧大汇为溪，人家溪岸倚。
仆夫方告倦，且复随所止。
山罅日如霞，屋脚月如水。
日落月更明，影入空床里。
中夜抱月宿，萧萧风籁起。

幽栖寺③晚眺

鲁毓圣（清）

嵯峨古寺倚岩栖，一迳通幽过石溪。
云锁二桥余暝色，樵歌声在水田西。

竞　龙　舟

黄长森（清）

新丰桥下竞龙舟，扇彩衣香半冶游。

---

① 九曲水，今龙安河流经中田村段。
② 樟村，今樟溪乡。
③ 幽栖寺，位于中田村。

还说那年闰端午，笙歌三鼓尚勾留。

风月亭[①]赋

邓 篆（明）

维武陵之旧圃兮，泛平津以通渔。一水飞光而带郭兮，千峰流翠以曳裾。指葱郁之曲陌，望桑麻之广墟。山连水系，霞卷云舒。春禽转响于修木，林茵翻洒于茂区。右挹天马之黛，左控长虹之汋。村里烟廻，蹊径雾错。户蕴彩而霓飞，泠腾文而锦濯。伊说书之结亭，信风月之攸托。

尔其羡言曰迟，托景兰药。靡翠草而成裀，幕丰叶以为幄。则有雅人韵士怀醉青阳。停车小苑，双骑横塘。莺唱庭芳之曲，花丽汉宫之妆。命羽觞而酬献，罗丝竹以宫商。披清飔兮怀古处，登崇台兮见遗芳。其羽觞之陈，则有若载酒问字，循扬子之居而罨昼流咏；其丝竹之喨，则有若列乐横经，搴扶风之帐而称姬盈堂。或程子之和气渐物，亦康成之薤带闻香。飖飖微扇，疊疊清扬，王乔以之控鹤，列子以之御荒。至如洪濛就暝，金波腾绚，湛素魄兮似规，委纤阿兮如练。则有呫哗之儒，抚景留恋，沉吟齐篇。殷勤梁卷，多炙輠于子舆，策帝图乎侯甸，诵之逌然，或犹未善为之下。晰支派于关闽，上溯渊源于尧禹，或家协琴瑟之声，或户闻流黄之杼。尔乃影坙修峦，光涵洁渚。梨香半吐，分素艳于新玶；桃靥初匀，映淡妆于凤绮。念清夜之悠悠，怜澄晖之湑湑。然诸生宁不闻靖康之终，祥兴之始，孰趷趌于五国之城？孰颠荡于崖山之水？鹍退翼而南翔，兔罢杵以西委。瞥眼幽黔，黯然濛雨。呜呼嘻吁！梁园飚烬，隋苑芜烟，往迹既陈，来亦递迁，孰与夫子模楷长鲜？溪以花而留韵，抑以亭而取妍？

桑海数翻，咏灵光于旦旦；桃花几度，想名德于年年。仆观缕于胜迹，君子其然。岂然乱曰：窅春风兮亭芳缬，思公子兮音尘歇。尊彼兰皋兮我心则结，隔千秋兮共明月。桑海数翻，咏灵光于旦旦；桃花几度，想名德于年年。仆观缕于胜迹，君子其然岂然？乱曰：

窅春风兮亭芳缬，思公子兮音尘歇。尊彼兰皋兮我心则结，隔千秋兮共明月。

---

① 风月亭，位于日峰镇篁竹村。

福 山 赋

邓 裴（清）

辨山川于两戒，穷幽遐于四隩，有豫章之岩邑，会众山之族属。叠叠芙蓉，幽幽陵谷，有拔其伦，厥名曰福。托灵址于重离，壮奇观于南服，风云护其高寒，烟霭助其清淑。参差积翠，森画戟于鸾庭；窅缈空青，卓江毫于蔀屋。

原夫有唐之世，其名始显，兆启优昙，开由洪荐。分一脉于灵山，辟双林于妙巘。灵禽奋响于箫峰，鹿女踏花于宝殿。井泉苾冽而清香，佳树菁葱而幽蒨。配洞天而何惭，称福地而非炫。尔其层崖挺秀，叠嶂争奇。或扬侧以取势，或端直以明威，或凭空而骤耸，或接迹而交驰。莫不穹窿岋嵝，礵卓嵚崎。介江闽而作墣，荫牛斗以舒仪。败叶随风，远泛长江之水；危峰拨雾，高衔日月之辉。至如窟隐龙精，泉垂马尾，雁腋舸沙，凤冈逶迤，履船石之槎牙，控烟萝而就舣，缈洞庭于云端。望君山而翘企，问宝渡于仙人，扣害马于童子，割九叠于匡庐，罗七星于沼沚，境无往而不奇，峰乍伏而还起。谓林封而迳穷，忽天开而墅启；嗟变幻之多端，讵团词之可纪。若乃良材翳日，夏壑悬冰，岩香茶荈，林茂兰英，菌如云而攒簇，芝映月而晶莹。松盘拏于牝壑，桂偃蹇于修陵。时花怪鸟，曾不知名。猿朝啼而迓客，雀夜徙而知更。金策泠泠，听竹之僧归别径；飞萝袅袅，问桃之屦满前楹。别有康乐骚人兴，公逸客释，常恋于尘嚣。畅幽情于水石，披云雾以搜奇。望烟霞而矫翮，穷攀陟于莽苍。想经营于旧德，缅徽国之芳规，拜武彝之讲席。白云绘其荒寒，清风纱其遗逸。怅斯道之榛芜，怀耿耿而莫释，抚陈迹于空山，念友朋于丽泽，遂抗节而高歌，冀风流之可绎。歌曰：

春水兮溅溅，春山兮峨峨；春花兮霏靡，春鸟兮鸣相和；佳人兮何处，遗芳兮闭蓬科。溯流风兮远想，登高邱兮滂沱。山有灵兮水有思，激清商兮攒修蛾。聊诵言于逢掖，岂吾忧之独多？

贤溪[①]赋

孔兴美（清）

前萧山会仙兮，剑水腾其空；后须眉红鹤兮，双溪绕其胸；左螺峰兮，

---

① 贤溪，今龙安河流经宏村镇孔洲村段。

屏障环列；右西山分，爽气鸿蒙。时而春也，鸟鸣箫曲，翠映柳峰；牛岗牧笛，长生夜钟；时而夏也，波腾二水，渔歌三忠；竹林琴韵，汉阁荷红；时如秋也，月照笏山，日晒金笼；桂香西谷，兰幽行宫；时如冬也，会峰之野烧如画，潭头之印石如铜；万民之聚镇犹蚁，六桥之辉彩若虹。

静思堂[①]记

傅 默（宋）

予之弊庐距石陂巡检廨屋十有五里，烟火相望，警寇者前后更承，而人情往来不能废也，虽数疏因人而远，亦不逾三二年必一过焉。绍圣丙子冬，大梁王君粹翁来司其官，越明年春正月，粹翁惠然访予于柴荆中。后二月，予始获谒粹翁。入其门，升其序，顾瞻栋宇，犹昔也。既相道寒暄，且命易衣解带，延坐于厅之南。匾曰"明轩之上"，谓之明者，岂以其据高而向南乎？于其两隅堆列书籍，墀之下新种巨竹十余株。午影扶疏，风声飔飔，潇洒可喜。回入厅之正西，宦然有堂焉，虚爽岑寂。堂下潴水为小池育鱼，童子浮游萍间，历历可数，见人亦不避去，真若得其所者哉。堂与轩皆粹翁经营，敝旧而成之若新也。坐定，仰视其榜曰"静思堂"，予因颔而笑之。粹翁徐谓予曰："先生之笑也，其亦有意乎？其颔之也，似且有以许之乎？"予辗然而语之曰："冒矢石、披荆棘，左右我神祖取天下、开国而封王者，非君之祖乎？"粹翁曰："然。""若然，则君之所以名堂之意，吾能知之矣。"

夫人有一艺之善能，得志于君公者，虽百工之贱，至子孙异世犹标题资籍以自张大，矧王侯将相之种，被服流风遗泽而不知回首，于丰基峻堂思有以奋激发越而光显之者，奚哉？尝试引而调之曰不忘其先。汝百工之子孙，不知其人，必呼愤怒以为薄己，然其志趣实处其下。故重爵之家胄绪多庸而易微。粹翁春秋方强，才韵落落，而提百十老卒于山寨中，以窥村落之狗偷鼠盗，岂吾粹翁之意欤？宜其坐斯堂而有所静思焉而云尔也。诸葛孔明在草庐中尝自比管乐，每抱膝为《梁甫吟》，彼其心之所存，意之所属者，寒饥粟褐云乎哉？及其驾之也，纶巾羽扇，谈笑指挥，收功名于无穷，非幸会于一日之间而然也。今天子圣神文武，正以诛骄虏、复故地，赫赫

① 静思堂，位于湖坊乡石陂村，已毁。

乎思广文王之声，而梦想在乎伊傅韩彭。人之所患在乎无所能，不可谓无其君与时也。粹翁思之熟、得之精，俟时而发，一蹶不御。而所以成始者，其不由于今日乎。则秦国之灵，吾知其强而不泯，且不有于后恨也。粹翁曰："不敏之志，既不能自匿，而盍为我记之。刊诸坐隅，庶几读之，每每以自励也。"已而为予置酒堂上，稍酣，援笔以为之记云。

石 笼[1] 记

王 向（宋）

龙安自陂下东入其山，蹑浮云而上之，极十里，有群石环会突立。石顶有双瀑淙下，有石涧，广六七寻，傍无荒茅崔苇之秽。而其水无泥沙，皆清泠可啜，游鱼沉泳，历历可见。而水间之石，或哮然如岩，或剡然如臼，或偃然如槽，或落然如盂，端正莹彻，类非镌凿之能及。凡若此行数十步，即至其所谓石笼者。笼之状类巨槽，而圜围斗壁，下阔五丈，会一涧之水而环之，已即复泄而为涧。前之岩者、槽者、盂者，又纷罗错列，亦无苔藓泥沙之秽焉。由此少进，而涧下之石乃坦然成盘，纵数十尺，盘之中直发小圳，广才盈咫。而一涧之水，又悉流于盘之下，其声隆隆若雷。窥其底，广深不可穷，而水涓涓可爱。熙宁九年，余在龙安时，与诸生寻泉流而得其处，于是乐而忘归焉。

夫天作而地藏之以遗其人者，可谓至矣。虽然，惜其不出于通都大邑之郊，而藏乎穷山绝壑之下，而不为好游而附势者之所知也。使当唐时，为柳宗元、李愿等见之，则其为名也，岂特石潭、盘谷之比哉？

五福公馆[2]

张元桢（明）

国家承平日久，生齿日繁。四方道途，公私交路，虽僻地傍岐，亦成孔道，况故为通衢，如兹者五福者哉。兹地民物攸萃，介乎江、闽二省之冲。东走光泽，西下建昌，俱百又二十里许。公使往还无所依归而假宿民庐，

---

① 石笼，位于今龙安河。

② 五福公馆，位于今荷源乡五福街村，已毁。

雨雪暑寒，蒙把鞿辖，舆马局促，仆从咨嗟，甚非所以钦朝命、崇王人意也。成化九年秋，新城父老以言于县尹吕君讚，谓近五福故有义亭铺，久未葺，而五福亦有旷土之属，官者去如改义亭，建之五福，稍大其规制，以为公使驻节之处便。于是吕以达于郡守谢侯士元，谢以达于宪副陈公炜，深以为宜。吕遂措置诸费，择日兴事。曾不逾岁，厥功告成。计其为楹，正厅五；庑，东西六；前门三，又前一。中为驻节之亭，周缭以垣，余二千丈，凡糜白金为两百五十有奇。督其役者典史何冕也。周制：凡国野之道，十里有庐，庐有饮食；三十里有宿，宿有路室，路室有委；五十里有市，市有候馆，候馆有积疏谓庐。若今，野候徒有庌也；宿可以止宿，若今亭有室矣。候馆楼可以观望者，一市有一庐一宿，盖先王之时所以周悉于宾旅之处如此。

我国家铺舍驿递之设同乎天下，是皆遵仿乎先代之制者。然凡为有司，多举近而遗远，举存而遗废。如此义亭之更，一举两得，实有司之当务。顾久未有留意而竟成于今焉，不亦可嘉也哉。吕君图求陈公、谢侯，主张乎是之意，属记于吾，用心亦厚矣。后之人嗣而葺之，俾久不坏，毋或致异，有动襃城之感者，则幸焉。

社平冈[1]记

刘斯华（明）

黎川西南溯回而上二十里，有冈矗起二水间，曰社平。环冈皆山也，环山皆村也，环村皆涧也，冈不甚高亦不甚广，居人布巷无隙地，栋宇为邻，王氏聚庐而居。岁丁巳（1617），余偶遇其里，里中士儒秀咸彬彬礼遇。曾有淹留旅榻之况，因得兴二三巡览，登眺饱挹山川之秀，余虽不获于兹冈为遂庐，然揽其地之钟毓，未尝不谨巽，日仰之思也，于是乎记。

九叠谷记

黄子安（明）

九叠谷未开之时名拟叠谷，缘庐山为名也。既开名九叠谷，不缘庐山

---

[1] 社平冈，今社苹乡社苹村。

为名也。其山水之胜自足显于海内，政不必缘庐山为名也。庐山之九叠，
缘五老彭蠡，以为观美。而吾之九叠，自足以互相为观美，更不必缘庐山
为名也。九叠依百丈而成，不以泉为名者，泉九叠而石亦九叠也。叠不止
九而谓之九者，如九峰九曲九奇九华，皆以九为号，而不以九为成数也。
举其大而略其细也。

　　谓之谷者，九叠虽壁立，然至其所，泉石必周遭廻绕，谷虚而泉石始奇也。
石洞百丈，高倚霄汉，飞奔湍注，横斜隐见，洞奇而谷益奇也。古木葱茏，
竹条茂密，含葩吐蕚，掩映蔽樗，林奇而谷益奇也。曲折回旋，下上出没，
蹋蹬度桥，捫壁攀梯，迳奇而谷益奇也。欤语讴吟，箕踞徙倚，上者如探，
下者如汲，遊奇而谷益奇也。每叠各有流泉，每石必有细溜（流），泉以石洌，
石以泉润，泉石相资而谷益奇也。九叠夹涧东西，或自东而西，或自西而东，
参伍错综而谷益奇也。九叠谷各自为居，桥利而安，迳绝而续，批邻導窾
而谷益奇也。为窍者、为崖者、为岩者、为洞者、为屏者、为峰者、为岭者、
为峡者、为窾者、为花石者；为将得名之石者、为不可得名之石者；为涧者、
为池者、为瀑者、为溜者、为湍注者、为潺湲者、为溃沫者；为桥者、为
梯者、为栈者、为蹬者；为古木者、为枯椿者、为蕨蓓者、为香草者、为萝
者、为古藤者、为华木者；为实者、为飞者、为鸣者；为蓑笠者、为挂杖者、
为负琴者、为筐筥者；为行歌而遨游者、为趺跏若箕踞者、为炉烟而茶灶者、
倚杖望之，宛若图画。或可目视、或可耳聆、或可意度、或可手指，此又
谷之所以为最奇者也。

　　治九叠始于谷口亭，行深林怪石中九百五十步而至第二关，曰千山俱
响洞。入洞盘旋而上六十步至第三关，曰巖巖嵩，入嵩行三百步而至第一
桥，曰百丈桥。下有石池，受百丈洞及诸流之所注，洞百丈而泉亦百丈，
故谓之百丈桥，亦谓之百丈池也。过桥一百步至第二桥曰鹤膝桥。过桥蹋
涧跨流倚壁拾级，聚足而上，曰鹤膝蹬。又下一百步至芝云石，其石色青，
其纹堆垛如芝如云，砌台其下，构亭其傍，故谓之芝云台，亦谓之芝云亭。
此谷中之第一观也。逾石而上至蓑笠岩，上者如笠，下者如蓑，两岩相倚，
谷中最为静僻者也。自台缘石而上至瀑布峡，此为三峡之一。自台而左至
第三桥曰六会桥，过桥缘石而上六十步至羲文石，其石色青，其文镌刻如
云篆鸟迹，故谓之羲文石。其上有泉，又谓之羲文泉也。越石平行至第四
桥曰四望桥，过桥至蜗角石，越石至赤壁岩，其石色赭，其形如圭璧，故

谓之赤壁岩。此谷中之第二观也。自蜗角石二十步至乳泉峡口，左行至第五桥曰玉磬桥。过桥缘石而上至玉练峡，积水为池，又谓之玉练池。此为三峡之二。左行一百步至车轮石，其石色黑，其形如轮，故谓之车轮石。其左有泉，又谓之车轮泉。此谷中第三观也。左转上木丁岭，右折至下峡池，缘涧而上至明月峡，切削如墙，左右莲峰，中通碧涧，日月照耀，空洞缥缈，故谓之明月峡也。积水为池，又谓之明月池。此为三峡之三。左为明月庵，其形最胜，其土最佳。此谷中之第四观也。自乳泉峡上三折而上，至屏风叠。屏风叠者，九叠之宗也。石如屏障，两水环抱，千山廻绕，故谓之屏风叠。屏面有小泉池，著屏如乳，甘香为一山之冠，故又谓之乳泉叠。此谷中之第五观也。右上左转至第六桥，曰明月桥。桥即跨于峡上，过桥右折至第七桥曰斯通桥。过桥依石壁而上，右行至追蠡石。其石色黛，其文镂刻如商彝周敦，故谓之追蠡石也。深林杳霭，逾石右上，可以建庐，九叠之堂墺矣。此谷中之第六观也。自明月桥左行凡十八折而至众妙台。众妙台者，一山之中也。东为箫曲诸岩洞，西即九叠，其石广博，援梯而登，其色赤与黛，其腰文瘿瘤如轮困，离诡其下，文飞跃如河鱼大，上故谓之众妙台。其上有泉，又谓之众妙泉。此谷中之第七观也。逾台右上至大株树，再右上至泉源岭，为第八叠。左上至乌石岭，为第九叠。自此而上，山益峻林益茂密，盖尚有待而未遑者焉。自众妙台二百步许至箫曲，此为西路。自第三叠左行三百步至玉笋，此为东路。此九叠之大略如此。

若夫修錾开治之功，天成吻合之妙，交互错集之巧，装饰点缀之态，幽怪险削之形，苍茫彩错之气，潆洄溃沫之容，敲金戛玉之韵，切磋琢磨之工，古雅温粹之质，浓郁丰茸之姿，光泽鲜好之貌，崎岖倾仄之状，纡徐窈窕之势，烟霞冰雪之光，阴晴晨昏之变，恬淡寂寞之情，清旷闲远之致，则在于观者之自得也。

箫 曲 峰 记

鄢 郢 _(清)

距邑南四十里为箫曲峰，层峦复嶂，修篁古木，奇怪万状。旧传唐大历中，有异鸟鸣其上，声如箫曲，岩崖陡绝，多为樵牧所不经。明高士黄子安，素有山水癖，就其地构草堂数间。读书之暇，芒鞋竹林，跻险搜奇，每辟一境，各识品题。由草堂后右折而上，过"玉凡石"，再右为"梅花岩"，其青石莹如铁，上平，广七八尺，有梅二株，根于岩腹，参差下垂，不独花时可爱也。由梅花岩上一里，过桃岭，渡一栈至"凌虚台"，右上为"洞庭峰"。峰前一巨石，构版屋数间，窗当石面，缘窗而上，石可坐四五人，下视邑中城郭室庐，如指诸掌。晨起，则万瓦鳞次，釜烟蓬勃；薄暮，则灯火莹莹，历历可数。当春夏之间，倏忽变幻，直如置身天上，云气起于足下。由"洞庭"左折而上二里余，为"八叶峰"，其石一而锐入，若莲花之将开者。《宗镜录》云"莲花八叶"，故谓之"八叶"，上镌"半割鸿蒙"四字，此其最高处也。由草堂下石，折过云磴，渡"未了栈"，至"敲冰岩"，由敲冰岩左折至"雁腋洞"，洞上巨石如雁展翅，隆冬拥炉其内，烘若盛夏。中多白蝙蝠。黄海岸诗曰："石壁亭亭雁腋横，阴崖侧映日光行。欲知果老翻身年，祗是千年蝙蝠精。"逼真为雁腋写照。由"雁腋"而下，至"玉笋窝"，道旁石笋二枝，可五丈余，斜飞插天，中开一线，行人不敢仰视。笋下构屋一间，仅容几榻，子安尝著书于其中。由"玉笋"下，过"西岩"左折一里许，至荔枝岭，即九叠中也。九叠下自谷口上至"八叶"，约三四里。箫曲岭泉从此注下，与诸泉汇，分为九叠，每叠各置一小桥，险绝处济以栈。泉石纷错，松桧阴森，冥然旷然，众妙毕具。予和释石公诗有曰:结构半生高士力，至今令我思无穷。"盖谓公也。往予读书洞庭峰，饱餐兹山之秀，大约"雁腋"得其幽，"九叠"得其旷，"玉笋"得其奇，"洞庭""八叶"得其峭。夫今之"箫曲"，犹昔之"箫曲"也，不经名人指点，几何不埋没于樵夫牧竖之手哉！然则兹山之有子安，是亦山灵之所呵护也夫。

洲湖丰藻古寨

郑文胜

驿道盘旋上，嵯峨一览雄。
云深禅寺远，寨老竹林葱。
幽涧甘泉冽，疏灯淡月朦。
鹧鸪啼日出，声脆半崖空。

一剪梅·樟溪览胜

郑文胜

日吐仙岩景万重。横嶂临风，里岭云蒙。中洲落雁叫长空。溪水澄通，夹岸桃红。　清白世家志不穷。俊采文雄，祖德宗功。浒潭夜月会诗翁。凳舞祥龙，福寺晨钟。

水调歌头·春游资福村

郑文胜

遣兴别纷扰，相约任逍遥。风轻云淡，恰遇飞鹭比天高。次第桃红李白，到处莺歌燕舞，绿水自迢迢。勃发生机景，满目是春娇。　谒古塔，穿小道，访渔樵。烟村画栋，胜似仙境把魂撩。一席农家风味，几许开心笑语，赏客醉村醪。难舍此番意，何日再重邀。

中洲自吟

艾中棠

古色烟村数本洲，山乡有梦远宾留。
桃红夹岸春明里，水绿盈滨岭尽头。
福寺晨钟催丽日，仙岩暮鼓送深秋。
屏风嶂内藏嘉瑞，醉我心颜解百忧。

资福塔

周国平

耸立江边任寂寥，天王遣塔镇河妖。
佛光熠熠安三境，道法重重冲九霄。
福造乡邻风雨顺，恩施故里暑寒调。
东川旧事随波逝，盛世安康胜舜尧。

春 到 宏 村

付志勇

时逢谷雨气清新，画里宏村不染尘。
柳陌萋萋花缀野，桃溪浩浩水迷津。
浮空紫府钟声渺，入望黄鹂鸟语亲。
最爱廊桥风景好，翩飞白鹭影频频。

紫 府 廊 桥

饶桂芳

紫府藏春色，廊桥枕水声。
汀前闲赏鹭，柳下醉闻莺。
意雅自天地，途通任雨晴。
高风功德在，桑梓最关情。

谒竹际村郑氏宗祠

杨火根

习史生心拜大贤，驱车纵腿到祠前。
畴铺绿稻荣千亩，岭罩青松荫万巅。
宰相才高文笔健，荥阳郡远子孙绵。
涓涓德露施苗裔，耕读家风共世传。

唐宰相郑畋故里寻幽

曾春华

绿枝叠翠掩苍空，灵秀瀑流图画中。
幽谷雀鸣尘世外，竹楼对饮问村翁。

过寿昌禅寺

邹鹏飞

官道斜分一径幽，苔痕不及履痕稠。
池开藻幔鱼慵出，阶散花笺风忘收。
小立佛前初有忏，细听梵后渐无求。
归来回首山将闭，鹭与闲云尚滞留。

洵口瀑布

涂继文

高崖飞瀑起苍烟，溅玉喷珠映碧天。
万丈白涛天河水，誓将甘露洒黎川。

皮边古樟

胡龙斌

百年古树自非珍，叶茂枝繁似绿云。
老幼闲时樟下聚，常谈昔日拥红军。

鹧鸪天·妙法石栏桥

胡龙斌

石拱精工气势雄，北南飞架画长虹。经年陈说奇闻事，此处常传高士风。　　朝过客，夜迎翁。春花秋月韵无穷。潺潺流水清幽曲，唱尽斯桥百世功。

鹧鸪天·春游芙蓉洲

涂继明

远处青山罩薄纱，东风梳柳路边斜。清溪岸畔冒新蕨，古木林中唱老鸦。　　观瀑布，赏黄花，宗祠祖训哺童娃。状元故里祥光沐，醉看炊烟送彩霞。

黎川进士名录

危拱辰，字耀卿，东兴乡苏源人。宋淳化三年（992）壬辰科孙何榜进士。光禄卿赠谏议大夫。

元守文，危仔昌之孙，父德昭。宋咸平三年（1000）庚子科陈尧咨榜进士。

元奉宗，字知礼，守文侄。宋景德二年（1005）乙巳科李迪榜进士。

危　祐，拱辰子。宋天禧三年（1019）己未科王整榜进士。

元　绛，守文子，官至参知政事，谥章简。宋天圣八年（1030）庚午科王拱辰榜进士。

元　暕，奉宗子。宋景祐元年（1034）甲戌科张唐卿榜进士。尚书屯田郎出知建州。

过　昱，宋宝元元年（1038）戊寅科吕溱榜进士。官郎中。

何　潜，字升之，东兴乡人。宋庆历二年（1042）壬午科杨寘榜进士。通判汉阳军，迁兵部职方郎中，升工部侍郎。

何　渊，字深之，庆历二年（1042）壬午科杨寘榜进士

何　滨，字行之，补载庆历二年（1042）壬午科杨寘榜进士

刘　扶，字彦辅，北坊人。宋庆历六年（1046）丙戌科贾黯榜进士。大理寺丞。按通志作刘扶庆。

傅　容，沙溪人。宋庆历六年（1046）丙戌科贾黯榜进士。

傅天翼，沙溪人。宋庆历六年（1046）丙戌科贾黯榜进士。

邓润甫，北坊人，宋皇祐元年（1049）己丑科冯京榜进士。

王无咎，宋嘉祐二年（1057）丁酉科章衡榜进士。

邓考甫，润甫弟。宋嘉祐二年（1057）丁酉科章衡榜进士。

邓祐甫，润甫弟。宋治平二年（1065）乙巳科彭汝励榜进士。官至中奉大夫，直秘阁。

傅　权，沙溪人，建宁军观察，推官。宋熙宁三年（1070）庚戌科叶祖洽榜进士。

傅　翼，沙溪人，宋熙宁六年（1073）癸丑科余中榜进士。永丰令。

傅汝舟，沙溪人，字时济，宋熙宁六年（1073）进士。傅容、傅天翼侄。

周　申，宋熙宁六年（1073）进士。

刘孝立，北坊人，宋熙宁九年（1076）丙辰科徐铎榜进士。滁州司户参军。

傅辅德，沙溪人，宋熙宁九年（1076）丙辰科徐铎榜进士。

陈孔明，东坊人。宋元丰八年(1085)乙丑科焦蹈榜进士。朝请郎，知陈州。

王　絪，无咎子。宋绍圣元年（1094）甲戌科毕渐榜进士。儒林郎。

刘　昌，北坊人，宋绍圣元年（1094）甲戌科毕渐榜进士。

傅　默，沙溪人，宋绍圣四年（1097）丁丑科何昌言榜进士。

王　缊，无咎次子。宋绍圣四年（1097）丁丑科何昌言榜进士。朝奉大夫。

傅　炳，沙溪人，宋元符三年（1100）庚辰科李釜榜进士。奉议郎。

余邦光，宏村人，宋元符三年（1100）庚辰科李釜榜进士。知澧州军。

过　卓，字以立，西乡人。宋大观三年（1109）己丑科贾安宅榜进士。

傅　霖，沙溪人，宋绍兴二年（1132）壬子科张九成榜进士。

刘　懋，宋绍兴八年（1138）戊午科黄公度榜进士。

余去病，字世则，宏村人。宋绍兴十五年（1145）乙丑科刘章榜进士。

刘虢瑞，北坊人，宋绍兴十五年（1145）乙丑科刘章榜进士。

刘尧臣，北坊人，宋绍兴十五年（1145）乙丑科刘章榜进士。

叶民极，宋绍兴十五年（1145）刘章榜进士。梧州知州。

刘希旦，尧臣侄，宋绍兴十八年（1148）戊辰科王佐榜进士。

李万祥，南坊人。宋绍兴十八年（1148）戊辰科王佐榜进士。

危定国，宋绍兴十八年（1148）戊辰科王佐榜进士。

陈孔休，孔明弟。宋绍兴十八年（1148）戊辰科王佐榜进士。

黎献民，东坊人。宋绍兴十八年（1148）戊辰科王佐榜进士。

刘孝恭，北坊人，刑部员外郎。宋绍兴二十一年（1151）辛未科赵逵榜进士。

刘　回，北坊人，宋绍兴二十一年（1151）辛未科赵逵榜进士。

邓　伦，润甫孙。宋绍兴三十年（1160）庚辰科梁克家榜进士。

刘　旦，希旦从弟。宋绍兴三十年（1160）庚辰科梁克家榜进士。

刘　昌，北坊人，宋乾道二年（1166）丙戌科萧国梁榜进士。

刘居正，宋乾道二年（1166）丙戌科萧国梁榜进士。永嘉令。

傅　泉，宋乾道八年（1172）壬辰科黄定榜进士。分宁主簿。

刘　骥，宋乾道八年（1172）壬辰科黄定榜进士。贵州司理。

傅梦泉，沙溪人，宋淳熙二年（1175）乙未科詹骙榜进士。临江通判。

傅　庸，沙溪人，宋淳熙二年（1175）乙未科詹骙榜进士。泉州知州。

吴　中，字应期，北坊人，宋淳熙五年（1178）戊戌科姚颖榜进士。

刘师忠，宋淳熙八年（1181）辛丑科黄由榜进士。

刘　材，宋淳熙十四年（1187）丁未科王容榜进士。

刘　忠，宋绍熙元年（1190）庚戌科余复榜进士。

黄　开，旌善乡人。宋绍熙四年（1193）癸丑科陈亮榜进士。

利元吉，宋绍熙四年（1193）癸丑科陈亮榜进士。

刘仁荣，宋庆元五年（1199）己未科曾从龙榜进士。

陶述尧，字允中，宋嘉泰二年（1202）壬戌科傅行简榜进士。

傅梅叟，沙溪人，宋嘉定元年（1208）戊辰科郑自诚榜进士。

赵崇信，宋嘉定元年（1208）戊辰科郑自诚榜进士。

傅　沂，沙溪人，宋嘉定四年（1211）辛未科赵建大榜进士。

李方叔，字仲华，宋嘉定十年（1217）丁丑科吴潜榜进士。

邓祖禹，北坊人，宋嘉定十三年（1220）庚辰科刘渭榜进士。

黄　沂，开次子。宋嘉定十六年（1223）癸未科蒋重珍榜进士。

傅　拱，梅叟侄。宋宝庆二年（1226）丙戌科王会龙榜进士。

甘　俟，宋宝庆二年（1226）丙戌科王会龙榜进士。

张　介，礼教乡人，宋绍定二年（1229）己丑科黄朴榜进士。湖北帅机。

刘景昭，宋嘉熙二年（1238）戊戌科周坦榜进士。

刘　视，旌善乡人。宋淳祐元年（1241）辛丑科徐俨夫榜进士。

傅　涌，沙溪人，梦泉三从侄。宋淳祐四年（1244）甲辰科留梦炎榜进士。

傅　岩，沙溪人，宋淳祐四年（1244）甲辰科留梦炎榜进士。

张渊微，介之子，状元。宋淳祐七年（1247）丁未科张渊微榜。官至侍郎。

傅正则，沙溪人，宋淳祐七年（1247）丁未科张渊微榜进士。

李仁叔，宋淳祐七年（1247）丁未科张渊微榜进士。

邓　艮，宋淳祐十年（1250）庚戌科方逢辰榜进士。

邓佑孙，祖禹子。宋淳祐十年（1250）庚戌科方逢辰榜进士。

傅　均，沙溪人，涌从侄。按通志作均礼。宋淳祐十年（1250）庚戌科方逢辰榜进士。

傅　曾，沙溪人，涌三从侄。按通志作曾礼。宋开庆元年（1259）己未科周震炎榜进士。

赵良塘，宋开庆元年（1259）己未科周震炎榜进士。

萧雷龙，北坊人。宋景定三年（1262）壬戌科方山京榜进士。

傅贵早，沙溪人，庸之孙。宋咸淳元年（1265）乙丑科阮登炳榜进士。

胡梦魁，东兴乡人。宋咸淳元年（1265）乙丑科阮登炳榜进士。

赵孟育，宋咸淳元年（1265）乙丑科阮登炳榜进士。

宋代共84人。

龚善翁，字舜元，元泰定四年（1327）丁卯科李黼榜进士。乐昌县尹。

朱　彬，字仲文，德安乡人。元统元年（1333）癸酉科李齐榜进士。隆兴路富州州尹。

朱　倬，彬弟。元至正二年（1342）壬午科陈祖仁榜进士。遂安县尹。

元代3人。

涂　钦，字文将，东坊人。明洪武十八年（1385）乙丑科丁显榜进士。庶吉士。

黄　宏，字成任，西坊人。明洪武二十一年（1388）戊辰科任亨泰榜进士。保定知府。

饶　增，字益初，北坊人。明洪武二十一年（1388）戊辰科任亨泰榜进士。刑部主事。

涂　敬，字文舆，钦弟。明永乐二年（1404）甲申科曾棨榜进士。

涂　顺，字维贞，钦子。明永乐二年（1404）甲申科曾棨榜进士。礼部主事。

邓　义，字直方，枧源人。明永乐九年（1411）辛卯科萧时中榜进士。御史升按察佥事。

刘　性，字秉初，北坊人。明永乐十六年（1418）戊戌科李骐榜进士。兵部主事。

程　通，字用宣。明宣德二年（1427）丁未科马愉榜进士。

丁　芹，字廷用，南坊人。明宣德二年（1427）丁未科马愉榜进士。行在刑部主事。

李　泰，字叔通，号塞斋。明成化十四年（1478）戊戌科曾彦榜进士。工部员外郎。

何　垕，字朝举，号兰皋。明弘治六年（1493）癸丑科毛澄榜进士。工部员外郎，程藩知府。

周伟大，字秀卿，明正德九年（1514）甲戌科唐皋榜进士。吴江知县。

王　材，字子难，号稚川。明嘉靖二十年（1541）辛丑科沈坤榜进士。太常寺卿，管国子监祭酒事。

张　槚，字叔养，号心吾。明嘉靖三十八年（1559）己未科丁士美榜进士。工部侍郎。

冯　渠，字汝达，号谦川。明万历十一年（1583）癸未科朱国祚榜进士。太仆寺少卿。

邓　渼，字远游，号壶邱。明万历二十六年（1598）戊戌科赵秉忠榜进士。巡抚顺天，右都御史。

邓　澄，字于德，号来沙。明万历三十二年（1604）甲辰科杨守勤榜进士。监察御史。

璩光岳，字山仲，号三谷。明万历三十二（1604）年甲辰科杨守勤榜进士。兵部职方司员外郎，

涂国鼎，字牧之，号徯如。明万历三十五（1607）年丁未科黄士俊榜进士。吏部尚书。

黄端伯，字元公，明崇祯元年（1628）戊辰科刘若宰榜进士。礼部主事。

过周谋，字君断，号莲谷。明崇祯元年（1628）戊辰科刘若宰榜进士。历任宁国、昆山、仙居知县。

张之奇，字平子。明崇祯十三年（1640）庚辰科魏藻德榜进士。翰林院检讨。

明代 22 人。

杨日升，字东曦，清顺治十二年（1655）乙未科史大成榜进士。东明知县。

涂景祚，字万年，清顺治十五年（1658）戊戌科孙承恩榜进士。广州推官。

鲁　瑗，字留耕，清康熙二十四年（1685）乙丑科陆肯堂榜进士。通政司右通政。

潘大璘，字竹峰，南坊人。清康熙二十四年（1685）乙丑科陆肯堂榜进士。

胡　铨，字鉴亭，清康熙三十六年（1697）丁丑科李蟠榜进士。范县知县。

李　抡，字遂良，宏村人。清康熙三十九年（1700）庚辰科汪绎榜进士。

邓廷相，字黼宸，号淡中。清康熙四十五年（1706）丙戌科王云锦榜进士。仪封知县。

杨　鉴，字波月，西坊人。清康熙四十五年（1706）丙戌科王云锦榜进士。韩城知县。

孔毓玠，字璘及，宏村人。清康熙四十八年（1709）己丑科赵熊诏榜进士。

鲁　立，字苍鹤，瑗从子。清康熙五十一年（1712）壬辰科王世琛榜进士。翰林院检讨。

饶世经，字韩文，八都渍溪人。清康熙五十七年（1718）戊戌科汪应铨榜进士。西宁知县。

邓士楚，字翘瞻，号寄茗。南坊人。清雍正元年（1723）癸卯恩科于振榜进士。安平知县。

黄　祐，字宁拙，号素堂。东坊人。清雍正元年（1723）癸卯恩科于振榜进士。由翰林历官御史，刑科掌印给事中，巡视京城巡察山西直隶福建学政。

鲁　淑，字静陶，瑗孙。清雍正八年（1730）庚戌科周澍榜进士。黄岩知县。

潘中立，字在田，号松溪。清雍正十一年（1733）癸丑科陈倓榜进士。刑部郎中。

鲁　游，字道南，号艺圃。钟贤人。清雍正十一年（1733）癸丑科陈倓榜进士。

涂学烜，字昭远，号近思。东坊人。清乾隆元年（1736）丙辰科金德瑛榜进士。

黄文则，字周炳，号朴园。北坊人。清乾隆元年（1736）丙辰科金德瑛榜进士。印江知县。

黄培任，字则伊，号肩亭。南坊人。清乾隆二年（1737）丁巳恩科于敏中榜进士。遂昌知县。

饶国材，字敏士，世经从子。八都潢溪人。清乾隆二年（1737）丁巳恩科于敏中榜进士。

黄　福，字聚之，号省庵。培任从子。清乾隆四年（1739）己未科庄有恭榜进士。兴宁知县。

鲁鼎梅，字调元，号爕堂。清乾隆七年（1742）壬戌科金甡榜进士。德化知县，调台湾。

黄冈竹，字菉沂，号洁斋，北坊人。清乾隆七年（1742）壬戌科金甡榜进士。安平知县。

鲁　庆，字祥麟，号馀村，都匀守朝聘子，钟贤人。清乾隆十年（1745）乙丑科钱维城榜进士。

鲁成龙，字在田，号春畲。庆从子，钟贤人。清乾隆十三年（1748）戊辰科梁国治榜进士。

陈　道，字绍洙，号凝斋，钟贤人。清乾隆十三年（1748）戊辰科梁国治榜进士。

黄　澄，祐之子。清乾隆十九年（1754）甲戌科庄培因榜进士。

杨　绂，清乾隆十九年（1754）甲戌科庄培因榜进士。

涂应槐，清乾隆二十二年（1757）丁丑科蔡以台榜进士。广西天河县知县。

吴　瀚，清乾隆二十二年（1757）丁丑科蔡以台榜进士。湖北云梦县知县。

鲁　鸿，京之子。清乾隆二十八年（1763）癸未科秦大成榜进士。河南孟县知县，捐升同知。

鲁　河，改名华祝。清乾隆二十八年（1763）癸未科秦大成榜进士。累官至四川潼川府知府。

杨　鈏，清乾隆三十一年（1766）丙戌科张书勋榜进士。受子以湲封，未仕。

喻宝忠，清乾隆三十一年（1766）丙戌科张书勋榜进士。广东石城县（今廉江市）知县，升山西吉州知州。

黄人骥，清乾隆三十一年（1766）丙戌科张书勋榜进士。山西垣曲文水寿阳等县知县。

鲁仕骧，淑之子。清乾隆三十一年（1766）丙戌科张书勋榜进士。福建安溪县知县。

鲁兰枝，立之孙。清乾隆三十四年（1769）己丑科陈初哲榜进士。由主事历官给事中。

涂　焕，清乾隆三十四年（1769）己丑科陈初哲榜进士。

杨以湲，鈏之子。清乾隆三十六年（1771）辛卯恩科黄轩榜进士。由主事历官云南迤西道，鲁仕骥，改名九皋。清乾隆三十六年（1771）辛卯恩科黄轩榜进士。

黄寿龄，文则孙。清乾隆三十七年（1772）壬辰科金榜榜进士。出翰林，历官国子监司业。

杨元藻，清乾隆三十七年（1772）壬辰科金榜榜进士。广东连州知州。

黄嵩龄，寿龄兄，清乾隆四十年（1775）乙未科吴锡龄榜进士。浙江平湖县知县，捐通判卫。

黄亦瑞，清乾隆四十三年（1778）戊戌科戴衢亨榜进士。河南郾城县知县。

涂　梁，清乾隆四十五年（1780）庚子恩科汪如洋榜进士。

黄　鼐，清乾隆四十五年（1780）庚子恩科汪如洋榜进士。

黄　图，清乾隆四十六年（1781）辛丑科钱棨榜进士。广西博白县知县。

陈　观，道之孙。清乾隆四十九年（1784）甲辰科茹棻榜进士。

邓文炳，清乾隆五十二年（1787）丁未科史致光榜进士。

王　轼，清乾隆五十二年（1787）丁未科史致光榜进士。甘肃安定县，广东南海县知县。

陈希祖，道之曾孙，观之侄。清乾隆五十五年（1790）庚戌恩科石韫玉榜进士。

陈希曾，希祖弟。清乾隆五十八年（1793）癸丑科潘世恩榜一甲第三名进士。

黄因莲，清乾隆五十八年（1793）癸丑科潘世恩榜进士。

涂以辀，清嘉庆四年（1799）己未科姚文田榜进士。

孔昭铭，清嘉庆四年（1799）己未科姚文田榜进士。

杨腾达，清嘉庆四年（1799）己未科姚文田榜进士。

陈用光，道之孙。清嘉庆六年（1801）辛酉恩科顾皋榜进士。

黄　桂，清嘉庆六年（1801）辛酉恩科顾皋榜进士。

黄亦諟，清嘉庆六年（1801）辛酉恩科顾皋榜进士。

鲁垂绅，清嘉庆十年（1805）乙丑科彭浚榜进士。

饶绚春，嘉庆十三年（1808）戊辰科吴信中榜进士。翰林院编修，嘉庆庚午科江南副考官。

涂　晋，嘉庆十三年（1808）戊辰科吴信中榜进士。

周之桢，嘉庆十四（1809）年己巳恩科洪莹榜进士。

鲁　鼎，嘉庆十六年（1811）辛未科蒋立镛榜进士。

杨以澄，嘉庆十六年（1811）辛未科蒋立镛榜进士。大余县教谕。

涂鸿仪。嘉庆十九年（1814）甲戌科龙汝言榜进士。

邓寅春，嘉庆十九年（1814）甲戌科龙汝言榜进士。

汪　河，嘉庆二十二年（1817）丁丑科吴其浚榜进士。

鲁　缤，鸿之子。嘉庆二十二年（1817）丁丑科吴其浚榜进士。榜后闻母讣，未殿试。

李耀瑚，光南子。嘉庆二十四年（1819）己卯恩科陈沆榜进士。

彭　龄，清道光二年（1822）壬午科恩科戴兰芬榜进士。

何逢青，清道光二年（1822）壬午科恩科戴兰芬榜进士。

陈兰祥，道之曾孙。清道光九年（1829）己丑科李振钧榜进士。

杨元燮，清道光十二年（1832）壬辰恩科吴钟骏榜进士。

饶拱辰，清道光十二年（1832）壬辰恩科吴钟骏榜进士。

陈椿冠，道之孙。清道光十五年（1835）乙未科刘绎榜进士。官陕西眉县知县。

邓元资，清道光二十一年（1841）辛丑恩科龙启瑞榜进士。

杨元白，改名重雅。清道光二十一年（1841）辛丑恩科龙启瑞榜进士。

赵世绪，清道光三十年（1850）庚戌科陆增祥榜进士。

潘国镛，清咸丰三年（1853）癸丑科孙如仅榜进士。

江廷杰，清咸丰九年（1859）己未科孙家鼐榜进士。

黄长森，清同治七年（1868）戊辰科洪钧榜进士。

黄兆槐，清同治七年（1868）戊辰科洪钧榜进士。浙江秀水知县。

鲁琪光，清同治七年（1868）戊辰科洪钧榜进士。

鲁宗瓛，清同治十年（1871）辛未科梁耀枢榜进士。工部虞衡司主事，寄居南丰。

鲁　卫，清光绪九年（1883）癸未科陈冕榜进士。

清代共 86 人。

共 196 人。

图书在版编目（CIP）数据

黎川古村 / 尧晓孙 , 余雪琴主编 . -- 北京：中国
文史出版社 , 2024. 12. -- ISBN 978-7-5205-4956-1

Ⅰ. K295.64

中国国家版本馆 CIP 数据核字第 2024S6M797 号

责任编辑：全秋生

出版发行：中国文史出版社

地　　址：北京市海淀区西八里庄路 69 号　　邮编：100142

电　　话：010-81136602　81136603　81136606（发行部）

传　　真：010-81136655

印　　装：廊坊市海涛印刷有限公司

经　　销：全国新华书店

开　　本：787 毫米 × 1092 毫米　　1/16

印　　张：19.75

字　　数：300 千字

版　　次：2025 年 1 月北京第 1 版

印　　次：2025 年 1 月第 1 次印刷

定　　价：78.00 元